KB125074

생각의
미술관

# 생각의 미술관

*Art museum of thought*

## 잠든 사유를 깨우는 한 폭의 울림

박홍순 지음

whale books

## 생각하는 사람이 되기 위하여

철학에 좋은 기억을 갖고 있는 사람이 별로 없다. 오히려 끔찍한 기억 때문에 친해질 엄두조차 못 내는 사람이 많다. 철학과의 만남 자체가 반갑지 않았다. 철학 관련 교과가 암기과목이 되어버린 현실에서 생경한 개념과 문장은 비호감을 넘어 혐오감마저 갖게 했다. 성인이 되어 도전할 용기를 냈다가 또 한 번 낭패를 본 쓰라린 기억도 있다.

하지만 계속 모른 척하고 지내기에는 찜찜함이 있는 것도 사실이다. 막연한 호기심이나 강박관념 때문만은 아니다. 일상적인 독서나 문화생활에서 철학의 부재 때문에 화장실에서 뭐 안 닦고 나온 기분을 느낀다. 가장 편하게 생각하는 고전소설을 읽다가도 툭툭 튀어나오는 철학자와 마주해야 한다. 현대미술은 아예 철학에 대한 일정 수준의 배경지식을 전제로 한다. 나름대로 진지하게 문화적 욕구를 충족하려 해도 번번이 철학이라는 장애물이 앞을 가로막으니 마냥 무시할 수만은 없다.

현실적인 삶에서 내적 갈증 때문에 철학의 필요성을 느끼는 경우도 적지 않다. 직장이든 가정이든 매일 반복되는 일상에 치여 살면서 자기 삶에 어떤 의미가 있기는 한 건지 고민한다. 적자생존의 덫에서 언제나 타인의 눈을 통해 자신을 봐야 하는 현실에 회의가 찾아오곤 한다. 문득 잘 살고 있는지 궁금한 생각이 든다.


철학은 우연한 기회에 불쑥 찾아오는 손님이 아니다. 분명 내적으로 필요를 절감할 때만 만날 수 있는 까다로운 친구다. 익숙하지 않은 산길을 헤치며 나아가야 하기 때문에 친절한 안내자가 절실하다. 문제는 철학과 우리를 연결해주는 대부분의 책이 생각의 힘을 키우는 과정과 거리가 있다는 점이다. 주요 철학자와 그를 대표하는 명제를 해석해주거나 아예 고대 철학에서 현대 철학에 이르기까지 철학사에 대한 간략한 소개로 대신하는 경우가 많다. 결국 우리에겐 더 많은 지식을 암기하는 일이 되어버린다.

철학과 만나는 일은 배경지식의 축적이 아니라 '철학적으로 생각하기'다. 통념을 넘어 의문을 제기하고, 나아가 자신이 갖고 있는 생각의 힘을 키우는 과정이어야 한다. 생각의 물꼬를 어디부터 터야 하는지, 어떻게 심화하고 확장해가야 하는지를 이해하고 습득하는 과정이다.

미술작품은 이를 위한 아주 훌륭한 안내자다. 대부분의 회화는 자체에 서사적인 구조나 상세한 설명을 담고 있지 않다. 하지만 화가는 단순한 풍경화나 정물화, 초상화가 아닌 이상, 정지된 장면에 여러 문제의식을 집약적으로 담고자 한다. 혹은 화가가 의도하지 않았더라도 자신은 물론 당대를 살아가던 사람들의 사고방식이나 시대정신이 담겨 있는 경우가 많다. 현실의 경험과 관련된 어떤 실마리가 일정하게 그림을 통해 드러난다. 그 끄트머리를 붙잡아 의미 있는 문제의식을 찾아내고 이를 매개로 인식의 지평을 확장해나가는 사고 훈련에 알맞다.

특히 마그리트의 그림은 애초에 화가의 의도가 여기에 맞춰져 있기 때문에 안성맞춤이다. 그는 그림을 통해 철학을 하고자 했다. 대상을 매개로 자신의 사상을 그리는, 그림으로 사유하기를 즐겼던 화가다. 사람들이 예상하지 못했던 상황을 느닷없이 디밀거나, 서로 대립되는 요소를 교묘하게 뒤섞어놓음으로써 순간적으로 당혹감과 흥미를 불러일으킨다. 그림이 유발하는 충격은 철학에 무관심한 우리의 마음을 흔들고 지성을 자극한다.

마그리트의 주요 작품을 각 장의 문제의식에 접근하는 도입으로 삼았다. 이어서 보다 깊이 있는 내용으로 심화하거나 인식의 지평을 확장하는 단계에서 다른 화가의 작품을 중간에 활용했다. 구성이나 내용도 배경지식 암기와는 다른 방향으로 잡았다. 철학적으로 생각하기 위해서는 어떤 고정관념에서 벗어나야 하고 어떤 발상이 필요한지, 생각의 방향이 어디에서 어디로 향해야 하는지를 열 개의 장으로 나누어 하나하나 밟아나가도록 했다. 모든 내용은 어떻게 하면 생각의 힘을 키울 수 있는가에 맞춰져 있다. 바로 여기에서 스스로 철학을 해나가는 자생력을 찾을 수 있기 때문이다.

각 장을 읽을 때 성급하게 논의 내용으로 바로 들어가기보다는 먼저 마그리트의 그림을 붙잡고 한동안 나름대로 해석하는 과정을 거치길 바란다. 처음에는 갑갑한 생각이 들겠지만, 그림 속의 여러 상징이 의미하는 바를 인간이나 사회와의 연관 속에서 파고드는 과정 자체가 정신에 단비 같은 역할을 한다. 철학과의 성공적인 만남을 위해 일정한 인내심과 수고로움은 불가피하다. 이 책을 계기로 '생각이 확장되는 기쁨'을 누렸으면 한다.

박홍순

# Contents

Chapter 1

# 변화를
# 생각하는
# 사람

마그리트, 〈헤라클레이토스의 다리〉, 1935년

# 붓을 든
# 철학자가 있었다

현대미술은 고약하다. 전시회를 찾아가거나 지면을 통해 현대 회화를 접해본 사람이라면 그 황당함을 기억한다. 그림을 보면서도 무엇을 보고 있는지, 도대체 뭘 어쩌라는 건지 알기 어렵기 때문이다. 의미는 둘째 치고 무엇을 그렸는지조차 알기 어렵다. 무엇보다도 사물의 형태가 사라지고 추상화된 선과 면으로 가득하니 막막하다.

추리소설은 사건을 풀어나갈 수 있는 아주 작은 실마리라도 던져준다. 상황이 있고, 비록 조각이 나 있는 상태이긴 하지만 범인이 남긴 몇 가지 단서도 있다. 이야기를 추적하는 과정에서 호기심과 의문, 긴장과 두려움 등의 흥미로운 감정도 준다. 비록 때로는 애써 찾아놓은 추리가 틀릴 수도 있지만 어쨌든 그 시간 동안 무언가 생각할 수 있기에 안개처럼 뿌연 느낌이 당혹스럽지는 않다.

현대 회화는 허무할 정도로 우리를 당황스럽게 한다. 화가의 의도를 읽어내려면 형태를 지닌 사물이 조금이라도 포함되거나 하다못해 변형된 모습이라도 남아있어야 실마리로 삼을 텐데 도무지 아무 단서가 없다. 아무것도 없는 빈 공간 앞에 서 있는 느낌이랄까? 성격이 이상한 화가들이 아예 우리를 멍하게 만들려고 작정한 게 아닌가 하는 의심이 들 정도다. 공연히 시간 낭비만 한 게 아닌가 싶다. "예술은 사기"라고 한, 비디오 아트로 잘 알려진 백남준의 말이 공연한 과장은 아니라는 생각도 스친다.

하지만 그림에 사물이나 상황이 있다고 해서 편하게 감상할 수 있는 것은 아니다. 특히 우리에게 꽤나 친숙한 르네 마그리트<sup>Rene</sup> <sup>Magritte</sup>●의 작품은 추상화 이상으로 당혹감을 안겨준다.

근대 인상주의나 표현주의 회화보다 훨씬 더 사실적인 표현이지만 오히려 어떤 면에서는 더 어렵다. 그림을 통해 사람들이 깊이 있는 생각을 하도록 권한다. 그림을 철학적 지혜의 도구로 삼아 다수가 상식이라고 생각하던 것에 의문을 품게 만든다. 마그리트는 대상보다

---

● **르네 마그리트**(1898~1967)

초현실적인 작품을 많이 남긴 벨기에의 화가이다. 1916년 브뤼셀에서 미술공부를 시작했고 1920년 중반까지 미래주의와 입체주의 성향의 작품을 그렸다. 1927년 브뤼셀에서 첫 개인전을 열었으나 혹평을 받고 이후 파리로 가 초현실주의 예술가들과 교류했다. 1940년대 중후반에 들어 실험적 작품을 많이 남겼다. 고정관념을 깨는 구도, 다양한 소재, 전환된 이미지 등을 통해 기존에 있던 사물을 전혀 다르게 해석하고자 했다. 현대미술에서 그래픽 디자인, 팝아트에 큰 영향을 끼쳤다.

는 자신의 사상을 그리는 화가였고, 그러한 의미에서 캔버스 앞에서 붓과 팔레트를 든 철학자다.

〈헤라클레이토스의 다리〉도 그림 안에 비밀을 간직하고 있다. 산자락 밑으로 폭이 넓은 강이 도도하게 흐른다. 물안개가 끼어있는 듯 먼 경치에 약간 뿌연 기운이 감돈다. 전체적으로 사실주의 회화의 특징을 그대로 보여준다. 원근법과 명암법에 충실하니 말이다. 강의 끄트머리를 기점으로 삼아 평면의 캔버스지만 깊은 공간감을 준다. 여기까지는 그저 흔한 풍경화일 뿐이다. 문제는 강을 가로지르는 흉물처럼 생긴 다리다. 중간에 절단면이 선명한 끊어진 다리다. 그런데 엉뚱하게도 강물에는 이어진 다리가 보인다.

화가가 의도적으로 물에 비친 다리를 이어놓았을 텐데 이유가 뭘까? 그림으로 철학을 하겠다고 자처한 그이니 뭔가 특별한 의미가 있기는 할 거다. 이제 그림과 대화를 나누면서 하나하나 실마리를 풀어가자. 일단 이어진 다리가 비친 곳이 강물이니 여기부터 살필 필요가 있다. 물은 매끄러운 표면이 있기에 자연의 다른 사물보다 빛을 더 잘 반사한다. 그렇기 때문에 가까이 있는 사물을 비춘다. 아주 먼 옛날에 청동거울이 만들어지기 전까지 사람 얼굴을 비추어볼 수 있는 유일한 곳이 잔잔한 연못이나 강물이었을 것이다.

물은 사물을 비추는 기능을 한다는 점에서 인간의 의식과 연결된다. 시각·청각·촉각 등 감각을 통해 들어온 정보는 의식 속에 반영된다. 강물이 반영된 의식을 상징한다면 끊어진 다리는 사실의 영역이다. 이렇게 구분해 놓으면 화가가 그림을 통해 우리에게 무엇을 전달하려 하는지 감이 잡힌다. 사실과 반영된 의식이 동일하지 않을 수있다는 메시지다. 물에 의해 흐릿한, 게다가 물결치는 모양 때문에 선명하지 않은 다리 그림자로 묘사한 것도 사실과 의식의 차이를 보여주는 장치가 아닐까 싶다.

단순히 흐려진 정도라면 당연한 것을 두고 뭐 그리 요란스럽게구냐고 할지 모른다. 하지만 끊어진 다리와 이어진 다리는 전혀 다른차원의 문제다. 변형 정도가 아니라 왜곡까지도 가능하다는 이야기니말이다. 마그리트는 우리가 정확하다고 자신해 왔던, 철학에서 오랜기간 믿어 의심치 않았던 의식의 권능에 어깃장을 놓는다. 정말 그러한지 살펴보는 일이 이 그림과 대화를 나누는 과정이 된다.


그러고 보니 철저하게 원근법을 적용한 구도도 의미심장하다. 그림에 적용된 원근법은 일반적인 통념처럼 그리 당연한 게 아니다. 현실의 공간과 달리 캔버스 위의 회화는 3차원 공간이 아니다. 평면에깊은 공간감을 주기 위해 의식적인 조작과정이 개입된 장치가 원근법이다. 그만큼 대상을 인식하는 주체의 의식이 확실하다는 생각을전제로 한다. 한 점을 기준으로 다른 사물의 크기를 순차적으로 조절함으로써 평면을 통해 멀리까지 들어가는 느낌을 만들어내는 의식적작업이다.

또한 원근법의 시선은 일방적이고 강제적이다. 우리는 오직 화가

원근법은 인간의 눈으로 보는 3차원의 공간을 2차원의 평면 위에 표현하는 회화 기법으로, 화가가 본 사물과의 거리를 실제적으로 묘사하는 방법이다. 카유보트, 〈파리, 비오는 날〉, 1877년.

가 만들어놓은 장치 안에서만 사물과 공간을 느낄 수 있다. 화가와 사물만 주체와 대상의 관계가 아니다. 화가와 그림의 감상자도 사실상 주체와 대상의 관계 안에 갇힌다. 원근법 안에서 여러 명의 주체는 성립할 수 없다. 오직 한 지점에서 바라본 화가의 시선에만 주체의 자격이 주어진다.

마그리트는 이 그림을 통해 독립적이고 확실한 주체라는 기존 서양철학의 오랜 믿음에 대해서도 웃기지 말라는 말을 하고 싶은가 보다. 치밀하고 엄격한 원근법 장치를 배경으로 한 다음, 끊어진 다리와 이어진 다리를 통해 순식간에 우리에게 '속았지!'라며 한 방을 날리는 꼴이다. 단순히 두 개의 서로 다른 모양의 다리만이 아니라 원근법 구조 안에 있는 그림 전체에 의심의 눈길을 권한다. 이제 우리에게 남은 일은 마그리트가 그림에 만들어놓은 문제의식이 실제로 타당성이 있는지를 살펴보는 것이다.

# 같은 강물에
# 두 번 발을
# 담글 수 없다

대화를 이어가기 위해서는 마그리트 그림에서 찾을 수 있는 또 하나의 중요한 정보를 힌트로 삼아야 한다. 바로 제목이다. 그냥 다리가 아니라 '헤라클레이토스'의 다리다. 대표적인 그리스 자연철학자의 한 사람 헤라클레이토스$^{Herakleitos}$를 의미한다. 화가는 그가 강물을 이용해 한 말을 패러디한 모양이다. "어느 누구도 같은 강물에 두 번 발을 담글 수 없다"라는 유명한 명제 말이다.

강물에 빗대어 '만물은 유전한다'는 핵심 문제의식을 설명한다. 그에 의하면 세상에 변하지 않은 채 존재하는 것은 하나도 없다. 만물은 다 만들어져 고정된 상태로 머물지 않는다. 하나의 상태에서 다른 상태로 끊임없이 변화하는 와중에 있다. 그러므로 한결같은 상태를 유지한다는 말이 현실에서는 성립할 수 없다.

강물도 마찬가지다. 강이나 산은 잘 변하지 않는 자연을 상징한다. 언제나 그 자리에서 동일하게 자리를 지킨다고 여긴다. 세월이 흘러 고향의 강가를 찾아 발을 담그며 강물이 예전 그대로라고 생각한다. 하지만 엄밀하게 따져보면 우리는 단 한 순간도 같은 강물을 느낄수 없다. 발을 담그는 순간 피부를 스쳤던 물은 이미 흘러내려갔기 때문이다. 같은 물이라는 생각은 착각에 불과하다.

심지어 영원성의 상징처럼 여겨지는 태양조차 그러하다. 헤라클레이토스는 말했다. "태양은 날마다 새롭다. 그뿐만 아니라 언제나계속해서 새롭다." 태양이야말로 인류가 발견한 최고의 영원성 상징이다. 동서양을 막론하고 오랜 역사를 통틀어 신이나 왕같이 변하지않는 권위를 나타내는 데 가장 즐겨 사용된 상징이 태양이다. 그런데그 태양조차 변한단다.

세계는 결코 완결적일 수 없고, 그 자체가 과정이요, 결코 정지해있지 않다. 본질은 고정이나 안정이 아니라 변화다. 오직 변화한다는사실만이 변하지 않는다. 헤라클레이토스나 마그리트가 만물의 변화를 특별히 강조한 이유는 철학적 사고의 출발점이 바로 변화의 이해에 있기 때문이다. 우리의 생각은 완강하게 무언가 고정된 상태로 향하는 경향이 있다. 습관에 찌든 사고방식에서는 철학적인 문제의식이 싹트기 어렵다.

인류는 오래전부터 영원하고 고정된 것을 향한 열망을 가져왔다.

특히 농경을 중심으로 한 정착문화에서는 더욱 심했다. 농사를 짓는 과정 자체가 동일한 과정이 되풀이되는 면이 강하다. 농사는 다른 어떠한 삶의 방식보다도 봄·여름·가을·겨울의 계절 순환에 민감할 수밖에 없다. 고정과 순환에서 안정감을 찾는 삶의 조건이다. 문화에서는 절대적으로 고정된 상태를 지향하는 경향이 더 강하게 나타난다. 종교에 대한 생각도 변하지 않는 절대성을 추구한 결과라고 볼 수 있다. 아무리 오랜 세월이 흘러도 애초의 본질 그대로를 지니는 존재가 곧 신이다. 신의 숭배에도 절대적으로 고정된 이미지를 그대로 반영한다. 기독교에서 돌로 지은 성당에 집착하고, 불교에서 돌탑을 통해 신을 찬양한 행위도 변하지 않는 것에 대한 열망의 표현이다.

예술의 목적도 영원히 변하지 않는 아름다움을 찾는 데 둔다. 인류가 존재하는 한 누구나 인정할 아름다움의 황금비율을 찾는다. 건축물이든 조각상이든 고정된 비율을 적용하려 한다. 또한 미술이나 음악에서 특정한 예술양식을 만들어 동일한 표현 형식이 계속 이어지도록 한다. 여기에서 벗어나면 미숙하다거나 추하다는 비난을 들어야 한다. 전통 무용에서는 이상적인 동작을 구상해 공연마다 되풀이하고, 특히 군무의 경우 한 치라도 다른 동작을 용납하지 않으려 한다. 발레에서 그 두드러진 특징을 발견할 수 있다.

에드가 드가Edgar Degas는 발레와 관련한 연작을 무려 천오백 점이나 그렸을 정도로 무희의 화가로 잘 알려져 있다. 현실적으로는 경제적으로 어려웠던 사십 대에 발레 그림이 주요한 수입원이 되었다. 초기

작품은 객석에서 바라본 무용수 모습이 주를 이룬다. 하지만 무대만으로는 정확한 묘사에 한계를 느껴 연습실을 출입할 수 있도록 각별히 부탁한다. 이후 발레단 연습실, 파리 오페라하우스 발레학교를 자유롭게 출입하면서 복잡한 발레 스텝과 동작을 외울 정도로 발레에 정통하게 된다. 후대 무용가들은 발레에 대한 그의 공헌을 높이 평가해 작품을 헌정했다. 그래서 그의 이름과 함께 발레 그림을 떠올린다.

〈허리를 숙인 발레리나〉는 오랜 훈련을 거쳐 숙련된 발레리나의 동일한 동작을 보여준다. 무대 위의 공연 장면인 점을 고려할 때 이미 상당한 수련 기간을 거친 전문 무용수라 할 수 있다. 앞의 두 명은 허리를 숙이고 다리를 굽혀 바닥에 손을 대는 듯한 자세를 취한다. 워낙 오랜 연습을 거쳐서인지 마치 두 사람이 한 사람인 듯 똑같은 모습이다. 허리를 굽힌 정도, 손이나 발동작만이 아니라 손가락과 시선 처리 하나에 이르기까지 마치 복제한 느낌이다.

발레리나의 훈련이 얼마나 고되고 치열한지는 조금 알려진 편이다. 러시아의 일반적인 발레학교의 경우, 100명 정도의 학생이 입학하면 훈련 강도를 견디지 못한 학생들이 도중에 학교를 그만둬 약 25명만 졸업한다. 그나마 엄청난 훈련을 견딘 최종 졸업생 가운데서도 2~3명 정도만 발레단 입단 제의를 받는다. 수없이 이어지는 훈련을 거쳐 무대 위에 올랐으니 거의 한 치의 오차도 없는 동일한 동작을 선보인다.

드가, 〈허리를 숙인 발레리나〉, 1885년

어디 발레만이겠는가. 클래식 연주자가 동일한 표현에 도달하기 위해 훈련하는 정도는 더 심할 수 있다. 특히 오케스트라의 경우 바이올린이나 첼로 등 같은 악기로 구성된 단위는 워낙 많은 인원이 한 사람처럼 움직여야 한다. 아주 세밀하게 동일한 음을 내고, 같은 음이라도 소리의 크고 작음이라든가 음색, 심지어 미묘한 감정 전달에 이르기까지 작은 오차까지도 없애기 위해 피나는 연습을 한다.

사회체제는 더욱더 변화의 흐름에서 멀리 떼어놓으려 한다. 지배세력 입장에서는 현재 자신이 누리는 기득권이 영원히 유지되기를 바란다. 관료체제 내에서 신분상승을 꾀하는 정도의 변화를 바랄 뿐 위계체제 자체는 고정불변이길 소망한다. 기존의 국가기구에 변화를 가져오려는 일체의 시도에는 폭력을 동원하여 대응한다. 특히 국가체제와 민족이라는 가치가 연결될 때 불변성은 대폭 강화된다. 또 상품경제에 기초한 전형적인 시장경제는 근대에 들어서 만들어졌음에도 불구하고 마치 인류가 출현한 이래 현재까지 원래 있었고 앞으로도 그러할 것이라는 신화를 유포한다.

하다못해 심리적인 면에서도 마찬가지 현상이 나타난다. 어쩌면 변화를 두려워하는 유아기의 습성이 계속 이어지는지도 모른다. 세상으로 나온 아기는 스스로 생존을 감당할 수 없기 때문에 일체의 변화를 두려워하는 경향이 생긴다. 부모가 자신의 시야에서 사라지는 변화조차 불안해한다. 아기 때 형성된 심리가 성인이 되어서도 영향을 미친다. 안정된 직업, 안정된 가정, 오늘 같은 내일을 원한다.

사랑을 포함한 인간관계도 예외가 아니다. 친구나 동료관계, 연인이나 부부관계에서 대부분 자신을 변하지 않는 고정 변수로 둔다. 사랑과 연관되면 더 심해진다. 오죽했으면 "사랑이 어떻게 변하니?"라는 유행어가 생겼겠는가. 변하지 않는 사랑에 대한 갈망은 현재의 상태가 그대로 유지되기를 바라는 심리의 반영이다.

심지어 변화가 불가피하다는 점을 너무나 잘 알고 있는, 자기 신체의 변형조차도 피하려 발버둥 친다. 피부노화를 방지한다는 온갖 화장품이 넘친다. 바르는 행위로 성에 차지 않자 얼굴에 약물 주입도 서슴지 않는다. 그러한 의미에서 우리는 영원한 삶을 꿈꿔 불로초를 찾아 헤맸던 진시황의 직계 후손이다.

어찌 보면 삶과 생활을 통해 동일한 상태를 유지하려는 습관적 사고방식이 자연스럽게 형성되어 왔다. 본성이라고 말하기는 어렵지만 여러 생존조건이나 성장과정에서 상당히 견고한 관성이 생긴다. 어제 한 대로 오늘, 그리고 내일도 이어지기를 바란다. 그런데 왜 철학적 사고는 여기에서 벗어날 때 시작될까?

"사랑이 어떻게 변하니?"라는 대사로 유명한 영화 〈봄날은 간다〉(2001) 포스터

# 오늘 같은 내일을
# 기대하지 말라

현실의 자연이나 인간행위에서 동일한 상태나 순환처럼 보이는 현상이 상당히 나타나는 게 사실이다. 그래서 습관적으로 우리는 이것과 저것이 같다고 말한다. 하지만 엄밀한 의미에서 동일성은 착각에 불과하다. 그럼에도 불구하고 학문적으로 동일성의 범주를 만들고 이안에 들어가는 것들을 같다고 규정한다.

일차적으로 인간의 행위는 변화의 폭이 크다. 정형화된 상태를 유지하고자 하는 경향이 가장 강한 예술 영역도 예외가 아니다. 아무리 평생을 매일 호흡을 맞춰가며 무용이나 연주 연습을 한다고 해도 동일함과는 거리가 멀다. 상당히 유사하다고는 말할 수 있지만 동일하다고 말할 수는 없다. 수십 년을 거의 매일 혹독하게 연습을 해도 동일해질 수 없으니 다른 영역은 더 말할 나위도 없다.

항상 움직이는 상태인 강물은 그렇다 치더라도 언제나 굳건하게 제자리를 유지하는 듯 보이는 산이나 땅조차도 긴 시간의 관점에서 보면 급격한 변화의 흐름 안에 있다. 끝 모를 정도로 펼쳐진 평원이 지구의 역사에서 볼 때 산이나 바다였을 수 있다. 반대로 현재는 가파른 지형인 곳이 원래 한없이 펼쳐진 평평한 땅이었을 수 있다. 실제로 거대한 산맥은 지구 표면 아래 흐르는 판과 판이 충돌하면서 솟아오른 지형이다. 오랜 세월 그 안에 살면서 변화의 연속 상태를 조화나 안정으로 느낄 뿐이다.

현대철학을 대표하는 철학자 중 한 사람인 질 들뢰즈<sup>Gilles Deleuze</sup>● 는 동일성과 반복의 개념을 구분한다. "반복은 일반성이 아니다." 반복은 사전적인 의미로 '같은 일을 되풀이함'이다. 뜻 안에 '같다'라는 의미가 포함된다는 점에서 '동일'이라는 개념과 별 구분 없이 쓰이곤 한다. 낮과 밤이 반복되고, 봄·여름·가을·겨울이 반복된다고 말할 때 우리는 동일한 상태의 순환으로 받아들이는 경향이 있다.

하지만 그는 이 세상에 같음이란 없다며 동일성을 거부한다. 특히 동일성과 혼동을 야기해 왔던 반복이라는 개념의 진정한 의미를

● **질 들뢰즈(1925~1995)**
프랑스의 철학자이다. 파리 제8대학에서 철학·문학·과학을 강의하고 1972년에는 동료 펠릭스 가타리와 함께 저술한 《앙티 오이디푸스》에서 기존의 정신분석에 반기를 들고, 자본주의를 비판적으로 논하며 20세기의 고정관념을 깨뜨렸다. 1995년 11월 자신의 아파트에서 뛰어내려 자살했다. 저서로 《차이와 반복》, 《천 개의 고원》 등이 있다.

탐구함으로써 차이의 규명 작업에 집중한다. 일반성은 한 항이 다른 항과 교환되거나 대체될 수 있을 때만 성립한다. 하지만 반복은 동일성을 전제로 하는 법칙과 다르다. 반복은 교환과 대체가 불가능한 독특성, 즉 차이를 전제로 한다. 반복은 오히려 차이 생성을 특징으로 한다.

자연의 산물 가운데 동일한 개체를 찾을 수 없음에도 불구하고 왜 인류는 동일성에 집착해왔을까? 전통사회에서는 변화가 주는 불안에서 벗어나기 위한 정서적인 목적이 상당히 영향을 미쳤다. 특히 농사는 규칙적인 계절의 순환에 의지하는 면이 강했기 때문에 동일성에 대한 집착이 강했다. 갑자기 예상치 못했던 가뭄이 찾아오거나 홍수로 농토가 잠겨 일 년의 고된 수고가 수포로 돌아가는 일이 가장 중요한 문제였기 때문이다. 질병도 큰 문제였다. 언제 어떤 병에 왜 걸리는지도 모르는 상태에서 느닷없이 찾아오는 질병은 죽음을 불러올 수도 있기에 큰 공포였다. 특히 전염병은 일상을 파괴하는 괴물이었다. 예를 들어 흑사병으로도 불리는 페스트는 14세기 유럽에서 크게 유행하여 서유럽 인구의 3분의 1에 해당되는 약 3,500만 명의 목숨을 앗아갔다. 그래서 인류는 신과 같이 절대로 변하지 않는 영원한 존재를 통해 현실의 공포에서 벗어나려는 사고방식을 받아들였다. 학문 차원에서도 영원히 변하지 않을 진리 규명에 초점을 맞추는 경향이 주류를 형성했다. 예술에서 영원한 아름다움을 찾으려 했던 것도 이러한 사정을 반영한다.

전통사회에서는 그렇다고 쳐도, 과학적·합리적 사고가 정착된 현대사회에서도 왜 여전히 절대 원리에 집착하는 경향이 유지될까? 하늘에서 왜 번개가 치고 일식이나 월식이 왜 일어나며 가뭄이나 홍수가 왜 찾아오는지, 질병이 왜 생기는지를 주술이나 신에 대한 의존 없이 규명할 수 있게 된 사회에서 절대 원리나 법칙에 묶여 있는 이유가 무엇일까?

페르낭 레제Fernand Leger의 〈기계적 발레〉는 과학기술혁명으로 탄생한 현대사회를 기계적 동일성이 어떻게 지배하는지 잘 보여준다. 레제는 기계문명의 역동적인 힘에 대한 신뢰를 회화로 구현하고자 했다. 과학기술의 발달과 산업화는 인간 사회를 통째로 바꿔놓았다. 미술도 그러한 변화에서 예외일 수 없었다. 특히 19세기 후반과 20세기 초반에 이르는 기간 미술계에서 기계문명의 눈부신 발달에 대한 찬사가 나타난다. 산업혁명이 주는 희망을 가장 열광적으로 표현한 화가를 꼽으라면 단연 레제일 것이다. 그는 기계의 운동과 철근·콘크리트 냄새가 물씬 풍기는 대도시 빌딩 숲을 인류의 진보로 보았다. 기계문명을 예찬하고 기계시대의 새로운 인간상을 추구하기 위해 매우 단순화된 형태 속에 대담한 색을 사용하여 역동적인 기계의 이미지를 구현한 이른바 '기계미술' 양식을 개발했다.

〈기계적 발레〉는 레제가 전체적인 구상과 미술적 장치로 참여한 영화다. 여기에 소개한 그림은 이 영화 주인공 중 하나다. 영화는 온갖 종류의 기계 운동을 다양한 이미지를 통해 나타낸다. 공장의 기계로 보이는 여러 물체의 원운동, 왕복운동, 추운동이 전체 구성의 핵심이다. 프로펠러나 기계 바퀴가 돌아가고, 시곗바늘 추가 왕복하며, 피스톤이 전진과 후퇴를 거듭한다. 여기에 동일한 형태의 원과 삼각형 등 도형이 되풀이하여 움직인다. 사람의 동일한 걸음과 동작, 표정이 중간에 연속으로 끼어든다.

두 개의 그림은 이 영화에서 기계화된 인간이 발레를 하는 모습으로 나온다. 인간을 사각형과 원, 톱니바퀴 모양 등 몇 개의 도형을 통해 기계 이미지로 표현한다. 마치 기계 부품처럼 각 기관이 독립된

레제, 〈기계적 발레1〉, 1924년            레제, 〈기계적 발레2〉, 1924년

상태로 연결되어 있다. 나사로 팔과 다리를 판에 끼웠기 때문에 기계 안에서 부품이 움직이는 느낌을 준다. 첫 번째 그림의 두 팔을 조작하면 두 번째 그림처럼 올라간다. 마찬가지 방식으로 머리와 다리도 움직인다. 연결된 나사를 통해 움직이기에 기계적으로 동일한 동작이다. 드가의 〈허리를 숙인 발레리나〉는 같은 동작을 수천 번 되풀이하여 자로 잰 듯 구사하는 무용수를 보여주었는데, 레제는 한술 더 떠 기계적 장치를 통해 사람이기 때문에 나타나는 오차 가능성을 제거하려 한다.

레제가 활동하던 시기에서 현재에 이르기까지 수학적·과학적 사고방식은 이미 하나의 신앙이다. 기계의 운동과 기계를 통한 대량생산은 전통사회와는 비교도 할 수 없을 정도로 동일성을 향한 질주를 만들어낸다. 과거 수공업 단계에서는 아무리 숙련된 장인의 솜씨라 하더라도 만든 물건 사이의 차이를 눈으로 확인할 수 있었다. 예를 들어 수천 개 이상을 만든 낫이나 도끼라 하더라도 손짓작으로 제작했으니 몇 개를 비교하면 크기나 모양 차이가 드러나기 마련이었다. 하지만 기계를 통한 대량생산은 수공업과 비교도 할 수 없을 정도로 제품 사이의 차이를 제거한다. 무엇보다도 기계의 원운동이나 왕복운동은 손짓작과 달리 정확하고 규칙적이다. 제품에 들어가는 부품도 표준화되어 있기 때문에 언제 만들었든 균일한 형태와 품질을 향한다. 동일한 차종이기만 하다면 몇 달 전에 만들어진 자동차와 오늘 만들어진 자동차 사이의 차이를 눈으로 찾아낼 수 없다.

그 바탕에는 수학적·과학적 사고방식이 자리 잡고 있다. 수학이나 과학은 공식이나 법칙을 통해 동일한 조건과 과정이라면 언제나 동일한 답이 나오도록 되어 있다. 만약 다른 결과가 나온다면 오답이나 비정상이 된다. 자연과학적이고 실증주의적인 방법에 기초한 합리성·효율성은 엄청난 생산력 발전을 이루어낸 원동력이고, 현대사회의 구석구석을 지배하는 원리고, 현대인의 사고방식을 규정하는 가장 중요한 가치다.

그렇기 때문에 현대사회는 전통사회 이상으로 변하지 않는 절대성을 추구한다. 과거에는 생존조건과 성장환경 때문에 강제되는 면이 적지 않았다면, 현대사회에서는 적어도 외형적으로는 자발적으로 동일성에 자신을 맞추는 경향이 확대된다. 신의 자리를 과학이 차지했을 뿐 동일성이라는 형식을 매개로 일반성 혹은 법칙 도출을 정당화한다. 차이를 보이는 현상에 대해 반복 속에서 유사성을 발견하고, 동일성의 범주로 묶으면서 일반화된 원리의 근거로 사용한다. 하지만 과학적 탐구와 기계적 운동에 의존하는 현대사회라 하더라도, 엄밀하게 보면 두 번 거듭된 현상은 없다. 단 한 번도 동일한 적이 없고 동일해질 수도 없다. 동일하다고 느낀 것은 우리의 눈이고 생각일 뿐이다. 동일성이 존재한다는 주장에 대해 독일 철학자 헤겔Friedrich Hegel ●이 이렇게 놀렸다. "절대적으로 똑같은 두 알갱이의 먼지가 어디 있는가? 똑같은 방식으로 두드리는 두 대의 타자, 똑같은 방식으로 총알을 내뿜는 두 정의 권총이 어디 있는가?"

아무리 정교하게 만들어진 타자라 하더라도 현미경 수준으로 관찰하면 서로 다른 단면이 나타나기 마련이다. 마찬가지로 같은 회사에서 제작된 권총이라 하더라도 총열 나선에 미세한 차이가 있고 총알의 발사 상태에도 영향을 미칠 수밖에 없다. 정교함의 상징인 스위스 시계도 일정한 기간이 지나면 약간의 시간 차이가 나는 게 불가피하다. 결국 최고의 정확성과 표준화를 자랑하는 기계문명에서도 변화가 없는 절대적인 상태는 가상이나 착각에 불과하다.

변화와 차이를 인정할 때 철학적 사고는 출발선에 선다. 만약 사물이나 사고가 동일하고 고정되어 있다면 깊이 생각하는 과정이 절실할 이유가 없다. 필요할 때 저장된 내용을 꺼내서 써먹으면 될 일이다. 상당 부분 고정적인 특징을 갖는 수학적 원리처럼 말이다. 수학 공식은 수백 년 전에 만들어졌지만 오늘날에도 그대로 적용해서 계산한다. 암기한 공식에 바뀐 데이터만 입력하여 문제를 푼다.

만약 철학도 영원히 변하지 않을 절대 진리를 중심으로 한다면 이미 철학의 상당 부분은 완료되어 있어서, 지금은 암기하거나 스마트폰에 저장해놓고 있다가 그때그때 편하게 꺼내 쓰면 됐을 것이다.

---

● **프리드리히 헤겔**(1770~1831)

칸트 철학을 계승하여 독일 관념론을 완성한 철학자이다. 18세기의 합리주의적 계몽사상의 한계를 통찰하고 '역사'가 지니는 의미에 눈을 돌렸다. 모든 사물의 전개를 정正―반反―합合의 3단계로 나누는 변증법辨證法은 그의 논리학과 철학의 핵심이다. 1788년 튀빙겐대학교 신학과에 입학했고, 1818년에는 프로이센 정부의 초청으로 베를린대학 교수가 되었다. 그 시절 유력한 헤겔학파가 형성되어, 그의 철학이 국내외에 널리 전파되었다. 1831년 콜레라에 걸려 사망했다.

길게 잡으면 이미 기원전 수백 년쯤에 완성형 상태로 중단되었어야 한다. 서양철학은 플라톤에 대한 주석이라는 말이 나올 정도로 고대 그리스에서 이미 철학적 쟁점의 상당 부분이 다뤄졌다. 동양철학도 현재에 이르기까지 춘추전국시대의 공자와 맹자, 노자와 장자, 한비자 등의 사상을 재해석하는 데 여전히 공을 들인다.

백 보 양보해도 근대철학으로 대단원의 막을 내렸어야 했다. 합리론이나 경험론, 독일 관념론에 이르러 개념과 범주 등에 있어서 어찌할 수 없을 정도로 가장 정교하고 복잡한 단계에 이성이 도달했으니, 더 이상 철학을 한다는 것은 공연한 시간낭비에 불과해야 한다. 하지만 현재 어느 누구도 비슷한 얘기를 하는 사람이 없다. 완성은커녕 오히려 더 많은 도전에 직면해 있고 쟁점의 갈래는 더 넓게 퍼져나간다.

자연이 그러하듯이 철학도 오직 변화한다는 사실만이 변하지 않는다. 그 변화의 한가운데 있을 때 비로소 우리는 철학과 대화에 들어간다. 철학은 암기가 아니라 생각을 시작하는 것이기 때문이다. 생각을 하지 않는 사람이 어디 있냐고 물을지 모르겠다. 어떤 생각이냐가 중요하다. 우리가 하루 동안 하는 생각을 떠올려 보자. 대부분은 먹고 사는 문제에 국한된다. 직장에서의 일, 점심이나 저녁으로 무엇을 먹을까, 가사와 연관된 생각 등이 대부분이다. 학교에서 하는 공부는 뭐냐고? 현실에서는 제도 교육이 직장을 구하기 위한 용도라는 점을 부정할 수 없다. 친구나 직장 동료와의 잡담도 집 이야기나 자식 성적 이야기에서 벗어나지 않기 십상이다.

일상의 습관적 사고에서 벗어나는 데서 철학적 사고의 가능성은 열린다. 매일 되풀이되는 생활에서 벗어나지 못한 상태인데 '인간은 왜 사는가?'라는 질문이 나올 여지는 없다. 오직 매일 보는 인간관계에 적응하는 데 온 관심이 있는 상태에서 '인간이란 무엇인가?'라는 질문도 기대할 수 없다. 오늘의 삶이 변함없이 이어질 것이라 생각하면서 '죽음이란 무엇인가?'에 대해 궁금해할 리도 없다.

또한 변화에 대한 이해는 '시간'의 의미와 역할에 주목한다는 점에서도 철학의 중요한 출발점이다. 공간 개념과 함께 시간 개념은 생각에서 가장 핵심적인 틀이다. 우리의 모든 생각은 시간과 공간 안에서 이루어진다. 단편적 생각이라면 시간과 공간의 정도가 낮은 차원에 머문다. 철학이 요구하는 깊이 있는 생각은 그만큼 시간과 공간의 폭이 확장되어야 가능하다. 변화를 이해함으로써 시간의 진폭이 훨씬 커지고 생각은 역동적인 상태에 이른다. 시간 개념을 통해 철학적 사고는 부동성이라는 착각의 늪에서 발을 뺀다. 그러한 의미에서 '같은 강물에 두 번 발을 담글 수 없다'는 발상은 정지해 있거나 고정되어 있다고 여겨지는 것조차 사실은 변화 아래 있음을 극적으로 보여준다는 점에서 시간에 대한 통찰을 담고 있다.

인류 초기나 전통사회에서는 예상치 못한 변화가 재앙으로 인식되었다. 비록 과도할지라도 동일한 상태를 가정하고 싶은 욕구가 강하게 작용하는 조건이 있었다. 하지만 조금만 더 들어가서 생각해보면 인간은 예상치 못한 변화보다는 세상에 변화가 없다는 사고방식으로부터 더 큰 고통을 받아왔다. 세상은 원래부터 위와 아래로 나뉘고 서로 다른 신분으로 구성되어 있다는 생각, 모든 인간이 본래 죄인이라거나 인생은 고통일 수밖에 없다는 고정관념, 생활이든 사고방식이든 짜인 틀 안에서 벗어날 수 없다는 통념적 훈계가 지난 수천 년간 강요되어 왔다.

변화로 인해 초래되는 새로운 상황이 줄 두려움과 기본적인 세상의 원리가 바뀌지 않는다는 강요된 논리 가운데 우리가 무엇으로 인해 더 큰 고통을 받고 있는가를 생각해야 한다. 철학이 하고 싶은가? 그러면 동일한 상태가 되풀이된다는 신화, 오늘 같은 내일이 이어진다는 착각에서 뛰어내려라.

*Chapter 2*

# 무지를
# 생각하는
# 사람

마그리트, 〈금지된 재현〉, 1937년

# 확실하다고
# 확신할 수 있는가

마그리트의 그림이 늘 그러하듯이 〈금지된 재현〉도 우리를 당황스럽
게 한다. 한 남자가 말끔하게 차려입고 거울을 본다. 그런데 엉뚱하게
도 뒷모습이 거울에 비친다. 옷이나 머리 모양이 그대로인 점으로 봐
서 한 사람이 분명한데, 현실에서는 불가능한 상황이다. 옆의 책이 반
사된 모습을 봐도 거울이라는 점은 의심할 여지가 없다. 게다가 사람
과 달리 책은 글씨가 거울에 거꾸로 보여서 제 기능을 정상적으로 발
휘하는 중이다.

　　화가가 던진 수수께끼를 풀기 위해서는 최대한 단서를 찾아야
한다. 일단 감상자에게 어떤 충격을 주려는 의도를 발견할 수 있다.
누가 봐도 존재하지 않는 현실을 덜컥 던져주었으니 말이다. 화가가
그림의 주인공에게 보낸 편지 내용만 봐도 그러하다. '이 초상화가 달

리뿐 아니라 너를 얼마나 놀라게 할지 알고 싶어서 기다릴 수가 없을 정도다.' 예상치 못한 충격적 장면을 구사하기로 유명한, 초현실주의 미술을 대표하는 화가 살바도르 달리를 놀라게 할 생각으로 조바심을 낸다. 이 그림이 감상자들에게 어떤 반응을 불러일으킬지 너무나 잘 알고 있다는 얘기다.

의도가 그러하니, 먼저 여기에서 출발하자. 어떤 경우에 놀랍다는 느낌을 갖는가? 상식이라고 생각하는 바를 넘어서는 상황을 마주했을 때, 그동안 정상이라고 믿어오던 바를 뒤흔들어버리는 현상을 만났을 때 놀라움을 느낀다. 같은 비상식이나 비정상이더라도 가끔 접해서 예상할 수 있는 개연성이 있을 때는 이상하기는 하지만 놀랄 정도는 아니다. 상상의 범위를 넘어서는 돌연한 상황을 맞닥뜨려 충격과 함께 찾아오는 감정이 놀라움이다.

어느 누가 거울을 통해 뒷모습을 보는 상상을 했겠는가? 물론 마그리트에 앞서서 빛이 직진한다는 상식에 도발적으로 도전한 화가들이 있기는 했다. 입체주의 미술로 알려진 작품에서 선구적으로 시도된 적이 있다. 피카소의 입체주의 그림을 보면 평면 캔버스에 사물의 정면과 뒷면, 윗면과 측면이 동시에 담겨 있는 경우를 자주 발견할 수 있다. 마그리트의 〈금지된 재현〉보다 5년 정도 먼저 그려진 피카소의 〈거울 앞의 소녀〉를 보면 비슷한 발상이 나타난다. 한 소녀가 큰 거울에 전신을 비추는 장면이 담겨 있다. 소녀는 왼쪽 측면을 보여주는데 거울에 비친 얼굴은 반대로 오른쪽 측면이다. 몸도 엉뚱하게도 정면의 가슴이 나타난다.

먼저 과학적인 설명을 살펴보자. 거울을 통해서 자신을 보는 것은 빛의 작용 때문이다. 광자라고 불리는 빛 입자가 우리의 몸에 부딪혀 튕겨나간 다음 다시 거울 표면을 때린다. 거울 표면은 매끄러워서 광자가 부딪힌 각도와 비슷하게 반사해내기에 비교적 굴절이나 왜곡이 덜한 상태로 우리 눈으로 들어온다. 당연히 그 빛은 우리 몸 전체가 아니라 거울과 마주하고 있는 면을 비추기 때문에 정면을 보여주면 정면, 측면을 보여주면 측면을 비추게 된다. 상식적으로 경험하는

피카소, 〈거울 앞의 소녀〉, 1932년

현상이 어떠한 과정을 거쳐 일어나는지를 과학을 빌려 설명한 내용이다.

마그리트나 피카소의 그림은 지극히 온당하다고 여기는 상식적 경험과 과학적 설명을 정면으로 거스른다. 피카소가 그림 안에 정면과 뒷면, 윗면과 측면 등을 모두 담고자 했던 이유는 사물을 구성하는 360°의 장면 모두가 담겨야 진정한 사실과 만날 수 있다고 생각했기 때문이다. 이를 위해서는 빛은 직진한다거나 거울은 같은 각도로 광자를 반사해낸다는 상식적·과학적 설명에서 벗어나야 했다. 일상적으로 경험하는 상식을 그대로 재현하는 방식, 지난 수천 년간 회화가 추구해왔던 방식으로는 진실에 도달할 수 없다는 문제의식이다.

피카소의 시도는 참신하고 재미있는 발상이라는 느낌을 준다. 그동안 미처 생각해보지 않았던 독특한 생각이라는 느낌에 미소를 짓게 된다. 마그리트의 그림은 시각적 충격을 안겨줌으로써 한동안 멍하게 만든다. 이어서 생각의 꼬리를 붙잡고 더 파고들어가고 싶게 만드는 정신적 자극으로 이어진다. 피카소는 사물이나 사람의 모습 자체를 심하게 변형하는 방식으로 작업했기 때문에 미리 현실 왜곡이 있으리라는 점이 충분히 예상되므로 놀랄 것까지는 없다. 이에 비해 마그리트는 극사실주의에 가까운 묘사에 의존하기에 일순간 현실과 허구가 뒤섞이고 혼동되는 효과를 냄으로써 시각적 충격을 준다.

시각적 충격 자체가 목적은 아니다. 마그리트는 이를 통해 어떤 철학적 메시지를 전달하는 데 관심을 둔다. 먼저 〈금지된 재현〉은 자유로운 생각을 자극한다. 제목 그대로 금지된 발상을 드러낸다는 점에서 그러하다. 1938년의 어느 강연에서 그가 한 말에 의하면 이미 10대 후반부터 미술 작업의 의도를 여기에 맞췄다. "1915년 나는 사람들이 내게 강요하는 것과는 다른 방식으로 세계를 볼 수 있는 태도를 되찾고자 했다. 나는 관습과 가장 거리가 먼 그림을 그리면서 자유의 기쁨을 경험했다."

관습적 인식에서 벗어남으로써 틀에 박힌 사고방식을 넘어 생각의 지평을 확장할 수 있다. 철학은 넓고 깊은 생각을 통해 가능성이 열린다. 하지만 관습적 사고방식은 매우 제한된 상황과 협소한 틀에 국한된 원칙 안에서 이루어지는 경향이 강하다. 일상적·관습적 사고의 늪에서 한 발을 떼어놓을 때 생각의 지평이 넓어지고 철학은 생기를 되찾는다. 표면에 드러나는 현상 아래의 뿌리로 시선이 내려갈 때 철학은 드디어 자신이 있을 곳을 찾는다. 이를 위해서는 눈앞의 장막을 걷어내야 한다.

마그리트의 문제의식은 그림 속에 소품으로 쓰인 책을 통해서도 힌트를 얻을 수 있다. 거울의 오른편에 놓인 책은 그저 구색을 맞추기 위한 것이 아니다. 사람과 거울 이외에 유일하게 캔버스에 들어가 있는 사물이라는 점에서, 또한 자세히 보면 작가와 책의 제목까지 확인할 수 있도록 꼼꼼하게 그려놓았다는 점에서 당연히 화가의 의도를 드러내기 위한 장치로 봐야 한다. 추리소설의 창시자로 불리는 에드거 앨런 포<sup>Edgar Allan Poe</sup> ●의《아서 고든 핌의 모험》이다. 이 소설은 미지의 세계에 대한 도전이라는 상투적인 모험소설과 다르다. 도전보다는 예상치 못한 상황에서 오는 충격과 공포가 가득하다. 갑판 밑 창고에 숨은 핌이 밀실 공포와 악몽에 시달리고, 끔찍한 살육을 동반한 선상 반란이 일어나 죽을 고비에 처하며, 배가 난파되어 표류되는 상황을 맞이하기도 한다. 특히 사람들을 충격으로 몰아넣고 큰 화제가 된 장면은 죽음의 제비뽑기다. 네 명이 작은 구명보트에 의지해 표류하는 과정에서 굶주림을 견디지 못하자 제비뽑기로 한 사람을 죽여 식량으로 삼는다.

생존의 한계 상황에서 발생한 살인과 인육을 먹는 행위는 독자들을 충격에 빠트렸다. 소설은 다분히 인간이라서 그럴 수도 있다는 분위기를 전한다. 어떠한 상황이라도 인간으로서 있을 수 없는 행위라는 견해와 단지 살기 위해 어쩔 수 없는 극단적 선택이라는 견해가 논란을 불러일으킨다. 인간이란 무엇이고 어디까지 그 행위가 인정될 수 있느냐는, 근본적인 문제와 맞닿아 있는 고민을 촉발한다.

직접 경험이든 문학이나 미술을 통한 간접 경험이든 충격적 경

● **에드거 앨런 포(1809~1849)**
추리소설이라는 장르를 최초로 만들었다고 평가되는 미국의 시인·소설가·비평가이다. 주로 죽음을 바탕으로 한 주제의식을 살인, 자아분열, 환시 등의 상상력으로 풀어나가 《어셔가의 몰락》, 《모르그가의 살인사건》 등을 발표했다. 1847년 가난 속에서 아내와 사별한 뒤 스스로도 건강을 돌보지 않아 2년 후인 1849년 10월, 볼티모어의 노상에 쓰러져 의식불명인 채 세상을 떠났다. 사후에도 한동안 평가받지 못하다가 1875년 기념비가 세워지고 명예가 점차 회복되었다.

험이 일상과 관습에서 벗어나 인간과 사회에 대한 넓고 깊은 생각을 자극할 때 철학으로 접어든다. 상식을 넘어선 정신적 자극으로, 완강한 통념에 순간적으로 틈이 생기고 여기에서 자유로운 생각의 여지가 커지기 때문이다. 마그리트는 이러한 점에 주목하여 〈금지된 재현〉을 통해 전달하고자 한 문제의식에 적합한 소품으로 이 소설을 배치한 듯하다.

아직 마그리트의 진지한 문제의식을 확인하려면 한 발 더 들어가야 한다. 거울로 뒷모습을 보는 일이 불가능하기에 '금지된' 재현이라면, 일상적으로 정신을 통해 접하는 현실적 재현은 사실의 일부만 우리에게 보여준다는 말이 된다. 사람이나 사물은 단 한 순간도 앞모습과 뒷모습이 분리되거나 사라질 수 없다. 거울을 정면으로 마주하고 있는 순간에 뒷모습은 단 한시도 나와 떨어져 있지 않다.

거울에 비친 모습을 볼 때만 생기는 한계가 아니다. 거울은 하나의 상징이고, 결국 마그리트는 인간 인식이 갖는 근본 한계에 의문을 던진다. 정신은 하늘에서 뚝 떨어졌을 리 만무하고, 외부의 정보 없이 혼자 작용한다는 황당한 가정도 할 수 없는 이상 어떻게든 육체의 감각과 긴밀한 관계를 맺는다. 눈으로 받아들인 사물이나 현상은 뇌를 통해 일정한 정보 처리 과정을 거쳐 생각으로 발현하게 된다. 그토록 확실하다고 믿는 눈이 고작 사실의 일부만 알려주니 청각이나 촉각을 비롯한 다른 감각은 더 말할 나위가 없다.

당연히 정신은 늘 제한적이고 일정하지 않을 수밖에 없다. 그러면 우리가 아는 것을 도대체 얼마나 믿을 수 있는가? 그동안 확실하다고 자신해 왔던 수많은 지식이 근본적으로 의심받아야 하는 처지가 된다. 개인적인 차원에서의 생각만이 아니라 오랜 기간 인류가 쌓아온 지식도 과연 어디까지 확실하다고 말할 수 있는지 문제가 된다. 거울을 통해 뒷모습을 보는 그림에 담긴 마그리트의 도전은 바로 이곳으로 향한다.

# 내가 아는 것은 오직
# 내가 모른다는 것뿐

스페인을 대표하는 화가 프란시스코 고야<sup>Francisco Goya</sup>의 〈마녀의 집회〉
와 〈산 이시드로 순례행렬〉은 무지 상태에 있는 사람들의 모습을 비
관적으로 그린다. 고야가 말년을 보낸 마드리드 교외의 '귀머거리 집'
벽면에 그린 작품이다. 사십대 후반부터 청력을 잃고 반평생을 귀머
거리로 살아야 했던 자신을 빗대어 지은 이름이다. 인간에 대한 희망
을 잃은 상태에서 검은색을 주로 사용한 '검은 그림' 시기를 잘 보여
준다.

　〈마녀의 집회〉는 여전히 비합리적인 사고에 머물고 있는 스페인
사람들의 무지몽매함에 대한 고발이다. 주술이나 다름없는 신비적
사고에 의존하는 상태를 비유를 통해 묘사한다. 왼편으로 악마를 상
징하는 수산양이 검은 실루엣으로 모습을 드러내고, 주변으로 수많

은 사람이 모여 앉아 있다.

마녀 쪽으로 몸을 숙여 귀를 기울이는 사람들의 모습이 바보 같은 분위기다. 입을 반쯤 벌리고 눈을 이리저리 굴리고 있어서 한편으로는 두려움, 다른 한편으로는 그 두려움에서 벗어나게 해줄 마법의 힘에 대한 추종을 보여준다. 그저 눈치를 보다가 집단 속에 숨어서 다른 사람이 하는 대로 따라가려는 지극히 소극적인 군상이다.

〈산 이시드로 순례행렬〉은 현상적으로는 마녀 숭배와 반대편에 있는 듯하지만 실제로는 우매함이라는 점에서 다를 바 없는 종교 현실을 보여준다. 마드리드의 수호성인을 모시는 산 이시드로 성당을

고야, 〈마녀의 집회〉, 1821~23년

고야, 〈산 이시드로 순례행렬〉, 1821~23년

향해 끝없이 꼬리를 물고 순례를 하는 장면이다. 사람들의 표정이 앞의 그림과 거의 다를 바 없다. 반쯤은 두려움, 나머지 반은 맹목적인 추종이 자리 잡고 있다. 스스로 판단하지 못하고 멍청한 얼굴로 웅성거리기만 한다. 산등성이를 따라 이어진 순례행렬이 대부분 같은 상태라는 짐작이 어렵지 않다.

당시 유럽은 프랑스대혁명으로 촉발된 혁명적 분위기가 꿈틀대고 있었다. 프랑스대혁명은 프랑스에만 영향을 미친 것이 아니라 아직 신분제에 기초한 왕정국가나 봉건사회에 머물고 있던 유럽 전체를 뒤흔들었다. 혁명은 천 년 가까이 지속된 유럽 봉건체제에 결정적 균열을 냈다. 종교에 기초한 신분제 논리를 거부하고 이성에 기초한 계몽주의 열망이 강물처럼 유럽에 흐르던 시기였다. 자유·평등·박애라는 프랑스대혁명의 가치, 프랑스 시민과 민중이 보여준 용기는 국왕·귀족·성직자의 폭정에 신음하던 모든 유럽인에게 새로운 사회를 향한 영감과 투지를 안겨주었다.

하지만 고야가 살던 스페인은 봉건질서와 사고방식에서 좀처럼 벗어날 기미가 보이지 않았다. 오히려 귀족과 성직자를 중심으로 한 봉건 지배세력의 부패와 전횡이 점점 더 심화됐다. 고야는 계몽주의 이성이 잠을 자고 있는 스페인을 고발하고 싶었던 듯하다. 이성이 잠든 자리를 무섭게 파고들면서 마음을 지배하는 미신과 독선, 이기심, 비겁함, 사교에의 현혹, 굴종 등을 괴물에 비유하여 비판하고자 했다.

무능한 왕, 사치와 향락에 빠진 귀족, 타락한 교회와 성직자로 얼룩진 스페인의 힘이 급격히 약화되는 현상은 너무나 당연했다. 스페인은 무적함대를 앞세워 세계의 바다를 지배하던 위력도 사라져버리고 무자비한 폭정과 탄압으로 봉건 체제를 유지하고 있었다. 농민을 비롯한 대부분의 사람은 고통의 나날을 보내야 했다. 이에 대한 불만이 한쪽에서는 천 년 가까이 구체제를 지탱해 온 기독교에 대한 불신으로 터지면서 마법이나 주술의 힘에 대한 숭배로 나타났다. 다른 한편으로 기존 정치세력과 교회권력은 이단재판소를 통한 마녀사냥으로 권력을 유지하는 데 골몰했고, 기독교는 대중적 광기의 다른 이름일 뿐이었다. 이래저래 무지의 늪에서 허덕이는 사람들에게서 고야는 더 이상 희망의 근거를 발견할 수 없었고, 이를 '검은 그림'에 담아 절망과 무기력을 표현했다.

그런데 과연 무지는 당시 스페인 사람들만의 문제일까? 물론 기독교가 지배한 중세, 신분제도가 사회 전체를 지배하는 시대적 조건에서 무지가 강제되기는 했다. 이른바 우민화 정책의 일환으로 집요하게 문맹 상태에 머물도록 했다. 종교적으로는 성경이나 설교를 라틴어로 제한하고, 일반 백성의 문자 습득을 봉쇄함으로써 농노의 무지를 전 사회적으로 유지했다. 그저 극소수의 귀족과 성직자로 구성된 지배체제가 상식의 이름으로 유포하는 도덕률과 사고방식의 틀 내에 순응하는 삶만이 허용됐다.

현대인은 전혀 다른 조건 아래 살아간다. 이제는 문맹이라는 말이 낯선 용어다. 적어도 웬만한 나라의 사회구성원이라면 제도교육을 통해 읽고 쓸 수 있는 능력을 습득한다. 인쇄술의 발달로 누구나 원하기만 하면 어디서든 책이나 신문, 잡지를 손에 넣는다. 게다가 최근 정보화사회로 진입하고 인터넷에 다양한 정보가 흘러넘치면서 간단한 검색만으로 온갖 정보를 수시로 접한다. 여러 사정을 감안할 때 적어도 현대인은 무지에서 벗어났다고 봐야 하지 않을까? 태어나서 서너 살만 되면 가정교육이나 유치원 과정을 통해 기본적인 읽고 쓰기를 배운다. 초등학교에서 고등학교에 이르기까지 십여 년 동안 매년 거의 열 개나 되는 과목을 단계별로 학습한다. 여기에 TV나 인터넷을 통한 정보까지 더하면 엄청난 양의 배경지식이니 무지라는 말은 사전에서 빼도 될 정도 아니겠는가?

정보화사회로 진입하고 인터넷에 다양한 정보가 흘러넘치면서 현대인은 간단한 검색만으로 온갖 정보를 수시로 접한다. 그렇다면 '무지'에서 벗어났다고 볼 수 있을까?

하지만 철학적인 앎은 단편적 지식의 나열이나 총합과는 전혀 다른 의미다. 흔히 철학을 판단이나 행위의 원칙을 의미하는 가치관, 자신을 포함하여 세계에 대한 태도를 일컫는 세계관이라고 한다. 여기에는 몇 가지 전제가 되는 사고 원리가 있다.

먼저 가치관, 세계관이기 위해 관점의 일관성을 가져야 한다. 수시로 사소하게 변하는 상황에 따라 관점이 바뀌고, 심지어 같은 상황 안에서도 감정이나 기분에 따라 관점이 바뀐다면 무슨 생각이나 말을 하는지도 모르는 사람일 뿐이다. 가치관은 사고와 행위에 대한 가치판단을 포함한다. 자신이나 타인, 혹은 어떤 집단의 행위에 대해 옳고 그름이라는 가치판단을 할 수 있는 사고를 의미한다. 철학적 사고는 옳고 그름에 대한 일관된 관점을 포함한다. 절대적인 기준을 말하려는 것이 아니다. 동일한 적용은 아니라 하더라도, 또한 중요한 상황 변화나 인식 변화에 따라 달라질 수 있지만, 일정 기간 내에서 갖는 어느 정도의 일관성을 필요로 한다.


다음으로 가치관, 세계관이기 위해서는 언어를 통한 체계화와 객관화가 동반되어야 한다. 철학은 내적으로든 외적으로든 체계화되고 표현되는 것일 수밖에 없다. 여기에서 체계화란 개념과 범주를 동반하는 추상화 과정을 의미한다. 사고의 체계화는 언어능력을 전제로 한다. 무언가에 대한 구분·종합과 정식화는 언어를 전제로 한다. 밖으로 드러나지 않고 정신 내부에서 작업할 때도 언어를 매개로 한 사고체계가 전제된다. 당연히 외적으로 드러내는 표현도 언어에 의존한다. 하지만 언어가 반드시 문자일 필요는 없다. 언어는 말이나 동작을 비롯하여 그림·문자 등을 모두 포괄한다.

그러므로 철학을 문자에 한정할 필요가 없다. 미술·문학·음악 등 예술 영역도 철학에 속한다. 두 가지 측면에서 그러하다. 하나는 철학적 사고를 표현하는 역할이다. 문자가 아닌 그림이나 다른 방식으로도 생각을 표현하고 또한 그렇게 표현된 것을 통해 철학적 성찰을 할 수 있으면 된다. 다른 하나는 철학적 사고를 구성하는 역할이다. 문자만이 아니라 다른 종류의 언어를 통해서도 대상화·체계화는 물론 반성적 사고를 심화할 수 있는 계기나 수단을 마련할 가능성은 얼마든지 존재한다.


말이 어려우면 조금은 더 현실적인 가정을 해보자. 누구든 어떤 주제를 정해주고 한 시간쯤 혼자 이야기해야 하는 상황이라고 가정해보자. 다른 사람들 앞이어도 좋고, 방 안에서 혼자 있는 상태여도 상관없다. 아마 단 10분도 이어나가기 힘든 경우가 많을 것이다. 또한 단편적인 이야기의 나열로 끝나기 십상이다. 결론과 논거로 구성된 생각의 체계와 무관하게 결론이 반복되고 논거와 뒤죽박죽 섞이며 널뛰기하는 경우를 흔히 만난다. 중언부언은 그만큼 생각에 체계가 없다는 뜻이다. 여기에 일관성도 문제가 된다. 자기도 모르게 이 관점에서 저 관점으로 오락가락한다. 무작정 책을 많이 읽고 인터넷을 통해 여러 정보를 검색하여 배경지식을 폭넓게 접하고 외운다고 해서 해결될 문제가 아니다.

나아가서 철학은 자신에 대한 반성적 사고를 전제로 한다. 자신을 대상화하여 성찰하지 않는다면 철학은 무용지물이 된다. 스스로의 판단과 선택, 행위를 무조건 정당화하는 것이 아니라 평가 대상으로 놓고 진지하게 고찰하는 태도에서 진정한 철학의 의미가 살아난다. 자신의 인식에 의문을 갖는 사고, 정신이 스스로에게 되돌아가 내적으로 접근하는 반성적 사고능력이다. 현대인의 반성적 사고 결핍은 별로 새로운 이야기도 아니다. 극단적인 경쟁 사회에서 자신을 보다 우수한 상품으로 만들기에 여념이 없고, 신분 상승 사다리를 오르는 일에 대부분 삶을 쏟아붓는 상황에서 내적인 성찰은 뒷전으로 밀리기 마련이다. 사회나 직장에서의 지위, 거주하는 동네와 집의 크기, 자가용 배기량, 옷이나 가방의 브랜드가 곧 자신이다. 철학과 만나야 할 내면은 공허하다. 결국 현대인은 지식의 홍수, 정보의 바다에 살지만 정작 철학의 빈곤 상태로부터 그다지 멀리 떨어져 있지 않다. 지식은 증가하지만 동시에 무지의 골도 깊어지는 역설적인 상황이다.

그러한 의미에서 수천 년 전에 소크라테스Socrates●가 "너 자신을 알라"며 무지를 질타한 말이 오늘날에도 여전히 중요한 의미를 지닌다.

---

● **소크라테스(기원전 5세기경)**

플라톤, 아리스토텔레스와 함께 고대 그리스 철학의 전성기를 이룩한 철학자이다. 문답법을 통한 깨달음, 무지에 대한 자각, 덕과 앎의 일치를 중시했다. 그러나 직접 남긴 저작이 없기 때문에 그의 고유한 사상을 명확히 파악하기는 어렵고 제자들이 남긴 기록과 그 안에 담긴 언행들을 통해 간접적으로 유추된다. 말년에 신성모독과 청년들을 현혹한다는 죄목으로 사형판결을 받았다. 그의 제자 플라톤은 대화편 《파이돈》에서 소크라테스가 독약을 마시고 죽음을 의연하게 맞이하는 장면을 상세하게 묘사했다.

그는 자신이 무지하다는 것만은 적어도 알고 있다는, 무지의 자각을 철학에 임하는 가장 중요한 지혜로 여긴다.

재판의 마지막 변론에서 "지혜와 관련해서는 자신이 진실로 전혀 보잘것없다는 사실을 깨달은 자가 가장 지혜로운 자"라고 한다. 자신에게 지혜가 있다면 오직 무지를 알고 있다는 점이다. 대부분 스스로 많은 지혜를 가지고 있다고 여기지만 소크라테스가 보기에 세상에 대한 단편적인 지식을 잔뜩 머릿속에 모아놓고 있을 뿐이다. 자기 자신, 그리고 인간에 대한 앎을 방치하고 세상의 지식을 나열하는 데서 지혜를 찾는 것은 잘못이다. 반성적 사고의 핵심은 끊임없이 스스로의 정신을 파고드는 일이다. "캐묻지 않는 삶은 사람에게는 살 가치가 없는 것"이기에 자신에 대한 비판적 성찰보다 중요한 일은 없다.

무지와는 아무런 인연도 없다고 확신하는 사고방식에 반성적 사고는 끼어들 틈이 없다. 앎에 대한 편견이 워낙 두터운 현대사회에서 철학으로 나아가기 위해서는 오히려 어느 시대보다도 무지의 자각이 절실하다. 소크라테스의 비교적 점잖은 권유나 고야의 질타, 혹은 마그리트의 시각적 충격으로 부족할지도 모른다. 스스로 절실한 필요가 충족되지 않는다면 관성의 힘에서 벗어나기가 어렵다.

# 세상만사를
# 의심하라

로비스 코린트<sup>Lovis Corinth</sup>의 〈디오게네스〉는 무지의 자각과 인식의 지평 확장을 위해 필수적인 사고 방법을 보여준다. 그리스 철학자 디오게네스<sup>Diogenes</sup>에 얽힌 이야기를 소재로 한 그림이다. 하루는 디오게네스가 대낮에 등불을 켜들고 무엇인가 열심히 찾으면서 거리를 돌아다녔다. 그를 본 제자 한 사람이 물었다.

"선생님 무엇을 그리 찾고 계십니까?"

"사람을 찾고 있다네!"

"인적이 드문 깊은 산중도 아니고, 이렇게 사람이 많은 번화가에서 사람을 찾다니요?"

의아해하는 제자에게 그는 이렇게 말했다.

"사람은 많아도 정직한 사람은 드무네. 통 그런 사람을 볼 수 없으니 이렇게 등불을 들고 다니면 보일까 하고 말이네. 나는 참사람을 찾는 것일세!"

수많은 화가가 영감을 받아 등불을 들고 있는 디오게네스를 자주 캔버스에 담았다. 그림을 보면 거지 꼬락서니를 한 디오게네스가 사람들을 향해 등잔불을 비춘다. 주변 사람들은 하나같이 조롱하는 모습이다. 바로 앞의 여인은 이게 무슨 짓이냐는 듯 손으로 가로막고

코린트, 〈디오게네스〉, 1891년

불빛을 피한다. 혹은 세상 살다가 별놈 다 보겠다는 듯 몇몇 사람이 신기한 눈길로 바라본다. 동네 아이들은 놀려먹을 사람이 생겨서 신난 모양이다. 맨 앞의 아이는 혀를 잔뜩 내밀고, 바로 뒤의 아이는 손가락을 코에 대고 한껏 놀린다.

당연히 환한 대낮에 사람이 안 보여서 등잔을 켠 것은 아니었으리라. 대낮에 등불을 들고 다닌 것은 거짓과 위선이 넘치는 세상에서 진정한 정신을 가진 사람을 찾기 어렵다는 의미다. 마그리트가 거울을 통해 자기의 뒷모습을 보는 상황 설정으로 사람들에게 시각적 충격을 주었다면, 디오게네스는 등불을 들이미는 상징적 행위를 통해 정신적 자극을 주고자 했다. 사실 그림에서 디오게네스를 둘러싸고 조롱하는 사람들은 바로 우리의 자화상일 수 있다.

철학의 의미를 깊이 이해하기 위해 문제의식을 보다 확장할 필요가 있다. 등불의 방향은 타인만이 아니라 자신으로도 향해야 한다. 타인의 무지 이전에 자신의 무지를 자각하는 일을 위해 말이다. 이에 기초하여 냉정하고 면밀한 시선으로 내면을 탐구하여 스스로의 판단과 행위에 대한 비판적 통찰이 있어야 한다. 또한 등불의 의미를 보다 날카롭게 살펴볼 필요가 있다. 환한 대낮은 누구나 사물을 명확히 분간할 수 있다고 여기는 조건을 말한다. 여기에 굳이 등불을 들이미는 행위는 대부분이 확실하다고 생각하는 바에 대한 의심을 뜻한다. 소크라테스의 표현을 빌리자면 캐묻는 작업이다. 상대방이 이미 알고 있다고 말해도 물러서지 않고 그가 알고 있는 것이 진정한 앎인지를 집요하게 캐물어서 만약 조금이라도 허구나 허위가 끼어 있다면 이를 드러내겠다는 의지다. 캐묻고 또 캐물어도 문제가 있는 구석을 발견해내지 못할 때 비로소 이를 받아들이겠다는 의지다. 의심을 통해 무지를 밑바닥까지 드러내고, 이를 토대로 앎을 향한 가능성을 열어 나간다.

의심의 등불을 자신을 향해 비춰 무지의 뿌리를 드러내는 작업에 보다 철저하게 임하고자 했던 철학자가 바로 데카르트<sup>Descartes</sup>● 다. "나는 생각한다. 그러므로 나는 존재한다." 그는 존재 근거를 생각에서 찾는다. 결국 핵심은 '생각'이기에 그 의미가 중요해진다. 생각의 가장 중요한 의미는 의심이다. 지금까지 세상이 제공한 상식, 자신이 직접 경험했든 간접 경험했든 그동안 옳다고 믿어왔던 생각을 의심하라는 권유다. 조금이라도 의심할 수 있는 것은 모두 전적으로 거짓된 것으로 던져 버려야 한다. 우리의 정신은 어렸을 때부터 자신의 판단이 아니라 외부로부터 주입된 견해가 많은 부분을 차지한다. 그런데 그 견해는 대부분 사회의 통념에 해당한다. 혹은 자신의 좁은 경험을 일반화시켜서 확고부동한 사실로 믿는 경우가 많다.

● 르네 데카르트(1596~1650)

프랑스의 철학자 · 수학자 · 물리학자이다. 근대철학의 아버지로 불리며 합리주의 철학의 길을 열었다. 모든 것을 회의한 다음, 이처럼 회의하고 있는 자기 존재는 명석하고 분명한 진리라고 보고, '나는 생각한다. 고로 나는 존재한다'는 명제를 자신의 철학적 기초로 삼았다. 저서에 《방법 서설》, 《성찰》, 《철학 원리》가 있다. 1649년 가을 스톡홀름으로 가서 지내던 중 폐렴에 걸려 생애를 마쳤다.

먼저 가치판단 기준이 의심 대상이 된다. 태어나서 제일 먼저 접하는 견해는 대부분 옆에 있는 부모에 의해 만들어진다. 세상으로 나온 직후부터 칠팔 세가 될 때까지 형성된 견해는 매우 강력하다. 마치 바짝 마른 모래가 물을 빨아들이듯 머리만이 아니라 온몸으로 흡수한다. 그럴 수밖에 없는 것이 거의 백지나 다를 바 없는 상태로 태어나 제일 먼저 접한 관계이니 부모가 세상을 바라보는 유일한 창이다. 아이는 부모의 말과 행위를 모방함으로써 자기를 만든다.

문제는 부모에 의해 만들어진 생각이 철학의 견지에서 볼 때 그다지 타당성을 갖지 못한다는 점이다. 부모이기에 지극히 편향적인 태도를 숨길 수 없다. 아이를 너무 사랑하기 때문이다. 부모는 아이를 중심으로 생각하고 대하기에 이 과정에서 자기중심적으로 외부 세계를 바라보는 관점이 길러진다. 또한 가부장제 사회이기에 남성과 여성의 특징이나 역할에 대한 편견도 자연스럽게 받아들인다.

초등학교에서 고등학교에 이르는 제도교육 과정도 큰 영향을 미친다. 위낙 장기간에 걸친 과정이기 때문에 일방적으로 주입된 견해가 평생에 걸쳐 상당한 지배력을 행사하는 경우가 많다. 제도 교육은 경쟁을 통한 효율성을 가장 중요한 가치로 여기게 한다. 조금 더 노골적으로 말하면 사실상 취업을 위한 기관 역할을 한다. 심지어 학문의 전당이라 일컬어지는 대학조차 취업 학원으로 변질된 지 오래다. 개인 신분상승을 위한 전투가 철학과 무관하다는 점은 굳이 언급할 필요도 없을 정도다.

대중매체가 주는 영향도 무시할 수 없다. 어린아이 시절부터 성인에 이르기까지 가치관을 형성하는 또 하나의 중요한 창 역할을 한다. 대중매체 가운데 단연 TV와 인터넷이 가장 일상적으로 접촉면을 갖는다. 이미지를 중심으로 한 영상매체가 상업성을 매개로 한 시장의 성격을 지닌다는 점을 부인하기 어렵다. 기본적으로 주요한 수입을 기업 광고에 의존하다 보니 드라마나 연예 프로그램을 비롯하여 가장 인기 있는 콘텐츠 내에 상업성이 깊숙하게 결합된다. 이를 통해 형성되는 가치판단 기준은 경쟁의 신화, 외적인 성공논리로 치중되기 마련이다. 이처럼 가치판단은 관습적인 경험과 연관성을 많이 지닌다. 오랜 기간 공동체 생활을 해오면서, 다양한 개인의 경험이 축적되면서 가치판단으로 흡수된다. 정신을 통한 심사숙고와 판단으로 세웠다기보다는 자기도 모르는 사이에 스며들어온 견해가 많다는 점에서 일차적인 의심 대상이 되어야 한다.

감각을 통한 경험도 중요한 의심 대상이다. 많은 사람이 가장 진실하고 확실하다고 받아들였던 것들은 대체로 감각에 의해서 획득한 내용이다. 직접 보거나 만져보고 들은 경험만큼 확실한 것은 없다고 믿는다. 감각은 오랜 기간 축적되면서 정신 활동에 가장 익숙하게 영향을 미친다. 밀접하고 폭넓게 영향을 주는 만큼 사고 활동에 오류를 일으키는 주요 원인이 된다. 감각이 종종 우리를 기만하기 때문이다. 마그리트의 그림을 통해 확인했듯이 가장 확실하다고 여기는 시각조차 지극히 부분적 정보만을 제공한다. 기본적인 사물 확인이나 색 구별도 부분적이고 한정된 작업에 속한다. 예를 들어 붉은색이란 무엇인지 다른 사람에게 정확히 설명하기 어렵다. 사람에 따라 느끼는 바가 다르기 때문에 단 하나의 상태만을 붉다고 말할 수 없다. 시각만이 아니라 청각·촉각·미각·후각 등 감각에 속하는 어느 하나도 사실을 있는 그대로 반영해주지는 않는다. 여러 감각이 속이거나 불확실한 것을 확실한 것으로 여기게 만든다.

자기도 모르는 사이에 스며들어온 가치판단 기준과 감각이 제공한 인상을 의심함으로써 비로소 자기 생각의 단초를 마련할 수 있다. 소크라테스나 데카르트의 결론에 대해서도 예외 없이 의심의 눈길을 거두어서는 안 된다. 소크라테스의 "너 자신을 알라"에서 알아야 할 '자신'은 육체와 분리된 정신으로서의 영혼이었다. 데카르트도 비슷한 문제의식 위에 있다. 조금이라도 의심할 수 있는 것은 모두 전적으로 거짓된 것으로 던져 버리고, 이렇게 한 후에도 전혀 의심할 수 없는 것이 내 신념이어야 하는데, 이는 수학 원리처럼 순수한 이성에 의해서만 가능하다는 주장이다. 일체의 감각적·감성적 사고를 배제하고 철저히 이성적 사고에 기초해야 한다는 결론이다.

하지만 정신에 더 이상 의심할 수 없는 완성형을 설정하면 의심은 시한부 생명이 되어버린다. 의심은 그저 의심할 수 없는 어떤 상태를 위한 도구로 전락한다. 진정한 의심이라기보다는 의심의 흉내에 머물고 만다. 감각적·감성적 사고를 배제한 이성적 사고란 모래 위에 쌓은 성에 불과할 수 있다. 의심은 이들의 결론에 대해서도 회의의 눈길을 보내야 한다. 정신에서 이성적 요소가 발전했다면 어디에서 비롯된 것일까? 과연 감성 말고 어떤 다른 영역을 설정하려는 시도가 가능하기나 할까? 그리고 감성적 사고가 육체에서 비롯된 감각과 분리될 수 있는 방법이 있기는 한가? 이성도 의심의 대상에서 예외일 수는 없다.

이와 관련하여 임제臨濟● 선사의 유명한 말은 다시 한 번 새겨들을 만하다.

"부처를 만나면 부처를 죽이고, 조사를 만나면 조사를 죽이고, 나한을 만나면 나한을 죽이고, 부모를 만나면 부모를 죽이고, 친척을 만나면 친척을 죽여라."

부모나 친척을 죽이라는 말은 태어나서 청소년 시기까지 절대적인 영향력을 행사하는 가부장적 가치관과 가족 이기주의적인 윤리관에서 벗어나야 앎을 향한 길로 접어설 수 있다는 충고일 것이다. 스승을 죽이라는 말을 현대사회에 적용하면, 십여 년이 넘게 제도교육으로부터 되풀이하여 주입받은 사회의 주류 이데올로기를 거부할 수 있어야 한다. 부처를 죽이라는 말은 종교적 교설만이 아니라 그동안

● **임제 (미상~867년)**

중국 당나라 때의 선승으로 임제종의 창시자이다. 어려서부터 불교를 좋아했고 출가한 후 경율론을 배워 황벽黃蘗의 제자가 되었으나, 황벽의 방편을 모르고 대우大愚를 찾아갔다. 그러나 대우로부터 임제의 스승은 황벽이라는 말을 듣고 다시 황벽을 찾아가 법맥을 이었다. 그가 창시한 임제종은 중국 선종 오가五家의 하나로 종풍을 크게 떨쳤으며 중국 불교의 큰 특색으로 평가받고 있다.

철학에서 진리라는 이름으로 막강한 권위를 누려온 일체의 이념이나 사상을 뿌리부터 의심하라는 질타다.

철학은 끝없는 의심 속에서 존재 가치를 실현한다. 의심만이 매 순간 자신의 무지를 확인시켜주고 앎을 향한 욕구를 만들어내기 때문이다. 의심을 통한 무지의 자각이 철학과 첫 만남을 할 수 있는 유일한 통로다. 철학을 통해 생각의 힘을 키우고 싶은가? 그러면 지금까지 자신의 생각을 형성해왔던 모든 경험적 지식과 일체의 권위에 대해 의심하라. 의심하고 또 의심하라.

# Chapter 3

# 기호를
# 생각하는
# 사람

마그리트, 〈이것은 파이프가 아니다〉, 1928년

# 이게 진짜 파이프라면
# 불을 붙여보시오

철학과 미술이 자주 연결되는 이유가 있다. 철학이 인간과 세계에 대한 인식, 내적인 성찰이라고 할 때 미술도 어느 정도 비슷한 출발선위에 서 있기 때문이다. 대부분의 화가는 외부 사물이나 현상을 그대로 화폭에 옮겨놓는 기술자가 아니다. 눈으로 확인한 것을 이미지로 전환시키는 순간 주관적 해석이 개입된다. 정도의 차이는 있지만 자연스럽게 나름의 세계관과 인생관이 녹아든다. 화가가 시대와 인간에 대한 보다 깊은 문제의식을 가지고 있을 경우에는 더욱 그러하다.

마그리트의 그림은 가장 빈번하게 철학적 관심을 받아왔다. 창작의도 자체가 철학적 고민을 전제로 하는 작품을 주로 그렸으니 당연하다. 이미지를 사물의 본질 혹은 사물과 인간의 관계를 드러내는 수단으로 사용한다. 특히 그림 속에 드러나는 이미지의 역설을 통해 사고의 역설을 극적으로 드러내는 작품이 많다.

마그리트의 대표작 〈이것은 파이프가 아니다〉는 미술에 관심이 있든 없든 누구나 어디선가 본 기억이 있을 정도로 잘 알려져 있다. 캔버스 가득히 담배 파이프가 덩그러니 놓여 있다. 담배 파이프 외에는 어떠한 사물도 보이지 않아서 확실하게 눈길을 잡아끈다. 사진이라 해도 믿을 정도로 극사실주의 기법에 의한 묘사다. 파이프를 입에 물기 편하도록 끝부분이 납작한 모양까지도 생생하다.

제목을 그림의 한 부분으로 중요하게 다루는 점이 특이하다. 보통은 화가의 이름을 한구석에 조그맣게 적는 정도인데 마그리트는 아예 큼지막하게 제목을 그려 넣었다. 글도 그림의 중요한 일부분이라는 의도가 엿보인다. 그런데 제목 내용이 엉뚱하다. 파이프를 거의 똑같이 애써 그려놓고는 생뚱맞게도 "이것은 파이프가 아니다"라고 하니 말이다. 프랑스어로 써 있어서 그럴듯하지만, 만약 한글로 되어 있다고 생각해보라. 너무 장난스러워서 감상자를 농락하는 게 아니냐는 불쾌감이 생길 수도 있다.

먼저, 왜 파이프를 그려놓고 파이프가 아니라고 할까? 마그리트는 어느 자리에서 말했다. "이것이 파이프라면 잡고 담배를 피워봐라." 이 무슨 황당한 말이냐 싶겠지만, 일단 억지는 아니다. 여기에 불을 붙이는 순간 캔버스가 송두리째 타버릴 것이다.

그림 속의 파이프는 이미지다. 그런데 그림을 보면서 우리 머릿

속에 떠오른 것은 실제로 담배를 피우는 도구인 파이프다. 즉 '이미지'와 사실로서 존재하는 '실재'의 차이다. 우리는 습관적으로 그 그림이 그 사물을 지칭한다고 곧바로 믿어버린다. 단지 마그리트의 파이프처럼 거의 똑같이 그린 이미지에서만 나타나는 현상이 아니다. 대충 비슷하게만 그려놓아도 금방 이미지와 연관된 실제의 사물을 연결시킨다. 생각 속에 '이게 바로 그거!'라는 확신을 심는다. 따지고 보면 우리는 어려서부터 오랜 기간 그렇게 반복적으로 훈련을 받아왔다. 서너 살 아기에게 부모가 어떻게 가르치는지 떠올려보면 쉽게 이해가 간다. 아기는 주로 그림책을 통해 각종 사물과 생물에 대한 정보를 접한다. 호랑이·사자·코끼리·기린·하마 등 온갖 동물, 해바라기·무궁화·국화 등 식물, 나아가서는 집·자동차·자전거 등 일상의 사물에 이르기까지 이미지를 실재와 연결시키는 방법을 배운다. 성장하면서도 책과 신문, TV와 인터넷을 통해 이미지 형식으로 각종 정보를 흡수한다.

물론 그림과 실재는 다른 것 아니냐고 하면, 그걸 누가 모르냐고 면박을 줄 것이다. 뭐 그런 하나 마나 한 얘기를 대단히 큰 의미가 있는 것처럼 꺼내느냐며 툴툴거릴 수 있다. 하지만 그렇게 간단한 문제가 아니다. 이미지와 실재를 혼동하면서 살아가는 것이 인간의 일상적인 삶과 생각의 조건이기 때문이다. 우리에게 잘 알려진 프랑스 철학자 미셸 푸코<sup>Michel Foucault</sup> ●는 아예 《이것은 파이프가 아니다》라는 책을 통해 인간이 지니는 인식의 한계 차원에서 접근한다. "그것은 손가락이나 화살표처럼, 더 멀리에 있거나 다른 곳에 있을 수 있는 어떤 파이프를 '참조케 하는' 것이 아니다. 그것은 파이프다."

우리는 마그리트의 그림을 보는 순간 머릿속에서 '이것은 실제 파이프는 아니고 다만 비슷하게 그려서 실제 파이프를 떠올리는 데 도움을 줄 뿐'이라고 생각하지 않는다. 다시 말해서 단지 파이프를 참조하는 것이 아니다. 곧바로 파이프 자체를 떠올린다. 그 이유는 무엇일까? 무엇보다도 생각의 관성 때문이다. 어릴 때부터 그림을 보고 꽃이나 송아지를 떠올리는 습관에 길들여져 있다. 종이나 칠판에 그림을 그려놓으면 흑연이나 백묵 가루일 뿐이라고 생각하지 않는다. 도식적이고 허술한 그림에서조차 바로 실제의 사물을 떠올린다.

인간의 인식이란 습관에서 자유로울 수 없다. 완성된 상태로 미리 갖고 태어나지 않기 때문이다. 오랜 습관을 거쳐 형성되었기에 이미지에 불과한데도 의식을 지배하는 현상이 생긴다. 인간이 만들어낸 이미지가 역으로 인식을 규정하는 상황이 나타난다. 의식은 이미지의 감옥 속에 갇혀 있고, 정신활동이 현실에서 자유롭지 못함을 보여준다.

● **미셸 푸코(1926~1984)**

프랑스의 철학자이다. 1961년 정신의학의 역사를 연구한 《광기狂氣와 비이성非理性－고전시대에서의 광기의 역사》으로 세계적으로 주목받는 철학자 반열에 올랐다. 그 외 《임상의학의 탄생》, 《언어와 사물》, 《감시와 처벌》 등을 저술하였다. 지식은 권력과의 관계를 맺고 있으며 각 시대의 앎의 기저에는 무의식적 문화의 체계가 있다고 주장했다. 1984년 후천성면역결핍증AIDS으로 사망하였다.

마그리트는 정신이 이미지에 갇혀 있음을 〈인간의 조건〉이라는 또 다른 작품을 통해 보여준다. 열린 창문으로 바깥의 숲이 보이는 방을 묘사한 그림이다. 그런데 자세히 보면 창문으로 보이는 바깥 경치의 일부에 교묘하게 캔버스의 그림이 겹쳐 있음을 발견하게 된다. 그림 속 이미지인데도 마치 실제 풍경인 것처럼 판단을 속인다. 우리는 그림 속의 풍경을 보고 있는 것인가, 아니면 창문 밖의 풍경을 보고 있는 것인가?

이 그림에 대해 마그리트는 "나무는 그림 안의 방의 내부와 실제 풍경의 외부 모두에서 감상자의 마음속에 동시에 존재하는 것"이라고 한다. 정신 안에서 방 안 캔버스에 있는 그림과 창밖 실제의 풍경

마그리트, 〈인간의 조건〉, 1935년

이 뒤섞이는 상황이 벌어진다. 다시 한 번 이미지의 배반이 나타난다. 이미지와 실재는 다른데 착각하고 있는 인간에게 조소를 보낸다. 주관적 인식과 객관적 실재 사이의 간극을 그대로 드러낸다.

흥미로운 것은 작품 제목을 '인간의 조건'이라고 붙인 점이다. 우리는 감각과 인식에 의해 시간과 공간을 구분하고 자신의 내부와 외부 세계를 구분한다고 여긴다. 이성적 능력을 동물과 구별되는 인간만의 유일한 특징이라고 믿으며 자랑스러워한다. 하지만 마그리트가 보기에 감각과 이성 능력에 대한 확신은 허구이고 지독한 오만에 불과하다. 인간은 이미지에 의해 자신을 허구의 세계로 몰아넣는다. 이미지에 대한 인상임에도 구체적 대상과 세계를 인식하고 있다는 착각에 빠진다. 과거 경험에 의해 획득된 이미지를 현재의 사물에 그대로 적용한다. 또한 자신의 인식에 대상을 끼워 맞추곤 한다.

이미지가 실재를 가리는 상황에서 생각이 깊어지기를 기대하기 어렵다. 실제의 현상과 변화를 만나야 그로부터 한 발씩 원리적 규명으로 접근하는 일이 가능해진다. 아예 현상과 변화 이전에 이미지에 막혀 있다면 생각이 깊어질 기회를 봉쇄당한다. 감각 중에서 가장 많은 정보를 전달하고 가장 확실하다고 여겨지는 시각이기에 더욱 문제다. 인식을 배반하는 이미지의 덫에서 벗어나야 생각이 제 역할을 할 수 있다.

# 이미지는 현혹하고
# 당신은 미끼를 문다

이미지와 실재를 혼동하는 정도라면 차라리 덜 심각하다. 실재에 접근하지 못한 상태로, 그러한 의미에서 무지 상태로 머물러 있는 정도이니 말이다. 문제는 이미지가 그렇게 중립적이지 않다는 점이다. 이미지는 인위적 조작을 통해 왜곡된 정보와 확신을 심어주는 역할을 한다. 이미지 조작이 사고의 조작을 낳는다.

독일 르네상스 회화의 최후를 장식하는 화가 한스 홀바인Hans Holbein의 〈대사들〉은 왜곡된 이미지가 얼마나 쉽게 속이는지를 보여준다. 근엄한 표정을 지으며 서 있는 두 명의 대사가 보인다. 팔을 걸치고 있는 선반은 두 개의 단으로 나뉘어 있는데, 온갖 물건으로 가득하다. 위로는 온갖 별자리가 표시되어 있는 천구의가 있다. 그 옆으로는 나침반, 해시계, 원통 달력 등 천체 관측과 연관된 발명 성과물이 놓여 있다. 아래 선반에는 나무 손잡이가 달린 지구본이 있다.

이성과 과학을 상징하는 물건들이 무대 중앙을 차지하고 있다면 의외의 장소에 의외의 상징이 숨어있다. 그림을 꼼꼼하게 살피면 왼쪽 맨 위로 녹색 장막이 아주 살짝 열려 있음을 발견할 수 있다. 그 틈으로 반쯤 가려져 있는 예수 십자가상이 보인다. 화려한 색채로 가득

홀바인, 〈대사들〉, 1533년

한 그림 한구석에 무채색으로 그려진 것도 특이하다. 왜 그림 한구석에 그것도 보일 듯 말듯 작게 그렸을까? 신은 점차 장막 저편으로 가려져가고 과학도구가 상징하는 이성의 시대가 오고 있음을 보여주려는 듯하다.

하지만 여기에서 멈춘다면 화가가 마련해놓은 교묘한 이미지 장치를 놓쳐버린다. 새로운 단서는, 화려하게 치장하고 얼어붙은 것처럼 뻣뻣하게 서 있는 두 사람 사이를 가로지르는 이상한 '얼룩'에 있다. 생뚱맞기도 하고 기괴해 보이기도 하는 물체가 바닥의 중앙을 차지하고 있다. 공중을 나는 것처럼 보이기도 하고 약간 기울어져 있는 것처럼 보이기도 한다. '왜곡된 형상'을 통한 눈속임이다.

왜곡된 형상은 관람자가 정면으로 보기에는 혼돈스러운 물건이나 얼룩으로 보이지만 자리를 바꾸거나 비스듬히 옆으로 기울여 볼 경우 특정 의미를 가진 형상이 드러나도록 만들어진 이미지다. 르네상스시기에 시작되어 바로크 시대에 유행했고 18세기까지도 빈번하게 사용됐다. 그림을 지나쳐 몸을 돌리는 순간, 이 물체가 해골이라는 것을 발견할 수 있다. 화가는 화면이 거의 안 보일 만큼 그림 오른쪽 가장자리로 가서 내려다볼 때 해골이 제대로 보이도록 시점을 설정해두었다.

약간의 이미지 조작만으로도 쉽게 속이고 농락한다. 사실은 정돈된 문양이 규칙적으로 배열된 카펫 중앙에 불청객처럼 생뚱맞은 얼룩이 있어서 금방 눈에 띨 수 있게 되어 있다. 하지만 그림을 본 사람 대부분은 이 얼룩을 무심코 지나치거나 아니면 의아해하다가도 금방 좀 색다른 카펫 문양의 일부로 생각해버린다. 오랜 기간 이미지에 의해 습득된 습관이 강력하게 작용하기 때문이다. 카펫이 있는 자리이고, 당연히 그 일부라는 통념이 생각을 지배한다.

확실하다고 자신하던 스스로의 시선, 감각과 판단의 주체가 자기라는 확신이 왜곡된 형상 앞에서 무너진다. 자신과 무관하게 만들어진 이미지의 덫에 걸린다. 독립적 시선이 아니라 만들어진 이미지 안에 갇힌다. 주체로서의 독립적이고 확실한 인식은 의심스럽고 흔들리는 위치에 놓인다. 자율적으로 생각하는 자신, 주체로서의 인간 지위가 설득력을 잃는다.

현대사회는 더욱 그러하다. 구체적 실재보다 이미지가 더 큰 영향력을 발휘한다. TV 화면 속의 광고만 봐도 그러하다. 광고에서 상품 기능을 선전하는 경우를 거의 보기 어렵다. 예를 들어 자동차 광고를 할 때 '우리 차는 몇 단 기어에 어떤 기능을 가지고 있고…' 하는 식으로 설명하지 않는다. 그냥 멋지게 드라이브를 하는 장면을 보여준다. 말 그대로 이미지를 판매한다.

상품 광고만이 아니다. 흔히 현대 정치를 이미지 정치라고 한다. 특히 선거운동이 TV토론이나 TV유세를 중심으로 하면서 이미지 정치는 더 두드러진 현상으로 나타난다. 대통령이라고 하면 한 나라의 운명을 좌우할 정도로 중요한 자리다. 당연히 정치적 능력이나 정책을 중심으로 선택해야 한다. 하지만 현실에서는 정치인의 모습이나 말투, 동작 등 외적 이미지로 판단하는 경향이 있다. 이미지 정치라는 표현이 결코 과장이 아니다.

홀바인의 그림에서처럼 왜곡된 형상만 우리를 속이는 것이 아니다. 광고든 정치든 현대사회에서 주변에 널려 있는 이미지가 실제의 사실을 감추거나 왜곡함으로써 속인다. 누구나 기업 광고는 어느 정도 과장과 왜곡을 포함한다고 예상한다. 그럼에도 불구하고 광고 이미지를 통해 전달하고자 하는 내용을 자기도 모르게 받아들인다.

자동차 소비만 해도 그러하다. 한국에서 생산된 자동차도 이제 웬만해서는 10년 정도 사용할 수 있는 내구성을 지닌다. 하지만 채 몇 년밖에 지나지 않았는데도 새로 구입하는 경우가 많다. 같은 차종이고 기능이 거의 달라지지 않았는데, 단지 이미지만 조금 바뀌어도 그렇다. 앞과 뒤의 등 모양을 비롯하여 약간의 외형만 바꾸고 광고를 통해 멋진 분위기를 연출하면 구매 욕구가 자극된다.

단순히 물건을 더 많이 파는 정도가 아니다. 환경 파괴에 앞장서는 기업을 친환경 기업으로 둔갑시키기도 한다. 예를 들어 한국의 대표적인 어떤 제지회사는 '우리 강산 푸르게, 푸르게!'라는 캠페인으로 친환경 기업이라는 인상을 폭넓게 심어주고 있다. 광고를 통해 나무심기 운동을 적극적으로 홍보한다. 하지만 곰곰이 생각해보면 국내에서야 나무심기 운동을 할 수 있다 해도 그 사이에 지구의 허파 역할을 하

자동차는 웬만해서는 10년 정도 사용할 수 있는 내구성을 지닌다. 하지만 몇 년 지나지 않아 새로 구입하는 경우가 많다. 같은 차종에 기능이 거의 달라지지 않았어도, 약간의 외형만 바꾸고 광고를 통해 멋진 분위기를 연출하면 구매 욕구가 자극되기 때문이다.

고 있는 세계의 대표적 열대림은 대규모로 파괴되는 중이다.

정치도 별로 다르지 않다. 인생 대부분을 특권층으로 살았고, 정치 경력 대부분을 기업의 이해를 대변하며 살았던 정치인이 선거 때만 닥치면 서민 이미지로 변신한다. 서민이 주로 찾는 재래시장을 방문하여 평소 친한 사이인 듯 연기를 한다. 허름한 국밥집을 찾아 소박한 모습으로 밥을 말아 후루룩 해치운다. 신기한 것은 뻔한 연기임에도 불구하고 현실에서는 이미지 정치가 통한다는 점이다.

한국의 특수한 사정으로만 치부할 수 없다. 히틀러의 나치당은 금융자본가·대자본가·지주계급·왕당파·보수주의자들 중심의 극우

파 세력임에도 불구하고 당시 독일 노동자와 실업자들의 폭넓은 지지를 받았다. 히틀러는 정부 재정을 동원하여 군수 공장을 지어 전투기와 전차, 대포 등의 무기에서 사병의 군복에 이르기까지 전쟁을 위한 군수품을 대량생산했다. 늘어나는 산업 수요에 발맞추어 합성고무와 인조석유 생산에 열을 올림으로써 전쟁 물자를 축적했다. 또한 전국에 걸쳐 도로를 확충하고 비행장을 닦았다. 독일 노동자와 실업자들은 전쟁 준비 과정에서 생산과 일자리가 늘어나는 현상을 노동자의 이익이라고 착각했다. 다른 나라를 침략하고 전 세계를 지옥으로 만들 히틀러의 전쟁 정책이 자신들을 위한 유일한 길이라고 생각했다. 실제 목적은 자본가 이윤의 극대화를 위한 식민지 쟁탈전이었음에도 불구하고 나치는 친노동자 정당이라는 이미지를 만들어냈다. 노동자 내에서 히틀러와 나치당을 대안으로 여기는 분위기가 형성되었다. 이러한 사정은 이탈리아와 일본도 비슷했다. 자신들을 구원해줄 유일한 세력으로 파시즘을 지지하고 전쟁 준비 호소에 공감했다.

나아가서 이미지는 현대사회를 움직여나가는 거대한 시스템이자 운영원리가 되었다. 삶의 근간이 되는 경제와 정치 영역에 지배적 영향을 미칠 정도이니 나머지 영역도 자유로울 수 없다. 문화 영역은 물론이고 일상생활에 이르기까지 이미지가 만들어 놓은 덫에 사로잡혀 있거나, 최소한 한쪽 발을 걸치고 있다.

인류 역사에서 처음에 이미지는 실제의 사물이나 현상 등 사실을 묘사하는 과정에서 생겨났다. 미술이 현실의 사물을 비슷하게 그리면서 시작되었듯이 말이다. 하지만 일정한 경험이 축적되면서 점차 이미지를 통해 실재를 보는 사고방식에 익숙해졌다. 자신도 모르는 사이에 가상으로 만들어진 이미지와 기호가 실재를 대체하고 더 현실적인 것으로 받아들여졌다.

평등한 관계에 기초한 원시 공동체에서는 어느 정도 이미지가 실재를 대체한다고 해도 별 문제가 없었다. 하지만 고대국가가 만들어지고 지배와 피지배 관계가 강제되면서 이미지가 사고방식과 행위에 미치는 영향은 전혀 다른 성격을 지닌다. 이미지를 만들고 왜곡하는 권한이 소수의 지배세력에게 독점되었기 때문이다. 점차 지배세력의 이해에 맞도록 이미지가 조작된다. 곧바로 인류의 사고와 행동을 지배하는 가장 중요한 요소로 자리 잡는다.

철학이 현상 너머의 본질적 내용을 찾아나가는 사고의 심화 과정이라고 할 때 이미지에 의해 왜곡된 장막을 걷어내는 일이 가장 중요한 과제가 된다. 이미지와 실재를 구분하고 본래의 사물이나 사태에 주목함으로써 문제의 핵심에 접근할 수 있다.

# 언어의 감옥에서
# 탈출하는 법

아직 마그리트의 〈이것은 파이프가 아니다〉가 던진 중요한 화두 가운데 하나를 다루지 못했다. 왜 일반적인 통례를 깨고 그림에다 제목을 큼지막하게 써놓았을까? 상식에서 벗어났다는 점에서 의도적인 장치일 텐데 말이다. 서양화에서 캔버스 하단은 부차적인 자투리 공간이 아니다. 워낙 원근법을 중시했기 때문에 가장 중요한 근경을 하단의 좌측이나 중앙에 배치하는 경우가 많다. 바로 그 자리에 그림 제목을 써놓은 것으로 봐서 나름대로 회심의 일격을 날렸다고 봐야 한다.

제목을 적은 글자도 그림, 즉 이미지의 하나로 본 것이다. 파이프 그림을 보고 실제의 파이프를 떠올리기만 하는 것은 아니다. 파이프라는 글자를 보고도 곧바로 담배 파이프를 떠올린다. '글자'가 아니라 파이프라는 '말'도 마찬가지다. 누군가가 이 단어를 말하면 머릿속에서는 자동적으로 실제의 파이프를 연상한다.

글자와 말, 즉 모든 언어도 그림과 마찬가지로 이미지의 한 부분이다. 글자와 말은 자연적으로 본래 있던 것이 아니다. 인위적으로 만들어낸 기호다. 당연히 말이 문자에 앞선다. 성대의 구조를 이용하고 공동체의 암묵적·관습적 약속에 근거하여 만들어진 무형의 기호다. 문자는 이를 시각적인 기호로 표현한다. 그렇기 때문에 말과 문자를 중심으로 하는 언어도 이미지의 한 부분이다.


파이프 그림을 통해 보여준 마그리트의 문제의식을 적용하면 언어도 인간의 사고를 속인다는 말이 된다. 그림의 파이프에 불을 붙일 수 없듯이 글자와 말로도 담배를 피울 수 없기는 마찬가지다. 하지만 우리는 그림이 실재를 반영한다고 믿는 것과 마찬가지로 언어도 그 대상이 되는 사물과 현상을 그대로 설명해준다고 믿는다. 오히려 그림보다 언어에 대한 신뢰가 일반적으로 더 크다. 우리가 일상적으로 사용하는 언어는 그 어떠한 이미지보다도 사고와 행동에 강력한 영향을 미친다. 인간은 상당 부분 언어를 사용하여 생각을 하기 때문이다. 그림은 찰나이기는 하지만 그래도 시각을 통해 한 번 걸러져서 생각으로 들어온다. 하지만 언어는 생각과 거의 일체화되어 있다. 약간이라도 논리적 성격을 갖는 생각이라면 더욱 그러하다. 무엇이라도 좋으니 지금 머릿속에 논리적 흔적을 갖는 어떤 생각을 떠올려보라. 생각 대부분이 언어를 매개로 구성되어 있음을 발견하게 된다.

그래봐야 언어는 생각의 도구에 불과하지 않느냐고 생각할지도 모르겠다. 언어와 생각이 매우 긴밀한 관계임은 분명하지만 누가 뭐래도 생각이 주인이고 언어는 단지 주인의 명령에 의해 움직이는 하인이나 수단이라는 생각이다. 그림이 그리하듯 처음에 특정한 현상을 설명하기 위해 언어가 만들어질 때는 그럴 수 있다. 하지만 곧 변질 과정을 겪는다. 처음에 만들어질 때부터 의도적으로 생각을 왜곡하고 조작할 목적으로 만들어지기도 한다.

네덜란드 화가 두스부르흐Doesburg의 〈다다〉는 언어와 사고의 관계를 이해하는 데 많은 도움을 준다. 두스부르흐는 몬드리안을 중심으로 한 신조형주의 경향의 미술가다. 몬드리안은 검은색 수평선과 수직선, 붉거나 노란 원색의 크고 작은 평면 등 몇 가지 제한된 이미지 조합의 그림으로 유명하다. 신조형주의는 일체의 군더더기를 제거하고 몇몇 색채와 색면만 남겨놓는다. 단순한 면 중심이기 때문에 산업 디자인과 현대 건축 발전에 상당한 영향을 주었다. 두스부르흐는 몬드리안의 기본적 문제의식에 동의했으나, 회화적 표현에서는 차이를 보인다. 몬드리안이 극단적으로 단순하고 고정적인 형식을 고집했다면, 그는 제한된 조형요소 틀 내이긴 하지만 보다 화려하고 역동적인 방향을 추구한다. 가로 세로의 직선만이 아니라 대각선과 불규칙한 선 등 역동적 측면을 중시한다.

특히 긴 선과 완결적인 면만이 아니라 다양한 크기로 중간이 꺾이면서 조각난 도형 이미지를 자주 사용한다. 마치 알파벳이나 한글의 자음과 모음처럼 다양한 기호 모양을 구현한다. 나아가서 아예 글자를 이용한 작품을 즐겨 제작했다. 특히 글자의 변형과 조합을 통해 공연이나 전시회 포스터를 자주 만들었는데, 〈다다〉도 그 일환이다. 미술과 음악, 퍼포먼스 등 다양한 방식으로 표현된 '다다' 경향의 공연을 알리기 위한 포스터 용도로 만든 작품이다.

　　좌측 상단에 '다다 수아레<sup>DADA soiree</sup>'라고 쓰여 있는 것으로 봐서 그즈음 다다 예술가들의 야간 공연을 홍보하기 위한 목적인 듯하다. 화

두스부르흐, 〈다다〉, 1923년

면 가득히 붉은색으로 다다라는 글자가 군데군데 박혀 있다. 다다는 제1차 세계대전 중 유럽과 미국에서 일어난 예술운동이다. 전쟁을 피해 스위스 취리히로 모인 유럽 예술가들이 기존의 전통적 형식을 파괴하는 파격적 행위를 시도한다. 종이를 이용하여 생전 듣도 보도 못한 이상한 옷을 만들어 입고, 아무 의미도 갖지 않는 소리를 지르는 것으로 시낭송을 대신한다. 문학·음악·미술 등 기존 예술 영역의 경계가 무너지고 표현 재료나 방법도 생소한 '물건'이 대신한다.

20세기는 이전의 근대 합리주의 전통 위에서 과학기술 발달과 민주적 사회체제가 만들어낼 미래 사회에 대한 장밋빛 전망으로 시작됐다. 하지만 전 유럽을 뒤흔든 세계전쟁이 20세기 벽두를 장식했다. 과학기술은 대량살상무기 개발 경쟁으로 사용되었고, 민주주의를 표방했던 정치체제는 전쟁을 통한 자국 이익의 수단으로 전락했다. 암울한 현실에 절망하며 예술가들은 그 근원적 뿌리 역할을 한 합리적 이성과 문명 전반에 대한 회의와 부정을 노골적으로 드러냈는데, 이를 '다다이즘'이라고 한다.

〈다다〉를 보면 'DADA'라는 말 하나로 모든 것을 표현한다. 하지만 정작 '다다'라는 단어는 특정한 역사적 맥락을 가진 말이 아니다. 다다이스트들의 괴상한 퍼포먼스를 표현하기 위해 무작위로 갖다 붙인 말이다. 원래는 프랑스어로 '아이들이 타고 노는 목마'란 뜻이다. 아무렇게나 사전을 펼쳐 제일 먼저 눈에 띈 단어를 찾아 당시의 괴상한 퍼포먼스에 이름을 붙였다. 결국 본래의 뜻과는 무관하게, 그 단어를 찾는 과정 자체에 초점을 두어 '아무런 의미가 없다'는 것을 상징하는 기호로 자리 잡았다.

예술 경향을 표현하는 다다라는 단어가 만들어진 과정에서 볼수 있듯이, 처음에 어떤 말이 만들어질 때는 특정 현상을 설명하기 위해 필요한 기호로 등장한다. 그림처럼 언어도 처음에는 현상을 설명하기 위한 도구로 사용된다. 그 언어가 사람들 사이에서 의미를 가진 기호로 인정된 후 일정한 기간이 지나면 이제는 반대로 언어가 현상을 설명하는 역할을 한다. 언어가 앞서고 현상이 뒤따르는 경향이 나타난다. 다다운동도 마찬가지다. 일단 다다라는 언어가 권위를 획득하고 난 뒤에는 제1차 세계대전 후에 나타난, 기존의 예술 경향에 반기를 든 표현 방식에 광범위하게 적용된다. 독일에서는 화가 그로스Grosz와 딕스Dix 등에 의해 사물과 인간을 극도로 변형된 모습과 생경한색으로 표현하는, 이른바 신즉물주의 경향이 나타난다. 이러한 흐름에 대해서도 '독일 다다'라는 규정이 적용된다.

20세기 초반 공황과 전쟁이라는 현실에 냉소적으로 대답하고 자본주의가 불어넣은 환상을 거부하는 방식이라는 점에서는 취리히에서 시작된 '다다'와 접촉면이 있다. 하지만 독일의 신즉물주의 회화경향은 기본적 문제의식과 표현방식에서 상당히 큰 차이가 있다. 아무 의미 없는 소리를 시로서 낭송하는 퍼포먼스에서 볼 수 있듯이 처음에 '다다'라는 이름은 기존의 사실주의 전통에서 과격하게 벗어난표현방식에 붙었다.

하지만 신즉물주의 회화는 오히려 사실주의를 복원하는 방향으로 향한다. 기존의 표현주의는 사회 비판적 성격을 지니되 개인의 내면적 감정 표현에 밀착하면서 사실주의와 거리를 두는 방식이었다. 신즉물주의는 정확한 소묘에 기초하여 자본주의 사회의 퇴폐적 단면, 빈곤과 전쟁, 개인의 고립과 소외 등 현실문제에 직접 밀착하는 경향을 보인다. 세밀한 사실적 묘사를 통한 현실 비판으로 인해 1933년에는 나치에 의해 퇴폐미술로 낙인찍히고 탄압 대상이 된다. 일체의 합리적·사실적 사고방식과 표현방식에서 벗어나고자 했던 애초의 다다운동과는 상당한 차이를 보임에도 불구하고 한번 권위를 획득한 '다다'는 상이한 현상까지도 역으로 규정하는 용도로 사용된다.

신즉물주의는 빈곤과 전쟁, 개인의 고립과 소외 등 현실문제에 직접 밀착하여 나치에 의해 퇴폐미술로 낙인찍혔다. 막스 베크만, 〈수류탄〉, 1914.

변기를 전시회에 내놓은 작품 〈샘〉으로 익숙한 작가 뒤샹<sup>Duchamp</sup> 등이 콜라주와 레디메이드 오브제를 사용하는 경향을 두고도 '뉴욕 다다'라는 규정이 붙는다. 하지만 뒤샹의 작업이 기존 사고방식과 사회체제에 대한 전적인 부정이라고는 보기 어렵다. 대량생산된 변기나 자전거 바퀴 등 공산품의 이용도 표현 재료나 형식에서는 기존의 통념과 단절했으나 합리적 사고 전반에 대한 부정이라고 단정 지을 수는 없다. 그럼에도 불구하고 쉽게 '다다'라는 언어 안에 포함되어버린다.

언어가 사고를 표현하는 수단에 머물지 않고 반대로 일정한 단계에서는 언어에 의한 사고의 규정이 더 두드러진다는 점을 보여준다. 인간의 의식이 자유롭고 독립적이며, 언어가 이를 뒷받침한다는 생각이 서구 철학의 뿌리 깊은 전통이었으나 〈이것은 파이프가 아니다〉는 여기에 비웃음을 던진다. 생각은 언어의 감옥 속에 갇혀 있고, 인간은 더 이상 생각의 자유로운 주체가 아님을 폭로한다.

게다가 언어가 처음부터 사고 조작을 염두에 두고 만들어져 사용되는 경우도 적지 않다. 특히 권력과 자본의 이해와 맞물리면서 언어 조작을 통한 사고 조작은 중요한 지배 수단으로 자리 잡는다. 언어가 생각과 일체화되어 있다는 점에서 대부분 관성에 의존하고, 자신의 사고가 조작의 늪에서 허우적대고 있음을 눈치채지 못한다. 언어와 실재와의 관계가 분리될 뿐만이 아니라, 언어가 곧 실재인 것처럼 착각하게 만든다. 심지어 언어를 통해 실재와 반대로 생각하도록 사고를 조작하기도 한다.

조지 오웰$^{George\ Orwell}$●의 소설《1984》에 나오는 '신어$^{新語}$'를 통해 언어와 사고의 관계를 보다 쉽게 이해할 수 있다. 문학적 상상력이 가미되기는 했지만 현실의 문제를 거의 그대로 반영한다. 소설에서 '빅브라더'는 전체주의 실현을 위해 '신어'라고 불리는 언어조작에 주목한다. 핵심 정부기관의 이름이 신어의 기능을 잘 보여준다. 보도·연예·교육 및 예술을 관장하는 진리부, 전쟁을 관장하는 평화부, 법과 질서를 유지하는 애정부, 경제 문제를 책임지는 풍요부가 있다.

대부분 본래 기능과는 상반된 이름이다. 보도나 연예 등을 담당하는 진리부만 해도 그러하다. 진리부 건물의 전면에는 멀리서도 한눈에 볼 수 있도록 큼지막한 글씨로 '전쟁은 평화. 자유는 예속. 무지는 힘'이라는 슬로건이 쓰여 있다. 인류 현실과 비교해보면 문학적 과장이라고 치부할 수만은 없다.

지난 수십 년 사이에 평화의 이름으로 추악한 전쟁이 자주 벌어졌다. 전쟁의 본질이 약탈과 지배임에도 불구하고 지구의 평화와 자

---

● **조지 오웰(1903~1950)**

영국의 소설가이다. 경찰관으로 미얀마와 인도에서 근무하다 영국으로 돌아와 작가가 되겠다고 결심하였다. 1933년 르포르타주 《파리와 런던의 바닥생활》을 처음 발표하였고 이어서 식민지 백인 관리의 잔혹상을 묘사한 소설 《버마의 나날》로 문학계에서 인정을 받았다. 1945년 8월 러시아 혁명과 스탈린의 배신에 바탕을 둔 정치우화 《동물농장》을 발표해 세계적으로 주목받는 작가가 되었다. 1946년 현대사회의 전체주의적 경향이 도달하게 될 종말을 그린 《1984년》를 완성하였다. 1950년 건강이 악화되어 47세를 일기로 사망하였다.

유를 지킨다는 명목으로 침략 전쟁을 정당화해 왔다. 미국의 이라크 침략 목적이 석유자원 지배와 정치·군사적 지위 유지임에도 불구하고 중동 평화나 민주주의 확립이라는 언어의 잔치로 가려졌다.

'자유는 예속'이라는 규정도 다르지 않다. 한국사회에서 자유에 대해 어려서부터 어떻게 교육을 받아왔는지 생각해보라. 초등·중등 교육 과정에서부터 어떻게 더 많은 자유를 누릴 것인가에 초점을 맞추는가? 오히려 방종을 근거로 자유의 위험성을 강조하고, 자유는 제한되어야 한다는 점을 더 역설한다. 그 논리적 귀결은 언제나 자유의 제한, 예속의 불가피성으로 향한다. 자유의 이름으로 예속을 배운다.

법과 질서를 유지하는, 검찰·경찰 관련 기구를 소설에서 애정부라 부른다. 실제로는 무시무시한 곳이다. 건물에 창문이 하나도 없다. 가시철조망과 철문을 비롯하여 기관총이 숨겨져 있는 삼엄한 경계망을 통과해야 들어갈 수 있다. 고릴라처럼 생긴 위병들이 검은 제복에 곤봉을 차고는 어슬렁거린다. 애정부라고 부르는 것은 차라리 애교에 가깝다. 현실에서는 '정의 구현'이나 '민중의 지팡이'라는 더 거창한 언어가 사용된다. 하지만 정의보다는 권력의 이해에 더 민감하다. 민중을 대변하는 지팡이보다는 민중을 상대로 한 지팡이로 쓰이는 경우가 많다.


'경제 문제를 책임지는 풍요부'는 그래도 정상에 가깝다는 생각을 할지 모르겠다. 현대인은 대부분 시장경제가 물질적 '풍요'를 약속한다는 신화를 갖고 살아간다. 물질적 필요가 쉽게 충족되는 풍요로운 사회라고 생각한다. 하지만 풍요 감정은 상대적 개념이다. 주요 산업국가에서 자본주의 시장경제가 사회 전체의 부를 증대시켜 온 것은 사실이다. 하지만 이와 동시에 빈부격차도 지속적으로 확대되는 과정이었다. 사회구성원 다수의 상대 빈곤이 증가해 왔다. 사회는 성장하는데 정작 상당수 사람에게 풍요는 점점 더 멀어지고 상대적 박탈감이 심해진다. 생산력을 한없이 증대시키고, 신제품을 개발하고, 세계에서 1~2위를 차지하는 제품이 증가해도 다수의 개인이 느끼는 풍요로움은 갈수록 상실된다. 조금 더 세밀하게 들여다보면 경제와 관련한 언어조작이 주변에 널려 있다. 예를 들어 '신용카드'는 기능에 걸맞게 이름을 붙인다면 '외상카드'라고 해야 언어와 실재의 일치도가 높아진다. 하지만 외상카드라고 하면 카드를 쓸수록 빚이 쌓인다

신용카드는 정말 '신용'카드일까? 언어와 실재의 일치도로 따지자면 '외상'카드가 아닐까?

는 느낌을 받기 때문에 불필요한 소비를 자제하게 된다. 신용카드라고 하는 순간 카드를 쓸수록 신용이 쌓이는 착각이 생긴다. 신용카드가 보급된 이후 과소비가 폭발적으로 증가하고, 심지어 신용불량자수가 걷잡을 수 없이 확대된 점만 보더라도 언어조작을 통한 사고조작이 얼마나 효과적으로 발휘되는가를 알 수 있다.

'정리해고'도 마찬가지다. 실제로 벌어지는 일은 '대량 해고'다. 대량 해고라고 하면 실업으로 고통을 당하는 사람들의 모습이 떠오른다. 하지만 정리해고라고 하는 순간 실업은커녕 합리화·효율화와 같은 내용이 떠오른다. 정부·기업·언론에서 왜 집요하게 정리해고라는, 언어와 실재가 일치하지 않는 표현을 고집하는지 알 수 있게 해준다. 지난 수십 년 동안 자본주의 시장경제에서 유행어처럼 사용되고, 한국에서도 계속 확대되는 '공기업 민영화'도 언어조작의 일환이다. 실제 벌어지는 일은 공기업을 사기업으로 전환시키는 일이다. 당연히 실재에 맞는 언어라면 '공기업의 사기업화'라고 해야 한다. 하지만 사기업화라고 하면 곧바로 이윤 확대가 떠오르고, 자연스럽게 관련 요금의 대폭 상승을 예상케 한다. '민영화'라는 표현을 사용하는 순간, 합리화·효율화로 둔갑해버리고, 반발도 줄어든다.

조지 오웰은 《1984》에서 신어 작업의 본질을 다음과 같이 설명한다. "자네는 신어를 만든 목적이 사고의 폭을 좁히는 데 있다는 걸 모르나? 결국 우리는 사상죄를 범하는 것도 철저히 불가능하게 만들

걸세. 그건 사상에 관련된 말 자체를 없애버리면 되니까." 신어 작업의 주된 임무는 새로운 낱말을 만들어내는 것이 아니라 낱말을 없애서 말을 뼈만 남도록 잘라내는 작업이다. 세월이 흐를수록 낱말 수는 줄어들고, 그에 따라 의식의 폭도 좁아지게 된다. 몇 세대에 걸쳐서 진보적 사상을 담은 언어를 줄여나갈 때 사람들의 사고도 협소해진다. 그래서 이들은 "언어가 완성될 때 혁명도 완수될 것"이라고 한다.

소설적 장치이긴 하지만 우리 현실에 적용해 보면 유사한 현상을 얼마든지 발견할 수 있다. 1980~90년대에 한국사회에서 자유와 민주주의, 평등과 분배, 정의와 저항 등은 상당히 익숙한 단어였다. 하지만 지난 20년 가까이 정부나 언론에서 끊임없이 성장·경쟁·연봉·효율성·취업·가족 등을 중심으로 한 단어의 융단 폭격을 가해왔다. 자유·평등·정의와 같은 언어는 마치 흘러간 옛 노래 취급을 받는다. 주변에서 갈수록 죽은 언어 취급을 받는 순간 우리의 사고와 행동 안에서도 잊혀 간다.

인간이 정신적 존재일 때, 그리고 정신이 언어에 의해 규정될 때 인간은 말하는 존재다. 문제는 지금까지 살펴봤듯이 언어가 말하는 주체의 선택적 기능이 아니라는 점이다. 언어를 구성원에 의한 자발적이고 동등한 합의 결과라고 보기 어렵다. 오히려 사회의 강자나 지배세력이 자신의 영향력이나 지배력을 강화하기 위한 수단으로 자주 사용한다. 정신의 만족이라든가 공정한 목적으로 사용되기보다는 체제 모순을 은폐하는, 적극적인 이데올로기 기능을 한다. 아무리 개인이 원해도 주어진 언어의 규칙에서 벗어나기 어렵다. 언어는 의식과의 관계에서 권위적 위치에 있다.

그림과 언어를 비롯한 이미지와 사고의 관계를 이대로 방치한 상태에서 정신은 일상적으로 왜곡과 조작의 늪에서 허우적대야 한다. 무지에 대한 인식, 의심을 통한 회의적 사고방법을 통해 앎이 시작된다고 할 때, 가장 중요한 대상은 이미지와 기호여야 한다. 이미지의 덫, 언어의 감옥에 의심의 눈길을 보낼 때 사고가 한 발짝 더 깊어질 수 있는 기회가 주어진다. 물론 인간의 사고가 이미지의 속박에서 완전히 벗어나는 것은 불가능할지도 모른다. 하지만 최소한 덜 속는 것만으로도 정신은 자유를 향한 첫 발걸음을 뗄 수 있다. 만약 그렇게 일보를 내디딜 수 있다면 생각이 엉뚱한 방향으로 나아가지 않도록 일정한 한도 내에서는 제어하는 일이 가능해진다. 비유하자면 이제 물이 있는 방향으로 우물을 파게 된다. 생각이 깊어질 수 있는 토대가 마련된다.

*Chapter 4*

관계를
생각하는
사람

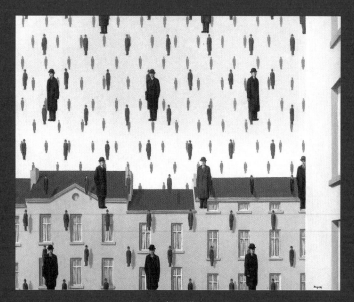

마그리트, 〈골콘다〉, 1953년

# 나와
# 상관없는 일은
# 하나도 없다

마그리트의 〈골콘다〉는 참 묘한 그림이다. 중산모를 쓴 양복 차림의 수없이 많은 남자가 도시의 하늘을 채우고 있다. 위와 아래, 좌와 우로 캔버스 경계 때문에 사람과 건물의 일부가 잘린 모습이어서 동일한 장면의 무한한 확대를 암시한다. 모두 짙은 색 양복을 말끔하게 차려입었다. 한 손에 사무용 가방을 들고 있는 사람도 드물지 않다. 한눈에 대도시의 사무직 직장인으로 보인다. 배경도 유럽 대도시 어디에서나 만날 수 있는 건물이다. 어떻게 보면 하늘에서 인간이 비가 되어 내려오는 듯하고, 다른 시각에서 보면 지상의 인간이 무더기로 하늘을 향해 공중 부양하는 듯하다.

하나의 그림 안에 여러 암시가 숨어 있다. 언뜻 같은 무늬가 반복되는 벽지 디자인처럼 보이지만 화가가 곳곳에 담아놓은 암시를 붙잡고 생각의 고삐를 조이면 현실과 맞닿는 지점이 드러난다. 특히 현대인이 맞닥뜨린 복잡한 삶의 현실과 만난다. 그림 속의 관련 정보를 최대한 살피면서 하나하나 수수께끼를 풀어보자.

첫째로, 왜 중산모를 쓴 남자인가? 마그리트의 다른 그림에서도 중산모를 쓴 남성이 등장하는 경우가 많다. 이 모자의 의미를 화가는 다음과 같이 설명한다. "중산모를 쓴 남자는 익명의 보통 사람을 의미한다. 나는 중산모를 착용한다. 내 자신을 두드러지게 만들고 싶지 않기 때문이다." 당시 도시 남성들이 너 나 할 것 없이 쓰던 모자이기 때문에 개인으로서의 특성이 사라진다. 거리를 걷는 이름 모를 여러 사람 중의 하나로서 살아가는 현대인을 표현한다. 익명화된 개인이다.

비슷한 모습의 수많은 사람을 등장시킨 것도 비슷한 맥락이다. 하나같이 동일한 복장, 특히 사회에서 요구하는 정장 차림이다. 화가가 의도적으로 배치한 장치다. "〈골콘다〉에는 여러 명의 남자가 있다. 군중을 생각할 때, 당신은 그 개인을 생각하지 않는다. 군중을 암시하기 위해, 이 남자들은 모두 가능한 한 단순한 모양의 같은 옷을 입고 있다." 군중으로서의 개인은 이미 본래적 의미의 개인이 아니다. 개인의 고유성을 드러낼 수 있는 근거가 사라진 채 군중의 일부로 살아간다. 사람들을 규칙적으로 배치한 이유도 여기에 있을 것이다. 앞모습과 옆모습 차이만 있을 뿐 일정한 간격으로 배치되어 있다. 심지어 배경을 이루는 건물과 그 건물에 난 창문조차도 예외 없이 획일적이다. 집단으로서의 개인이고 전체의 다른 이름으로서의 개인일 뿐이다.

현대인의 일상적인 삶의 모습이다. 개성과 자율성을 가진 사람을 찾기 어렵다. 마치 만들어진 레일을 달리는 기차처럼, 동일한 삶의 목표를 가지고 동일한 과정을 따라 질주하는 군중의 한 부분이다. 인생의 다양한 가능성을 여는 출발점에 서있어야 할 초등·중등·고등학생이 오직 시험성적과 대학입시라는 획일적인 목표와 경쟁과정에서 십여 년을 보내야 한다. 서로 다르게 생긴 모습만큼이나 장래의 희망도 달라야 정상이다. 하지만 인생의 꿈을 물어보면 압도적 다수가 교사·공무원을 꼽는다. 성인이라고 해봐야 별로 다를 바가 없다. 대부분 샐러리맨으로서 청년기에서 장년기에 이르기까지 수십 년의 기간을 보낸다. 목표도 큰 차이가 없다. 조금이라도 빨리 승진 사다리를 오르는 일이다. 혹은 정년 때까지 큰 변동 없이 직장에서 자리가 유지되기를 바란다. 직장을 떠나 일상에서의 목표도 대동소이하다. 취업 이후 상당 기간, 짧게는 십여 년, 길게는 이십여 년에 이르도록 대도시에 자기 소유의 집을 마련하는 일이 가장 중요한 숙제다. 혹은 조금이라도 부동산 가격이 높은 도심 혹은 부도심으로 이사하길 바란다. 그 어느 시대보다 개성을 살린 옷과 가방, 신발로 외모를 꾸미지만 정작 획일화된 정신으로 살아간다. 다양한 주체는 사라지고 사회가 강제하는 경쟁논리를 속속들이 내면화한 군중이 대신한다. 마그리트는 현대인의 모습을 그대로 캔버스에 옮겨놓은 것이다.

둘째로, 그림에서 또 하나 눈에 거슬리는 모습이 있다. 사람들의 시선이 심상치 않다. 어느 한 사람도 다른 사람과 시선을 마주치지 않는다. 서로 마주보는 사람을 찾을 수 없다. 시선이 엇갈리면서 허공으로 흩어진다. 불가피하게 대화를 나누더라도 사무적인 내용 이외에 다른 소재를 찾아보기 어려울 듯하다. 그러고 보면 뒤로 보이는 건물의 창문과 커튼도 하나같이 모두 굳게 닫힌 상태다. 일체의 접근을 허용하지 않겠다는 듯이 외부와 내부를 차단한 느낌이다. 사람이든 건물이든 눈으로 보이지는 않지만 각각 외부를 경계하는 높은 성벽을 둘러치고 있다. 이 역시 현대인의 자화상이다. 현대인은 항상 군중의 모습으로 살아가면서도 역설적으로 고립되어 있다. 자본주의 사회 전체가 경쟁 원리, 효율성 논리에 의해 움직이기 때문이다. 보통 자본주의 경쟁이라고 하면 더 많은 이윤을 둘러싼 기업 사이의 경쟁을 떠올린다. 신기술 경쟁을 통해 생산성을 높이고, 신제품 경쟁을 통해 독점적인 이윤을 누리고자 하는 기업 간 경쟁이 치열한 것은 사실이다. 하지만 시장경쟁은 사회구성원 전체를 경쟁의 회오리 속으로 몰아넣는다. 학생의 성적 경쟁이든 직장인의 연봉이나 승진 경쟁이든 경쟁의 틈바구니에 끼어 살아야 한다.

경쟁자 사이에서 자신을 솔직하게 드러내는 마음을 기대하기 어렵다. 최대한 경쟁력 있는 모습, 강한 인상을 드러내야만 한다. 약하거나 망설이는 모습, 마음속의 솔직한 고민을 드러내는 순간 약점을 보이는 자살골이 되어버린다. 인간은 잘난 모습과 못난 모습이 다 섞여 있기 마련인데, 모두 드러내기 어렵다. 당연히 외면적으로는 긴밀한 관계에 있다 하더라도 실질적으로는 높은 경계의 벽을 세운다. 마그리트의 그림이 그러하듯이 솔직한 시선 교환은 사라지고 시선이 엇갈리는 경계의 곁눈질이 남는다. 내면의 창을 몇 겹의 창문과 커튼으로 감춘다.

셋째로, 왜 그림 속 인물들은 중력을 거스르고 공중에서 부유할까? 마그리트는 "나는 당신이 예상하지 못할 곳에 남자를 배치했다. 남자는 하늘에 있다"고 한다. 우리의 상식은 땅에 발을 붙이고 사는 것인데, 상식을 벗어난 곳에서 떠돈다. 그렇다고 해서 현실과는 무관한 근거 없는 개인은 아니다. 그림을 자세하게 보면 건물에 근접해 있는 사람들의 경우 구태여 벽에 그림자를 꼼꼼하게 묘사해놓았다. 현실에서 숨을 쉬고 살아가는 바로 우리들임을 넌지시 보여준다. 공중에서 부유하며 떠도는 사람들을 통해 화가는 무엇을 말하려 한 것일까?

자본주의 사회의 시장경쟁은 구성원 전체를 경쟁의 회오리 속으로 몰아넣는다. 학생의 성적 경쟁이든 직장인의 연봉·승진 경쟁이든 많은 사람들이 경쟁의 틈바구니에 끼어 살게 된다.

골콘다<sup>Golcodda</sup>라는 그림 제목과도 연관성이 깊다. 화가는 이 그림에 대해 설명하면서 "골콘다는 인도의 부유한 도시, 마법 같은 도시"라는 말을 덧붙였다. 다분히 특정한 목적을 가지고 이름을 붙였다는 점을 알 수 있다. 그의 언급처럼 골콘다는 인도 동남부에 있는, 고대 왕조의 수도였다. 현재는 폐허가 되어 거대한 석조 성벽으로 남아 있는 도시 이름이다. 5킬로미터나 되는 성벽이 도시를 둘러싸고 있다. 마그리트가 먼 이국땅의 과거 수도를 아무 이유 없이 그림에 연결시켰을 리 만무하다. 골콘다는 도시가 번성하던 당시부터 다이아몬드 생산지로 유명했다. 특히 불순물 없이 깨끗한 투명성을 자랑하는 고품질 다이아몬드 광산이 많았다. 다이아몬드 가공 기술도 뛰어나서 막대한 부를 누렸다. 그래서 골콘다는 고대 도시 이름과 별도로 보물 더미나 무진장한 부<sup>富</sup>를 나타내는 데 쓰이는 단어이기도 하다.

이제 왜 사람들이 땅이 아니라 공중에 떠있는지 어렴풋이 이해가 간다. 현대사회에서는 누구나 열심히 노력하면 경쟁과 신분상승을 통해 성공할 수 있다는 환상을 갖고 살아간다. 신분상승은 빈곤한 상태에 빠진 다수의 사람이 자신의 불행이 스스로 노력하지 않아서 생긴 당연한 결과라며, 온순하게 자책하고 앉아 있도록 만들기 위해서라도 필요한 이데올로기다. 워낙 오랜 기간 우리 정신 속에 스며들어와 있기에 마치 숨을 쉬듯이 자연스럽게 느껴진다. 실제로 현대사회, 특히 한국사회에서 대부분 성공신화를 꿈꾼다. 중산층은 어떻게 해서라도 상류층 말단의 끄트머리라도 잡고 싶어 몸부림을 친다. 올라가지 못하면 그렇게 보이기 위해서라도 꾸미기에 여념이 없다. 마찬가지로 서민층은 중산층으로 올라갈 기회가 자신에게도 올지 모른다는 기대를 한시도 놓지 못한다. 자기 인생의 주요 가치를 여기에 두고 노심초사한다. 만약 정상적인 사다리 오르기가 불가능하다고 여기면 편법, 극단적인 경우에는 불법을 동원해서라도 이루려 한다. 이도 저도 아니면 하다못해 복권이라도 매주 사서 허황된 일확천금의 꿈이라도 마음에 품고 위안을 삼는다.

현실은 더 이상 내려갈 수 없을 정도로 땅에 붙어있지만, 정신은 도시의 공중 위에서 정처를 찾지 못하고 떠다닌다. 신분상승과 대박의 꿈을 좇아 발을 딛지 못하고 부유하는 삶을 산다. 매일 발을 허정대며 빌딩과 빌딩 사이를 떠돈다.


마그리트의 그림을 통해 직접 풀어낼 수 있는 수수께끼는 여기까지다. 하지만 한 발 더 나아갈 필요가 있다. 우리의 과제는 〈골콘다〉라는 그림을 재미있게 관찰하고 이해하는 데 머무는 것이 아니라 그 너머까지, 철학 영역으로까지 나아가는 데 있기 때문이다. 철학을 한다는 것이 무엇인지, 그리고 철학적 사고능력을 어떻게 발전시킬지에 관심을 갖는다면 위에서 〈골콘다〉를 분석한 과정 자체에 주목해야 한다.

우리가 그림을 해석한 과정을 추적해보자. 그냥 현상으로 드러난 형태만 보면 괴짜 화가의 기묘한 그림에 불과하다. 하지만 그림에 나타난 단순한 힌트를 다른 정보와 연결시키고 문제의식을 확장할 때 새로운 내용이 펼쳐지는 과정이었음을 기억할 것이다. 몇 가지 연결 과정을 간략하게 다시 확인해보자. 중산모를 쓴 모습에서 대도시 직장인을, 동일한 정장 차림에서 군중의 동일한 목표와 과정을 연결시켜 내적 연관성에 주목했다. 또한 서로 엇갈리는 시선에서 경쟁사회와 내면의 경계, 공중 부양하는 사람들에서 신분상승 추구 경향으로 연결 고리를 찾았다. 하나의 사물이나 현상을 고립된 것으로 보지 않고 다른 사물이나 현상과의 연관성에 주목할 때 사고의 지평이 비약적으로 확장된다.

실제로 현실에 존재하는 모든 사물과 인간, 그리고 제반 현상은 순수하게 독립적 상태로 존재하지 않는다. 특히 어떤 자연현상이나 사회현상은 서로 다른 요소가 관계를 맺으면서 나타나는 변형·변화와 함께 일어난다. 개인과 집단도 마찬가지다. 어떤 선택을 할 때 순수한 개인이 아니라 사회구성원의 일부라는 점에서 자유로울 수 없다. 집단도 그러하다. 개인이 집단 속에서 혼자 존재하는 것이 아니듯이 각 사회도 여러 사회 가운데 혼자 존재하는 것이 아니다.

모든 것이 서로 긴밀한 연관관계를 가진다고 말할 수는 없다. 어느 것이 다른 것과 연관관계를 갖는지 찾아내는 작업은 우리의 과제다. 또한 관계를 찾아낸다고 해서 모두 동일한 성격을 갖는 것도 아니다. 어느 현상이 다른 현상에 비해 먼저 일어났다고 곧바로 원인과 결과로 연결시킬 수 없다. 관계의 긴밀성 정도, 영향이 상호적인지 아니면 일방적인지 여부, 원인과 결과로의 연결이 가능한지 여부 등 다양한 측면에서 연관성의 성격을 규명하는 작업이 뒤따라야 한다.

인간과 인간의 관계만이 아니라 인간과 인위적 구성물로서의 사회조직의 연관성에도 주목해야 한다. 우리는 유대관계를 통해 개인이면서 동시에 인류다. 그리고 개인과 연결되어 있는 타인은 체계적 구조를 갖추고 일상을 에워싸고 있는 공동체나 국가와 같은 사회조직일 수 있다. 나아가서는 인간집단으로서의 계급, 혹은 문화를 비롯하여 다양한 인위적 성과물을 포함하는 문명과 연관을 맺으면서 특정한 현상을 만들어내기도 한다. 개인은 기본적으로 그 안에서 사고하고 행동하며, 다양한 생활을 영위한다.

그렇기 때문에 정신과 행위를 탐구하는 작업은 인간을 둘러싼 다양한 영역과 요인이 맺는 연관성을 찾는 일이다. 내밀한 관계를 규명할 때 철학은 우리에게 비밀의 문을 열어준다. 연관관계를 통해 생각은 개별 현상을 넘어 인류와 사회 전체로 확장된다. 또한 현상들 사이의 관계를 통해 일정한 경향성을 갖는 구조를 발견해내기도 한다. 철학적 생각은 이 과정을 통해 넓어지고 풍요로워진다. 연관을 통한 사고의 확장 가능성을 여러 계기를 통해 더 확인해보자.

# 수도꼭지를
# 틀 때마다
# 국가와 만난다

존 슬론John Sloan 의 〈옥상의 햇볕과 바람〉은 평범한 뉴욕 사람들의 모습을 담았다. 슬론은 토머스 에이킨스, 에드워드 호퍼 등과 함께 미국의 사실주의 미술을 이끈 화가다. 이들은 정형화된 아카데미 미술에 반발하고, 일상생활에서 예술적 영감을 얻었다.

특히 슬론은 가정생활에 밀착해 있는 여성의 모습을 자주 캔버스에 담았다. 그림을 보면 한 여성이 주택 옥상에 서서 빨래를 널고 있다. 여인의 그림자가 길게 늘어선 것으로 봐서 아직 해가 중천에 뜨기 전, 아침나절의 한때인 듯하다. 빨래 정도는 한두 시간이면 금방 건조시킬 만큼 따뜻한 햇볕이 쏟아진다. 때마침 여인의 치맛자락에서 푸드덕 소리가 날 정도로 강한 바람까지 불어 빨래를 널기에는 안성맞춤인 날이다.

슬론, 〈옥상의 햇볕과 바람〉, 1915년

베란다의 빨래 건조대를 사용하는 요즘의 아파트 공간에서는 찾아보기 어렵지만, 주로 단독 주택 생활을 하던 시대에는 흔하게 볼 수 있던 모습이다. 보통은 옥상 귀퉁이마다 쇠막대를 박아놓고 여기에 빨랫줄을 팽팽하게 연결시켜 놓는다. 여인은 빨래가 바람에 날아가지 않도록 꼼꼼하게 빨래집게를 꽂는 중이다. 머리는 가사에 편하도록 말아 올렸다. 널려 있는 빨래가 꽤 많은 것으로 봐서 아침나절 내내 빨래판 앞에 쭈그리고 앉아있었으리라.

일반 주택이든 아파트든 집에서 빨래를 하고 옥상이나 베란다에 빨래를 너는 게 우리한테야 익숙하지만 사실 20세기에 들어서 가능해진 모습이다. 19세기까지만 해도 유럽의 대도시에서 빨래를 하기 위해서는 강가로 나가야만 했다. 상하수도 시설이 제대로 마련되지 않았기 때문이다. 간단한 옷가지 한두 개야 떠다 놓은 물로 씻는다 해도 모아 놓은 집안 빨래를 다 해치울 수는 없는 노릇이었다. 헹구는 과정을 포함하면 상당한 양의 물이 필요하니 당연하다. 시골 마을은 대체로 규모가 크지 않아서 그리 멀지 않은 장소에 작은 하천이나 하다못해 냇가라도 있기 마련이다. 예전에 우리나라 시골의 동네 아낙네들이 그러했듯이 빨랫감을 들고 나가서 두어 시간 흐르는 물에 뚝딱 해치우고 돌아오면 된다. 하지만 대도시는 전혀 사정이 다르다. 워낙 규모가 크기 때문에 도시를 관통하는 강 인근에 살지 않는 한 빨래 때문에 먼 길을 왕복하기 어렵다. 물론 가난한 노동자나 빈민은 아무리 시간이 오래 걸려도 다리품을 팔아야 했다.

하지만 중산층 이상의 가정에서는 빨래를 전문으로 하는 업체의 세탁부에게 일을 맡겼다. 빨래의 특성상 강을 끼고 작업을 해야 하기에 아예 배에 시설을 갖춘 세탁선이 많았다. 일종의 바지선인데, 위에는 큰 규모의 목조로 된 집을 지었다. 씻거나 헹구는 작업, 나아가서는 건조와 다리미질 작업까지 일괄적으로 이루어졌다. 파리의 센 강을 비롯해 당시 유럽의 주요 강에는 세탁선이 줄지어 서 있었다.

19세기 유럽의 대표적인 여성 노동은 세탁공장에서의 빨래와 다림질이었다. 수많은 농부들이 토지를 잃고 도시로 떠밀려 와서 할 수 있는 일은 공장에서의 육체노동뿐이었는데 그나마 대부분 남성의 일자리였고 가난하고 배우지 못한 여성이 일할 수 있는 작업장이 드물었다. 그녀들에게 세탁공장에서의 노동은 적은 돈이라도 만질 수 있는 기회였다.

당시 많은 화가가 세탁부의 모습을 자주 캔버스에 담았다. 도미에, 로트렉, 르누아르, 드가 등 우리에게 친근한 많은 화가의 작품에서 세탁부의 모습을 흔하게 만날 수 있다. 피카소도 파리에 정착한 초기에는 다른 가난한 화가와 마찬가지로 몽마르트 언덕의 빈민가에 작업실을 마련했다. 30여 명의 가난한 화가의 작업실이 모여 있던 건물이었다. 매우 낡아 흔들리는 모양새가 세탁부들이 빨래터로 쓰는 강변의 낡은 배와 비슷하다고 해서 '바토-라부아르', 즉 세탁선이라는 이름이 붙었다. 피카소도 〈다림질하는 여인〉을 비롯하여 가난한 세탁부의 모습을 그림에 담았다. 특별히 노동자와 빈민의 삶에 관심

드가, 〈다림질하는 여인들〉, 1884~1886년

을 갖고 있는 화가가 아니라도 센 강을 묘사하는 과정에서 자연스럽게 세탁선이 묘사된 경우가 많을 정도로 일상적인 풍경이었다.

에밀 졸라$^{Emile\ Zola}$의 대표적인 소설이라고 할 수 있는《목로주점》도 세탁부의 삶을 배경으로 한다. 세탁공장에서 일하는 주인공 제르베즈와 주위 세탁부 여성들의 삶을 사실적으로 묘사함으로써 여성 노동자들의 고단한 삶을 생생하게 보여준다. 많은 화가들이 이 소설에서도 큰 영감을 얻었다. 1870년대 중후반에 이 소설이 발표되자 뜨거운 논란과 함께 관심 대상이 되었다. 당시에 매년 3~5만 부씩 팔렸다고 하니 얼마나 폭발적인 관심을 불러일으켰는지 실감이 난다. 이

소설은 에밀 졸라를 자연주의 소설의 기수로 만들어주기도 했다.

　20세기에 접어들어 도시에 상하수도 시설이 보급되고 나서는 점차 사라진 옛 풍경이 되었다. 슬론의 〈옥상의 햇볕과 바람〉처럼 각 가정에서 빨래를 하고 옥상에 너는 모습으로 변했다. 이 사소하고 평범한 광경 하나조차도 그 안에 결코 가볍지 않은 많은 사정과 사회 변화를 담고 있는 것이다. 늘 접하는 일상의 빨래지만 조금만 관심을 기울이고 연관관계를 찾으면 사회 전체의 구조나 시스템과 만나게 된다. 우리는 아침에 일어나서 세수하거나 빨래를 하기 위해 무심코 수돗물을 튼다. 하지만 수도꼭지에서 물이 나오는, 지극히 사소하고 당연한 현상이 가능하기 위해서는 거대한 사회구조가 필요하다. 먼저 상수도 망 구축 이전에 강의 상류·중류 지역을 중심으로 상수원 보호구역을 지정하고 광범위한 일상적 관리 체제를 구축해야 한다. 이를 위한 시설과 인력만 해도 상당하리라는 점은 어렵지 않게 예상할 수 있다.

　다음으로 도시 전체가 촘촘하게 연결된, 다양한 규모와 용도를 가진 상수도·하수도관으로 연결된 체계가 있어야 한다. 지하로 연결되어야 하기 때문에 간단한 작업이 아니다. 또한 한번 시설이 마련되었다고 해서 끝나는 일도 아니다. 도시가 확대되면서 새로운 시설이 끊임없이 요구된다. 또한 영구 시설이 아니기 때문에 정기적으로 보완·수리·교체해야 하는 일이 계속 발생한다. 이 모든 구조와 운영이 가능하기 위해서는 수직적으로 광범위하게 구축된 국가 관료체제가 전제되어야 한다. 결국 아침에 일어나서 수도꼭지를 트는 사소한 행위를 하면서도 국가 체제와 연결된다. 수돗물만이 아니다. 전등을 켜서 실내를 밝히거나 음식 마련을 위해 가스불을 켜는 일, 하다못해 무심코 버리는 쓰레기의 처리 과정도 마찬가지로 수많은 연결고리를 가지고 있다. 약간의 상상력을 동원하여 연관관계를 종과 횡으로 추적하면 얽히고설킨 사회구조로 생각의 지평이 비약적으로 확장된다.

연관관계를 통한 확장은 사회 기반시설로 한정되지 않는다. 우리에게 친근한 기호식품을 통해서도 단서를 찾을 수 있다. 슬론의 그림에 나오는 빨래 너는 여인이 일을 마치고 집으로 내려가 커피 한잔을 마신다고 생각해보자. 커피는 어떻게 세상과 다양한 연관관계를 맺는가? 한국사회에서 직장인이든 가정주부든 사무실 근처나 집 주변 동네 커피숍에서 하루에 한두 잔 이상의 커피를 마시는 일이 흔하다. 보통은 커피 한잔을 마실 때 그저 개인적 취향과 만족만을 떠올린다. 하지만 시야를 조금 넓히고 상상력을 동원하여 연관관계를 더듬으면 다양한 인간 집단과의 관계, 인간 사고방식의 특성, 나아가서는 전 세계와 접점이 생긴다.

먼저 커피는 개인의 취향을 넘어 한 사회의 문화를 반영한다. 지난 십여 년 사이에 한국사회에서 커피숍은 무서운 속도로 늘어났다. 이제 웬만한 지역의 사거리 근처에서는 서너 개 이상의 커피 판매점을 만나는 일이 낯설지 않다. 초기에는 많은 사람이 일시적인 거품일 뿐이고, 과잉 경쟁 때문에 대부분의 커피숍이 문을 닫을 것이라 예상했다. 하지만 우리의 예상을 비웃기라도 하듯이 갈수록 늘어나는 중이다. 상식적으로는 이해할 수 없는 현상이지만 한국에서 커피가 개인의 기호를 넘어 사회 전체의 문화로 자리 잡았다는 점을 생각해보면 고개가 끄덕여진다. 과거에는 집이나 사무실에서 커피를 직접 타서 마시는 경우가 많았다. 하지만 이제는 바리스타의 손길을 거친 커피 전문점에서 하루에 한두 잔 정도는 마셔줘야 그럴듯한 인생을 살고 있다는 자기만족을 누린다. 다양한 브랜드의 프랜차이즈 사업체들이 커피를 하나의 문화 현상으로 만들었다.

또한 커피는 전 세계적으로 소수의 강대국과 다수의 약소국 사이의 오랜 수탈 관계를 상징한다. 수백 년에 이르는 식민지 시절, 사탕수수 등과 함께 단일경작에 의한 식민지 수탈의 대표적인 작물이다. 20세기 중반에 군사적·영토적 지배로서의 식민지는 사라졌지만 여전히 커피를 둘러싼 수탈관계는 현재진행형이다. 국제빈민구호기구 옥스팜의 보고서에 따르면 영국의 최종 소비자가 우간다산 커피에 지불한 돈 가운데 커피 재배 농민에게 돌아간 몫은 약 0.5%에 불과하다. 다국적 기업의 독점적 지위에 의해 터무니없이 낮은 가격이 강제되기 때문이다. 이 보고서에 의하면 세계무역 구조에서 동남아·남미·아프리카 등 제3세계 국가들이 얻는 이익의 비율을 단 1%만 올려도 약 1억2천만 명의 가난한 이들이 극심한 빈곤에서 벗어날 수 있다.

영국의 대표적인 사회학자 앤서니 기든스Anthony Giddens ●가《현대사회학》에서 설명한 것처럼 커피는 더 폭넓은 연관관계의 망을 갖는다.

커피는 부유한 국가와 가난한 국가 사이의 수탈 관계와 별도로 국제무역 자체로서도 중요하다. 커피는 세계 무역에서 석유 다음으로 거래량이 많은 국제무역 상품이기도 하다. 아직도 커피 수출이 무역에서 가장 큰 비중을 차지하는 나라가 많다. 커피의 생산·운송·유통은 전 세계 국가와 국가, 기업과 기업, 나아가서는 개인과 개인 사이에서 지속적인 거래가 일어나도록 한다. 아무 생각 없이 매일 커피를 마시지만, 자신도 모르는 사이에 전 세계를 잇는 복잡한 사회적·경제적 관계망에 포함되는 것이다.

커피는 인권이나 환경운동으로 연결된다. 인권이나 환경 보존 상태가 열악한 특정 나라들의 커피에 대한 불매운동을 생각해볼 수 있다. 가난한 나라의 커피 재배 농민에게 터무니없이 낮은 가격을 강제하는 불공정 무역구조를 공정한 것으로 만들자는 취지에서 출발한 글로벌 시민운동인 '페어트레이드Fair Trade', 즉 공정무역 운동이 대표적이다. 개발도상국의 원료나 제품에 정당한 값을 지불함으로써 커피 재배 농민의 인권을 보장하고 극단적인 빈부격차를 완화시키자는 취지다. 환경운동과도 넓은 접촉면을 가진다. 친환경적인 유기농업으

● 앤서니 기든스(1938~)

영국의 사회이론가이자 정치학자이다. 1980년대 이후 좌우이념 대립 및 그 극복방안을 연구한 끝에 구조주의와 행동이론을 결합한 구조화structuration 이론을 발표하여 명성을 얻었으며, 그 연구결과는 영국의 정치가 토니 블레어가 주장한 '제3의 길'의 이론적 기반이 되었다. 저서에 《자본주의와 현대사회 이론》, 《좌파와 우파를 넘어서》, 《사회학의 변론》, 《제3의 길》 등이 있다.

로 재배된 커피 원두를 사용한 제품만을 소비하자는 운동이 여기에 해당한다. 보다 적극적으로는 환경 보존 상태가 열악한 특정 나라의 커피에 대해 불매운동을 벌이기도 한다.

또한 커피 소비 증가는 갈수록 강화되는 노동 시간·강도와 연관성을 가진다. 많은 사람이 정신을 반짝 들게 하기 위하여 커피를 마신다. 오랜 시간 격무에 시달려야 하는 직장인들에게도, 대학입시나 취업준비 때문에 잠을 줄여야만 하는 학생들에게도 커피는 각성제로서 갈수록 인기가 높아지는 중이다. 학생시절부터 수십 년에 이르는 직장 생활까지 커피 중독자로 살도록 사실상 강제된다.

# 영화관에서
# 당신은
# 안전한가

시설이나 작물처럼 물리적인 특성을 갖는 사물만큼이나 예술을 포함한 문화 영역도 연관관계를 통해 사고를 확장할 때 현상 이면의 본질적 역할과 만나게 된다. 존 슬론의 〈영화관람〉은 일상의 문화생활 중 흥미를 끄는 장면을 화폭에 담았다. 남녀 관객이 영화 관람에 열중하고 있다. 스크린에서는 하얀 드레스를 입은 신부와 턱시도 차림의 신랑이 진한 키스를 나눈다. 20세기 초반은 무성영화無聲映畵가 상영되던 시기이니 관객은 영상과 자막을 보면서 대화나 줄거리의 진행을 보고 있을 것이다.

현대의 대형 극장에 비해서는 초라한 시설이다. 흑백 영상인 데다 스크린도 상대적으로 매우 작다. 관람석도 이삼십 명을 겨우 수용할 정도의 작은 규모. 현대의 극장처럼 계단식 구조도 아니어서 뒤편의 관람객은 앞사람 머리 때문에 화면이 잘 안 보이는지 엉거주춤 일어서서 영화를 보는 중이다. 음향 시설도 제대로 되었을 리 만무하다. 하지만 이보다 더 신기한 게 없다는 듯 한껏 들떠서 집중하는 느낌이다.

1895년 프랑스 뤼미에르 형제에 의해 영화가 처음 시작되었으니, 화가가 이 그림을 그릴 당시에는 장안의 화제가 될 정도로 흥미로운 광경이었다. 그래서인지 영화를 보는 관람객의 분위기가 영화 내용만이 아니라, 움직이는 영상으로 사람들의 생생한 모습을 볼 수 있다는 자체에 신기해하는 듯하다. 마치 오래 기다려 온 축제 현장에 참

슬론, 〈영화관람〉, 1907년

여하듯 대부분 격식을 갖춘 정장 차림이고, 여성들도 모자로 한껏 멋을 부렸다.

현대사회에서 영화는 일상에 더욱 밀착해 있다. 시간이 남으면 친구나 연인 사이에서 제일 만만한 게 영화다. 오죽하면 연인들이 만나서 하는 행위가 저녁 먹고 차 마시고 영화 보거나, 영화 보고 저녁 먹고 차 마시거나, 차 마시고 저녁 먹고 영화 보는 것 중에 하나라는 우스갯소리가 다 나왔겠는가. 우리는 영화를 보면서 어떤 의미를 찾기보다는 잠시 현실을 잊고 두 시간 정도 흥미로운 시간을 보낸다. 그렇게 가볍게 생각할 수 있다. 하지만 영화는 우리에게 전혀 그렇게 대하지 않는다. 영화와의 관계에서 내가 주도권을 갖고 있다고 믿지만, 현실에서는 영화가 만들어 놓은 의식의 장치로 흡수되는 경우가 많다.

전 세계 영화 산업을 지배하는 미국 영화를 생각해보자. 세계 영화시장을 주름잡은 액션 블록버스터 영화, 즉 단기간에 큰 흥행을 올리기 위해 엄청나게 돈을 들여 만든 액션 대작은 하나같이 인류의 적을 상정한다. 지난 20여 년 이상은 중동의 이슬람 세력이 인류 평화와 생존을 위협하는 악의 세력으로 등장했다. 스트레스 해소용으로 영화를 본다고 생각하지만 오랜 세월 미국 영화를 접하면서 자신도 모르는 사이에 중동 이슬람 세력과 테러를 거의 동의어로 생각하는 경향이 생겼다. 곰곰이 따져보면 영화가 만들어진 순간부터 일관되게 나타난 현상이다. 미국 영화는 끊임없이 공포와 두려움의 대상이 되는 인류의 적을 만들어 왔다. 제2차 세계대전을 전후한 시기에 미국 영화에서 적은 언제나 독일이었다. 본질적인 면에서 보자면 세계 대전은 자본주의 강대국 사이의 식민지 쟁탈전 성격을 띠고 있었다. 이미 전 세계를 식민지로 자신의 발아래 두고 있었던 영국·프랑스·스페인 등을 상대로 독일·일본 등을 중심으로 한 후발 자본주의국이 벌인 전쟁이었다.

객관적인 시각에서 보면 이미 전 세계 대부분의 지역을 식민지로 지배하고 있던 나라나 이를 빼앗으려는 나라나 악하기는 마찬가지다. 하지만 미국 영화에서 식민지를 빼앗으려는 독일은 절대 악으로, 기존 식민지를 지키려는 연합군 세력은 절대 선으로 그려진다. 영화를 반복적으로 보면서 우리는 미국이 만들어 놓은 왜곡된 이분법적 구도를 내면 깊숙이 상식으로 받아들인다. 제2차 세계대전 이후 수십 년간 미국 영화를 매개로 전 세계를 휩쓴 괴물은 단연 소련이었다. 제임스 본드로 유명한 '007영화' 시리즈를 비롯하여 다양한 전쟁·액션 영화에서 소련의 비밀 첩보기관이 공포의 대상으로 등장했다. 특히 소련에 의한 핵전쟁 위협이 두려움을 조장했다. 하지만 역사적으로 핵무기를 제일 먼저 만들고, 다른 나라 국민을 상대로 실제로 사용하여 대규모 살상 경험을 안겨준 나라는 미국이었다. 또한 핵무기 경쟁 속에서 소위 '상호 확신 파괴'로 불리는 인류 멸망의 두려움을 안겨준 당사자 중의 하나도 미국이었다.

하지만 미국 영화에서 핵무기 사용 위협은 오직 소련으로부터만 온다. 미국이 주도한 냉전을 배경으로 상대방을 악마로 지목하고 자신의 권위적 체제와 행동을 정당한 억지력으로 내세워 내부 통치를 공고히 하는 전략이 있었다. 괴물 전략을 통해 국가에 대한 충성심을 강제함으로써 정치적 반대자를 억압하고, 비밀 정책을 시행했으며 군산복합체를 위해 경제 구조를 왜곡했다. 영화는 소련 정부나 소련정보기관의 독단적 농간으로 세계가 전쟁 상황에 내몰리는 위험한 시도로 시작된다. 당연히 위험을 인지하고 소련을 상대로 핵 공격을 무력화해 인류를 구원하는 주체는 미국이다.

20세기가 끝나갈 무렵에 예상치 않은 상황이 벌어지면서 다시 한 번 변화가 찾아온다. 1989년 소련과 동구 사회주의 몰락 이후 순간적으로 가시적인 괴물을 잃었다. 사람들을 공포로 몰아갈 대상이 사라진 것이다. 하지만 미국 영화는 즉시 평화를 위협하는 새로운 괴물을 제시하고 전국가적·전체제적 대응을 촉구했다. 바로 '테러와의 전쟁'이다. 이슬람 테러 세력이 핵무기나 생화학무기 등 대량 살상 무기를 탈취하여 미국이나 유럽의 대도시를 노리는 데서 영화가 시작된다. 미국 정보기관이나 특수부대 출신 영웅이 나타나 죽을 고비를 몇 번 넘기면서 결국은 위기를 해결하고 인류를 구원한다는 줄거리 일색이다.

수십 년간 미국의 영웅에 매료당하고, 컴퓨터그래픽 효과가 만들어내는 재미에 빠지면서 우리 대부분이 이슬람 저항 세력에 반감을 갖게 되었다. 역사적으로 중동지역에서 미국이나 유럽세력에 의한 식민지 지배나 이후 사실상의 자원 약탈이 어떻게 이루어졌는지에 대한 관심은 없다. 미국과 영국에 의한 팔레스타인 추방, 일방적인 이스라엘 건국, 중동전쟁을 비롯한 각종 분쟁에서의 이스라엘 지원 등의 부당한 군사·정치적 개입도 가려진다. 그 결과 테러와의 전쟁을 위해 최빈국 중 하나여서 군사력이라고는 형편없는 아프가니스탄에 세계 최강대국 미국이 군대를 내보내도 그러려니 한다. 또한 있지도 않은 대량살상무기로 테러를 자행하거나 지원할 위험이 있다는 이유로 이라크를 침공해도 정당하다고 생각한다. 아프가니스탄에서 수만 명, 이라크에서 수십만 명의 민간인이 목숨을 잃어도 불가피한 일이

영화 〈007 골든 아이〉(1995) 포스터. 냉전이 와해되자 러시아에 근거지를 둔 마피아가 새로운 범죄조직으로 등장하여 전 세계에 폭력과 혼란을 야기한다는 내용이다.

라고 받아들인다. 심지어 미국의 지원 요청에 부응하여 한국군을 파병해도 무슨 문제가 있냐고 느낀다.

몇 가지 사례를 통해 보았듯이 그간 미국 영화는 가공할 영상 효과를 동원하여 노골적으로 외부의 적을 통한 두려움 생산에 몰두한 것이다. 현실의 적을 더욱 과장한다든가, 아니면 인위적으로 만들어서라도 사회구성원들이 지속적으로 두려운 감정 상태에 빠져있도록 유도한다. 군사력 확대를 통한 세계 패권 장악을 미화하는 선봉장 역할을 한다. 인류를 위협하는 새로운 괴물을 만들어 내적으로는 권위주의 통치를 유지하고, 외적으로는 미국 패권을 중심으로 한 세계질서 구축에 박차를 가한다. 문제는 우리의 사고방식이 미국 영화가 만들어놓은 이데올로기 장치에 휘둘린다는 점이다.

정치적 성향과는 무관한 순수한 오락 영화도 많지 않느냐고 반문할 수도 있다. 하지만 '순수한 오락'이 오히려 함정이 된다. 현재 미국 영화는 전 세계 영화시장을 지배하고 있을 뿐만 아니라 영화제작 논리까지 지배한다. 그 논리 중 가장 중요한 것이 15초 이내의 장면 전환이다. 대중에게 생각할 시간을 주어서는 안 된다. 그저 스크린 속의 이미지에 빨려 들어가서 영화 속에서 헤어 나오지 못하게 만들어야 한다. 다시 말해서 영상매체 자체가 대중의 감각과 상상력을 오히려 가로막거나 퇴화시키는 역할을 한다. 일상적 시선을 '순수한 오락'에서 헤어나지 못하게 함으로써 사회나 정치에 대한 무관심을 대규모로 유포한다.

자신은 영화관을 자주 찾지 않으므로 별 상관이 없다고 생각할 수도 있다. 큰 착오다. 영화는 단지 영화관에서의 관람으로 끝나지 않는다. 영화의 논리는 일상에 밀착해 있다. 집 안에서도 가장 중요한 공간인 거실의 한가운데를 차지하는 TV의 경우 곧바로 영화의 논리가 그대로 적용된다. 각종 TV 영화 채널을 통한 접촉만이 아니다. 인기를 끄는 TV드라마나 오락 프로그램이 그 영향 아래서 제작된다. 게다가 TV는 대기업 광고를 통한 수입과 맞물리면서 지독할 정도로 노골적이면서도 세련된 상업성으로 무장한다. 직접 광고는 물론이고 드라마 내용 자체가 신분상승을 위한 경쟁과 고급 브랜드를 중심으로 한 소비야말로 인간으로서 추구해야 할 가장 가치 있는 행위라는 생각을 갖게 만든다.

이처럼 일상의 사소한 현상이라 하더라도 연관관계를 통해 사고의 지평을 확장하면 개인적 삶과 사회적 영역이 만나는 지점을 확인할 수 있다. 자기와 관계없어 보이던 거대한 역사적 상황이나 사회구조가 개인의 삶에 어떤 의미를 주는지를 이해하게 된다. 일상적 경험이 단지 개인의 사적 영역에만 머무는 것이 아니라 어떻게 거대한 사회와 만나는지를 알 수 있고 나아가서는 구조적 모순에 접근한다. 철학은 인류와 사회 전체에 대한 체계적 관점인 세계관을 포함한다. 하지만 자신의 일상과 분리된 인류나 사회라면 뜬구름 잡는 이야기가 된다. 개인의 삶에 직접 영향을 미치는 일상에서 출발하되 사회 전체와 유기적으로 연결될 때 살아 숨 쉬는 철학이 가능하다. 세계관을 누가 제공하거나 암기하는 것이 아닌 이상, 스스로 세계관을 형성하기 위해서는 일상과 세계의 연관관계를 찾아나가는 과정을 통해 사고의 지평을 넓히는 능력이 필수적이다.

연관성을 찾아내고 폭을 넓히는 사고능력은 저절로 주어지지 않는다. 책을 여러 권 읽고 배경지식을 쌓는다고 해서 마련되는 것도 아니다. 물론 풍부한 배경지식이 사고의 폭을 확장하는 데 도움을 줄 수는 있다. 하지만 배경지식으로서의 정보는 그저 흩어져 있는 구슬일 뿐이다. 다양한 방면으로 연관관계를 찾아내고, 각각의 관계가 어느 정도의 긴밀성을 지니는지 가늠하고, 상호적인 작용과 인과적인 작용을 구분하는 작업은 흩어진 구슬을 꿰는 실이다. 스스로 현상에서 실마리를 찾아내어 연결하고 확장하는 경험을 반복해야만 얻어질 수 있는 철학적 사고능력이다.

*Chapter 7*

모순을
생각하는
사람

마그리트, 〈빛의 지배〉, 1952년

# 날마다 살며
# 날마다 죽는 인간

마그리트의 〈빛의 지배〉는 무심코 보면 영락없는 밤풍경이다. 깊은 밤인 듯 집과 주변의 나무는 세부 형체를 식별하기 어려울 정도로 온통 시커멓다. 집 앞 가로등이나 2층 방에서 흘러나오는 불빛이 환하고, 물에 비친 모습도 선명할 정도로 짙은 어둠이 내려앉은 상태다. 가로등 주변의 문은 비교적 뚜렷하지만 양옆의 문이나 담벼락은 어렴풋이 보일 뿐이다. 수면에 물결이 아주 잔잔해서 바람이 별로 없는 듯하다.

하지만 어이없게도 하늘은 화창한 한낮 풍경이다. 푸른 하늘에 솜사탕을 여기저기 던져놓은 듯 흰 구름이 넘실댄다. 집 앞의 울창한 나무도 하늘에 겹친 부분은 가지와 이파리 사이로 밝은 하늘이 드문드문 보인다. 현실적으로 있을 수 없는 장면을 태연하게 묘사해 놓았다. 태양빛이 작열하는 낮 시간의 야경이니 말이다. 시간이 하나의 그림 안에서 뒤죽박죽 섞여 있다.

그리다 보니 어쩌다 우연하게 나온 장면이 아니다. 마그리트는 비슷한 제목으로 낮과 밤 광경이 혼재된 여러 점의 그림을 남겼다. 의도적으로 우리가 이율배반이라고 하고 혹은 모순이라고도 하는 상황을 연출한 것이다. 낮과 밤의 모순이고, 더 나아가서는 현실과 비현실의 모순이다. 각 부분은 현실이지만 전체로 보면 비현실이다. 우리는 밤 풍경을 보고 있는가, 아니면 낮 풍경을 보고 있는가? 우리의 시각은 마그리트의 그림을 통해 배반당했지만, 사실은 그 배반을 통해 진실에 한 발짝 다가갈 수 있다.

뒤돌아보면 인류는 계속 빛과 어둠에 상반된 상징들을 연결해왔다. 빛에는 정상을, 어둠에는 비정상을 연결하는 버릇이 있다. 법이 빛이라면 범죄는 어둠이다. 낮이 동적인 시간이면 밤은 정적인 시간이다. 낮이 남성을 상징한다면 밤은 여성의 상징이다. 혹은 낮이 민주주의라면 밤은 독재로 비유하기도 한다. 과거 한국의 대표적인 보수 정치인 중의 한 사람은 야당 지도자로서 민주화 운동을 하던 시절에 기회가 있을 때마다 "닭의 목을 비틀어도 새벽은 온다"고 일갈했다.

서양철학에서는 그리스 시대부터 이성적 정신은 빛, 무지는 어둠으로 구분했다. 그리스 신화에서 이성적 정신을 대표하는 신은 아폴론이다. 아폴론은 태양의 신이다. '빛'의 신을 의미한다. 빛은 어둠을 물리치고 모든 사물을 비추어 밝히는 역할을 한다. 비추고 밝힌다는 것은 사물과 현상을 명료하게 드러냄을 의미한다. 사태가 명료해질 때까지 자연이나 사회 현상에 대한 치밀한 탐구욕을 자극하는 역할을 한다. 빛의 신인 아폴론은 현상적인 지식을 넘어서는 진실, 즉 본질적 사고를 상징하는 존재다. 당연히 빛과 대비되는, 사물의 경계가 무너지는 어둠은 불명확하고 현상적인 사고에 해당한다. 또한 어둠을 물리치는 빛은 범죄나 비도덕적 행위에 대한 규명과 처벌을 의미한다. 그렇기 때문에 아폴론은 도덕이나 법을 주관하는 신이기도 하다.

어둠을 물리치는 빛은 범죄나 비도덕적 행위에 대한 규명과 처벌을 의미한다. 빛의 신인 아폴론은 도덕이나 법을 주관한다. 티에폴로, 〈아폴론과 대륙〉, 1752~1753년.

종교도 비슷한 경향을 보인다. 대부분의 종교에서 정신과 정의를 상징하는 신은 빛과 함께 나타난다. 기독교《성경》에서는 "어둠이 빛을 이겨본 적이 없다"며 빛의 절대적 권위를 강조한다. 이에 비해 마귀나 악마, 사탄은 밤에 활동을 개시한다. 민간 설화에서 자주 나타나는 귀신도 밤에 활동한다. 드라큘라도 빛을 보는 순간 온몸이 타버린다. 하다못해 근대·현대사회에서 부각된 신종 괴물인 좀비$^{Zombie}$도 밤이 활동무대다. 되살아난 시체라서 군데군데 썩은 흉측한 모습인데, 낮에는 어둠 속에 숨어 있다가 밤에 다리를 질질 끌며 모습을 드러낸다.

어떤 경우든 낮과 밤은 서로 상반된 상태로 분리된다. 둘의 경계가 무너질 때, 특히 어둠이 빛에 섞일 때 비정상적 상황이 발생하고 선에 대한 악의 공격이 시작된다. 만약 명확하게 구별하지 않는다면 분별 능력의 부족이나 부재로 평가받는다. 하물며 본래 섞여 있다거나 공존 속에서만 존재할 수 있다고 하면 정신 나간 소리 취급을 받는다.

그렇기 때문에 마그리트가 〈빛의 지배〉를 통해 낮과 밤을 뒤섞어버리는 시도는 시간의 배반으로 끝나지 않는다. 빛과 어둠으로 구분되어 온 수많은 상징의 경계를 무너뜨리는 도발이다. 인류가 만들어온 대립되는 가치 체계 전반에 대한 도전이다. 수천 년 이상 견고하게 쌓아온 사고방식을 허무는 일종의 우상파괴다.

낮과 밤을 한 공간과 시간 안에 담아 놓은 모순이 왜 시간의 배반으로 그치지 않고 우리를 진실로 한 발짝 더 인도하는가? 현상적으로는 조화와 균형이 지배적이고, 모순을 통해 나타나는 갈등은 일시적으로 보이기 마련이다. 불균형이나 대립은 어쩌다 가끔 나타나고, 현실적으로는 어제 본 모습이 오늘 유지되고 내일로 이어지는 듯하기 때문이다. 당장 보기에 낮은 낮이고, 밤은 밤이다. 해가 뜨거나 지는 시간에 낮과 밤이 섞이는 장면을 목격하지만, 이는 스쳐 지나가는 순간일 뿐이라고 생각한다.

하지만 빛과 어둠이 절대적 구분이기 위해서는 순수한 상태의 빛과 어둠이 존재해야 한다. 어디서 이를 찾을 수 있는가? 태양을 순수한 빛이나 밝음의 상태라고 할 수 있는가? 우리에게 확인 가능한 영역은 우주 전체의 지극히 일부에 불과하다. 더 밝은 빛을 토해내는 별이 얼마든지 있을 수 있고, 그마저도 절대적이라는 규정이 어렵다. 순수한 어둠도 확인이 불가능하다. 현대 천체물리학에 암흑물질dark matter이라는 개념이 있지만 순수한 어둠의 의미와는 다르다. 암흑물질은 전파·적외선·가시광선·자외선·X선·감마선 등의 전자기파로 관측되지 않으며, 오직 중력을 통해서만 존재가 확인되는 미지의 물질로 알려져 있다. 현재까지의 과학기술 수준으로 발견하거나 측정할 수도 없다는 의미, 즉 '미지'라는 의미에서의 암흑이다. 게다가 그 실체조차 아직 규명된 바가 없다.

지구에서 태양을 매개로 하여 확인하는 낮과 밤으로서의 빛과
어둠도 절대적 기준으로 분리할 수 없다. 지구는 둥글기 때문에 태양
빛이 완전히 차단된 상태의 밤이란 없다. 지구는 어느 지역이든, 어느
시간이든 빛과 어둠이 섞여 있는 상태로만 우리에게 드러난다. 우리
가 밝다고 하는 것은 덜 어두운 상태를, 어둡다고 하는 것은 덜 밝은
상태를 의미할 뿐이다. 오직 빛과 어둠이라는, 현상적으로 상반되어
보이는 두 가지가 혼재되는 방식으로만 나타난다. 즉 모순 안에서만
현실이 성립한다.

　　양적인 측정에 해당하는 큼과 작음도 현상적으로는 대립 개념이
지만 실질적으로는 하나의 사물 안에 두 가지 모순되는 계기가 동시
에 포함된다. 모든 사물은 크면서 동시에 작다. 예를 들어 이 세상을
이루는 물질은 원자를 기본 단위로 하여 이루어져 있다. 원자는 눈으
로 식별할 수 없을 정도로 작은 단위다. 하지만 그 작은 원자는 고정
되어 있지 않다. 서로 다른 원자와 원자가 결합되고 충돌하면서 변화
를 일으켜 보다 큰 사물을 구성한다. 이렇게 하여 우리가 크다고 여기
는 사물이 만들어진다. 그러한 의미에서 원자에 곧 세계가 있다. 변화
를 통해 가장 작은 것이 동시에 가장 큰 것과 이어진다.
　　또한 오늘날 정보화사회를 이끄는 극소 전자기술을 생각해봐도
그러하다. 작은 메모리칩 하나에 전 세계에서 가장 크다는 도서관의
방대한 정보를 다 담을 수 있다. 우리는 이를 크다고 할 것인가, 작다
고 할 것인가? 작으면서 '동시에' 크다고 해야 비로소 설명이 가능하

다. 이 역시 작은 것이 큰 것으로 변화하고, 큰 것이 작은 것으로 변화하여 서로에게 육박하는 과정이 만들어낸 원리다. 원자와 세계의 관계와 마찬가지로 큰 것과 작은 것이라는 모순적인 계기가 공존한다.

인간에게 가장 예민한 문제이고, 도무지 섞여서는 안 될 적대적 대조로 느껴지는 삶과 죽음도 사실은 모순 속에 있다. 상식 선에서는 살아 있는 상태와 죽어 있는 상태가 전적으로 상이하게 느껴진다. 삶과 죽음이 섞이는 순간이라고는 다만 목숨이 걸린 위기 상황으로 잠시 나타날 뿐이라고 경험이 말해준다. 불치병과 같은 중대한 병에 걸려서, 혹은 자연이 인간에게 제공한 수명이 거의 다할 정도로 나이가 들어서, 어떤 경우에는 교통사고를 비롯하여 생각하지 못한 사고로 인해서 생사의 갈림길에 서 있을 때 일시적으로 나타나는 현상으로 다가온다.

그러나 엄밀하게 말해서 우리는 살면서 동시에 죽는다. 탄생과 동시에 죽음이 시작된다. 선문답을 하자는 얘기가 아니다. 실질적인 현실이다. 하루하루 산다는 것은 하루하루 죽어가는 것과 같은 의미다. 20세 정도부터 신체의 각 기관은 노화가 시작된다. 다른 말로 하면 죽음을 향해 한 발씩 나아간다. 20세 이전에 죽음과 무관한 것도 아니다. 각종 사고와 질병 등에 의해 죽음과 마주할 가능성은 언제든지 열려 있다. 이래저래 삶은 죽음과의 모순 관계 안에서 영위되는 과정이다.

빛과 어둠으로 비유되는 선과 악도 마찬가지다. 순수한 빛이 있

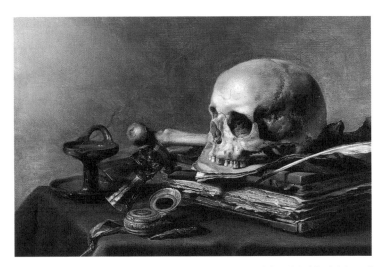

우리는 살면서 동시에 죽는다. 하루하루 산다는 것은 하루하루 죽어가는 것과 같은 의미다. 17세기의 네덜란드 화가 피터르 클라스<sup>Pieter Claesz</sup>는 덧없는 삶을 표현하고 죽음을 상징하는 해골, 뼈, 엎어진 유리잔, 책, 깃털 등을 소재로 바니타스 정물화를 그렸다. 바니타스란 '인생무상'이라는 라틴어다. 클라스, 〈바니타스 정물〉, 1630년.

을 수 없듯이 순수한 선도 현실에서 찾을 수 없다. 선이라는 개념으로 표현되는 규범은 사회적 이해관계나 시대변화와 무관하지 않다. 윤리적 규범은 인위적인 개입 없이 순수하고 자연스럽게 형성되는 것이 아니다. 사회 공동체 내의 이해관계를 반영하며 만들어진다. 특히 현실의 역사에서는 다분히 사회적 강자나 지배적 위치에 있는 세력에 의해 강제되는 경향이 있다. 노예제 사회에서의 윤리는 노예주의 이익을 대변한다. 서양이든 동양이든 신분제 사회에서의 윤리는 귀족이나 양반처럼 특권을 지닌 세력의 지위를 보장하는 전제 아래서 형성된다. 현대사회라 해서 본질적으로 달라지지는 않는다. 자본주의 사회의 도덕률은 사적소유와 시장, 상품의 논리와 효율성의 논리에서 자유롭지 못하다. 다양한 형식으로 사회적 부를 손에 쥐고 있는 계층에 유리하다. 그러므로 선으로 표현되는 도덕률은 사회구성원 전체의 이해라는 관점에서 볼 때 이미 그 출발부터 상당 부분 악과 연결된다.

조금 말랑말랑하게 얘기하자면 가장 주관적이라 할 수 있는 인간의 감정도 모순 관계에서 멀리 떨어져 있지 않다. 누구나 일생 동안 되풀이하여 겪는 사랑과 미움이라는 감정을 보자. 통념적으로 사랑은 미움과 반대편을 향한 감정이라고 생각한다. 가슴 벅찬 사랑의 순간은 세상의 모든 것이 나를 위해 존재하는 것처럼 설렘과 환희로 가득하다. 그 순간이 영원히 지속되기를 바란다. 하지만 질투라도 생기면 세상에 그보다 더한 고통이 없다. 질투라는 게 있고 없고만 있지, 많고 적고는 없어서 아주 작은 질투가 곧바로 몸서리치는 미움으로 치닫는다. 사랑이 미움과 같은 그릇 안에 있다는 주장이 터무니없는 억지로 느껴지는가? 순간적으로 겹치는 때가 있어도 보통은 일종의 과도기일 뿐 일상적 상태가 아니라고 생각하는가? 하지만 사랑에 빠져본 사람이라면 경험적으로 안다. 질투·섭섭함을 비롯하여 미움과 연관된 감정이 사랑과 뒤죽박죽 얼버무려져 진행된다는 사실을 말이다.

사물이나 현상에서부터 다양한 가치 영역에 이르기까지 모순 관계 안에서 비로소 현실적 의미를 지닌다. 높음과 낮음, 움직임과 정지, 젊음과 늙음 등의 상태만이 아니라 아름다움과 추함, 옳음과 그름

등의 개념이나 가치도 포함된다. 세계는 조화가 아니라 모순 속에서 존재하고 움직인다. 현상적으로는 마치 완결적 조화의 상태로 보이지만 그 안에 모순관계가 꿈틀댄다.

조화로 보일 때조차 내적으로는 팽팽한 긴장이 흐른다. 보다 정확히 말하자면 그렇게 모순을 통해 팽팽하게 긴장관계를 유지하기 때문에 조화도 가능하다. 예를 들어 바이올린이나 기타는 모순 안에 있을 때만 악기로서 제 역할을 할 수 있다. 줄을 잡아당기는 힘과 원래의 풀어진 상태로 돌아가려고 하는 속성이 모순관계를 일으키고 있을 때만 아름다운 소리를 내기 때문이다. 얼핏 평온해 보이는 상태 안에서 역동적인 긴장을 찾아낼 때 우리의 철학적 사유능력도 역동적으로 발전한다.

# 너는 나를 부정하라,
# 나도 너를 부정할 테니

19세기 초 독일의 낭만주의 미술을 대표하는 화가 중 한 사람인 카스파르 다비드 프리드리히<sup>Caspar David Friedrich</sup>의 〈빙해〉는 그림을 보는 사람의 마음까지도 긴장으로 몰아넣는다. 이전의 전형적인 풍경화와는 상당히 다르다. 과거에는 풍요로운 자연 묘사를 통해 안정과 평화의 느낌을 전달하는 데 역점을 두었다. 말 그대로 모방을 통해 자연의 아름다움을 캔버스에 담아내고자 했다.

프리드리히는 자연에 대한 단순 모방에서 벗어나 역동적인 자연 현상을 통해 살아 움직이는 인간의 정신성을 보여주고자 했다. 특히 인간 능력을 넘어서는 자연의 압도적 위력 앞에서 느끼는 숭고한 감정을 미적 체험으로 연결했다. 이른바 '숭고로서의 미'를 풍경화에 담아내려 했다.

프리드리히, 〈빙해〉, 1824년

그림을 보면 얼음으로 가득한 북해 바다가 펼쳐진다. 얼음 바다가 끝을 모를 정도로 이어진다. 하늘도 얼어붙은 듯 차갑다. 얼음과 하늘이 한 몸인 듯하다. 구름 사이를 비집고 햇빛이 비치지만 설사 모습을 보인다 해도 해조차 꽝꽝 얼어 있을 것만 같다. 바다에는 얼음과 뒤섞인 암초가 위협적으로 솟아나 있다. 우리의 눈길을 한 번에 잡아끄는 전면의 얼음은 익숙한 빙산의 모습이 아니다. 마치 대규모 융단 폭격이 지나고 난 후 폐허가 된 도시를 보는 기분이다. 여기저기 잔해처럼 흩어진 거대한 얼음 조각의 날카로운 단면이 보인다. 손이라도 베일 듯하다. 마치 거대한 칼날이 층층이 쌓이고 겹친 위협적인 모습이다.

눈앞에 펼쳐진 광경을 이해할 열쇠가 그림 오른쪽 구석에 있다. 자세히 들여다보면 얼음의 숲 속에 이물질처럼 이상한 검은 물체가 끼어 있다. 끝부분만 살짝 보여서 금방 알기는 어렵지만 인내심을 갖고 살피면 난간 모양이 보인다. 그 위로 상당히 긴 막대가 삐죽 솟아 있다. 당시 유행하던 범선의 뒷부분이다. 항해 중에 빙산과 충돌해 난파된 배다. 충돌의 충격으로 얼음도 부서지면서 조각이 나고 날카로운 단면을 만들어낸 것이다. 주변에 사람이 살고 있을 리 만무한 빙해이고, 배가 거의 침몰 상태임을 고려할 때 배에 있던 사람들은 이미 차가운 바닷속에서 죽음을 맞이했으리라.

화가는 인간을 무력하게 만드는, 무제한적이라고 느낄 정도의 자연의 위력 앞에서 느끼는 숭고함을 드러내고자 했다. 자연의 위력이 측량하기 어려울 정도로 압도적일 때 사물의 형식을 뛰어넘는 감정을 불러일으키고, 이로부터 정신적 자극을 받는다. 프리드리히는 가을·겨울·새벽·안개·월광 등의 정경을 자연의 위력과 정적 속에서 표현함으로써 모방을 뛰어넘는 미적 체험을 제공하려 했다. 여러 가지 상징을 통해 숭고의 체험을 시도했는데, 끝 모를 공간감을 지니는 풍경은 세계, 절벽은 죽음, 난파선은 좌절을 의미한다. 자연을 통해 내적 긴장감과 반성적 사고를 촉발하기 위한 상징이었다.

하지만 숭고로서의 미는 자연의 위협 앞에서 직접 느끼는 것이 아니다. 관찰자 자신이 위험에서 벗어난 상황에서만 경험할 수 있는 미적 체험이다. 산사태나 태풍, 홍수와 같은 자연 재난을 직접 겪을 때 인간은 몸서리치는 경악과 공포에 휩싸인다. 자연의 경이로움은 적어도 자신은 안전하다는 전제에서만 느끼는 감정이다. 그렇기 때문에 숭고로서의 미는 문학이나 미술을 통해 간접적으로 느끼는 미적 체험인 것이다.

미적 체험이 아니라 현실에서 인간이 직접 겪는 지진·해일·태풍·홍수 등 재해는 적어도 상식으로 접근할 때 자연의 조화가 깨져서 나타나는 비정상적 상황이다. 결국 현실에서 모순으로 나타나는 대립과 충돌은 서로가 서로를 부정하면서 파괴를 낳을 뿐이라는 생각을 하기 쉽다. 그렇기 때문에 상대를 부정하는 경향을 갖는 갈등 자체에 대해 별로 좋게 생각하지 않는다. 하지만 자연이든 사회든 서로를 향한 부정을 통해 비로소 변화가 가능해진다. 만약 부정의 과정이 없다면 지구는 생명체가 없는 죽은 행성이었을 것이다. 또한 생명의 유지와 진화는 물론이고 사회 발전도 기대하기 어려웠을 것이다. 비유적으로 말하기 위해 거론하는 이야기가 아니다. 실질적으로 부정이 일상적으로 있을 때만 나타날 수 있는 결과다.


모든 사물이나 현상은 자신의 속성을 지속적으로 유지하려는 경향과 이를 부정하려는 성질 사이의 모순이 나타난다. 우리는 '창조적 파괴'라는 말을 습관적으로 사용한다. 창조와 파괴가 상반된 관계로만 머물지 않고 파괴를 통해 새로운 창조에 이른다는 말이다. 파괴와 창조가 동시에 이루어짐을 의미한다. 이를 가능케 하는 작용이 바로 상호 부정이다. 한 알의 씨가 풍성한 곡식을 만들어내는 과정만 봐도 그러하다. 대부분의 씨앗은 비교적 단단한 껍질로 감싸여 있다. 껍질은 씨앗 내의 내용물과 바깥을 구분하여 자신의 상태를 유지하려는 속성을 갖는다. 하지만 이 상태가 그대로 유지되는 한 씨앗은 그저 씨앗으로 머문다. 땅에 뿌려지고 수분을 만나면 씨앗의 상태를 부정하면서 싹이 움터 오른다. 땅도 마찬가지다. 땅은 중력의 작용에 의해 사물을 자신 쪽으로 끌어당기는 속성이 있다. 싹은 땅의 속성을 부정하면서 위로 솟는다.

계속 자라나려는 곡식의 속성은 일정한 기간을 거치면서 열매라는 형식으로 다시 부정된다. 다시 씨앗이 만들어진다. 하지만 씨앗에서 다시 씨앗으로 돌아가는 반복이 아니다. 하나의 씨앗에서 전혀 다른 맛과 부피를 가진 열매로 감싸이거나 혹은 수십 개나 수백 개의 씨앗으로 변화되었기 때문이다. 이를 발전으로 볼 것인가의 여부는 다른 판단의 문제고, 일단 부정을 통해 질적 변화가 나타난다는 점은 분명하다.

생명체가 만들어지고 유지되며, 나아가서 성장하거나 확대되는 데 필수적인 수분 공급도 부정의 과정을 거쳐야 가능해진다. 대지에 수분이 공급되기 위해서는 정기적으로 비가 내려야 한다. 모두 알다시피 비는 저절로 만들어지지 않는다. 수분을 잔뜩 머금은 구름이 있어야 한다. 이를 위해서는 물이 수증기 형태로 변해 대기로 올라가는 과정이 필수적이다. 바다든 강이든 물은 액체 상태를 유지하려는 내적 속성이 있지만 햇볕에 의해 온도가 오르면서 액체 상태를 부정하려는 경향이 생겨난다.

모순을 통한 갈등이 일어나자마자 바로 변화가 나타나지는 않는다. 온도가 조금씩 오를수록 갈등을 통해 부정이 격화되는 과정이 축적된다. 그러다가 일정 단계에서 기체화된 수분, 즉 수증기 형태로 질적 변화가 나타난다. 기체 역시 자신의 속성을 유지하려는 경향을 갖는다. 하지만 대기 중으로 올라간 기체는 고도가 높아져 지표면에서 멀어질수록 온도가 내려가고 다시 기체를 부정하는 경향에 맞닥뜨린다. 서서히 응결되어 서로 연결됨으로써 구름을 형성한다.

모든 운동과 변화는 모순을 통해 드러나는 상호 부정에 기인한다. 갈등과 부정이 없다면 변화 동력은 없다. 현실 세계가 모순이 아니라 완성된 조화라는 견해는 사실상 운동과 변화를 거부하는 논리다. 운동 자체가 곧 모순이고 부정이다.


심지어 단순한 장소 이동도 한 물체가 동일한 순간에 주어진 장소에 있으면서 동시에 다른 장소에 있기 때문에 비로소 실현될 수 있다. 예를 들어 공이 날아가는 상태에는 정지하려는 경향과 나아가려는 경향이 동시에 존재한다. 고정된 상태를 부정하려는 경향이 살아 있을 때 공은 움직인다. 만약 한쪽의 힘이 압도적으로 우위에 있고 부정의 힘이 중지된다면 공의 움직임은 멈춘다. 사물의 단순한 장소 이동조차 모순을 내포하니 유기체의 변화나 발전은 더 말할 나위도 없다. 앞의 곡식의 사례에서 보았듯이 모든 생명 현상에는 모순과 부정의 계기가 내재한다. 생명 현상도 매 순간 삶과 죽음의 과정이 모순과 상호 부정 상태로 맞물려 있다. 모순과 부정의 중지는 곧 생명의 중지며 죽음이다.

인간의 정신도 모순과 상호 부정 관계 안에서 비로소 역동적인 성격을 갖는다. 우리는 정신을 흔히 외부의 사물이나 현상을 감각을 통해 그대로 받아들여 인지하는 과정으로 본다. 마치 경치나 사람을 사진기로 찍는 과정처럼 외부의 사물이나 현상을 그대로 반영하여 머리에 저장했다가 필요할 때 꺼내 사용하는 과정을 정신 작용이라고 생각한다.

공이 날아가는 상태에는 정지하려는 경향과 나아가려는 경향이 동시에 존재한다. 고정된 상태를 부정하려는 경향이 살아있을 때 공은 움직인다. 만약 한쪽의 힘이 압도적으로 우위에 있고 부정의 힘이 중지된다면 공의 움직임은 멈춘다.

여기에서 철학의 입구를 서성대본 적이 있는 사람들이 여러 차례 듣게 되는 경향과 만난다. 경험론과 합리론이다. 바로 위에서 언급한 관점에서 정신 작용을 보는 견해를 경험론이라고 한다. 반대로 외부 사물을 배제하면서, 심지어 감각의 역할과 현격한 거리를 두면서 정신의 자기 정립에만 몰두하는 경향을 합리론이라고 한다. 둘 가운데 철학의 역사에서 더 많은 해악을 끼친 것은 합리론 경향이다. 철학이 현실과 무관한, 소수의 전문가들이 벌이는 정신적 유희에 불과하다는 편견을 퍼뜨리는 데 일등공신 역할을 했기 때문이다. 또한 합리론의 오류는 외부 세계와 이성의 관계에 벽을 쌓고, 정신 자체를 대상으로 이성의 활동이나 이성의 발전을 추구하는 경향 때문에 생겨난다. 특히 감각과 감정의 역할을 부정하거나 소극적으로만 이해하여 정신의 풍부함을 사라지게 하고 껍데기만 남겨놓는다.

적어도 인간이 진화의 산물이고, 인간의 정신적 능력이 뇌물질의 작용이나 감각에 의한 경험, 또한 오랜 세대를 거치면서 축적된 사회적 경험과 무관하지 않다는 점을 인정한다면 이성은 인간의 구체적인 생활이나 경험 그리고 감성과 불가분의 관계임을 인정해야만 한다. 이성의 시원만이 아니라 이성이 전개되는 전 과정에 걸쳐서 동반자 관계를 맺고 있다. 왜냐하면 인간의 인식은 경험과 감성이 이성과 맺는 일회적인 관계를 통해 완결되지 않기 때문이다. 구체에서 추상으로, 다시 추상에서 구체로 향하는 과정이 끝임없이 이루어지지 않는다면 인식은 생생함이 사라지고 화석으로 전락한다.

이성과 감성의 유기적 관계는 감성 내에 이성과 일상적 관계를 맺을 수 있는 인지적 요소가 이미 내재해 있음을 의미한다. 왜냐하면 이성이 감성 말고 다른 곳에서 생겨난 것이 아니라면, 이성이 지니는 인지적이고 합리적인 요소가 감성 자체 내에 있어야만 하기 때문이다. 만약 감성이 감각적 느낌이나 기분, 일시적인 생리적 반응이나 충동에 불과하기만 하다면 이성은 신학의 창조론●처럼 철학적 창조론에 의존하는 수밖에 없다.

감성은 그 자체로서 어떤 주어진 상황에 대한 판단과 평가를 내리게 한다. 하다못해 자신이나 집단의 생존을 위해서라도 감성은 벌어진 사태에 대해 신중한 고려를 한다. 또한 현상적 반응만이 아니라 자신의 감정에 떠오르는 바를 하나의 지향성으로 삼아 이를 실현시키기 위한 어떤 의도나 신념으로 나아가기도 한다. 이성은 감성이 가지고 있는 이러한 인지적 요소를 자양분으로 하여 자라난다. 그래서 본질상으로는 구분될 수 없는, 같은 체계 안에 존재하는 의식의 상태를 우리가 감성과 이성이라는 인위적 개념으로 구분했다고 이해하는 것이 보다 정확하다.

● **창조론**doctrine of creation

우주 만물이 신적 존재의 행위에 의해 만들어졌다고 하는 주장이다. 지금까지 없었던 것을 있게 하는 것으로 이미 있는 것을 다른 형태로 변형하여 만드는 제작과 구분된다. 성서에서의 창조는 하느님이 말씀으로 우주 만물을 창조하였고 이를 유지하며 그 목적을 달성한다. 이후 찰스 다윈Charles Darwin이 주장한 진화론의 등장으로 위협받았다.

합리론이 이른바 전문적인 철학자들이 빠지기 쉬운 오류라면, 경험론은 보통 사람들의 통념에 너무 가까워서 쉽게 빠지기 쉬운 오류다. 눈·코·귀·입·손 등 신체기관을 통한 시각·청각·촉각 등 감각을 이용해 사물과 접하고 정보를 찾아내는 방법에 익숙한 우리의 통념과 딱 맞아떨어지기 때문이다.

정신이 감각을 통해 외부와 접촉하는 것은 사실이다. 하지만 그 과정은 외부에서 내부로의 일직선이거나 일방적이지는 않다. 지각은 단순히 개별 대상의 나열이 아니라 구별이나 다양성과 같은 매개와 부정의 관계를 통해 인식하기 때문이다. 대상을 구별하기 위해 이것이 아닌 다른 것, 혹은 이것을 지양한 것이라는 사고, 부정 과정으로서의 사고가 개입된다. 부정을 통해 사물의 갖가지 성질을 표현한다. 예를 들어 일상적인 요리 재료로 들어가는 소금과 정신의 관계만 봐도 그러하다. 소금은 흰색이면서 짠맛이 나고, 또 정육면체이면서 일정한 무게도 갖고 있다. 이 모든 성질은 그것과 대조되는 성질, 즉 다른 색·맛·모양 등과의 부정적 관계 위에서 성립한다. 즉 검은색이나 빨간색이 '아닌' 흰색, 달거나 쓴맛이 '아닌' 짠맛, 둥글거나 긴 모양이 '아닌' 정육면체로 구별한다.

그런데 성질들의 대조는 외부 사물의 특징에서만 오는 것이 아니라 우리의 감각과 정신 작용이 결합된다. 즉 우리의 눈·혀·손은 물론이고 뇌 기능에 의한 분별과정이 공통의 매개체 역할을 한다. 그러므로 개별 대상의 특성은 대상 자체로서만 완결되는 것이 아니다. 감

각을 포함한 정신작용이 동시에 개입하고, 개별성에 대립하는 부정
이 결합하면서 일반화된 사고로 나아간다.

외부 사물과 내적 지각은 일방적인 반영도 아니고, 또한 대립으
로 멈추어 있는 관계도 아니다. 부정의 계기를 통해 대립을 넘어 상호
침투가 일어난다. 사물과 현상도 활동성을 가지고 있다. 지각의 활동
성과 맞물리면서 둘 사이의 유기적 관계가 형성된다. 이를 이해할 때
우리는 정신의 역동성에 접근할 수 있고, 스스로 역동적인 정신을 발
휘할 수 있다.

# 팽팽한 갈등 속에
# 역사는 나아간다

모순과 부정의 중요성은 자연현상이나 정신현상 이해에 머물지 않는다. 사회 변화를 포함한 사회적 현상 이해에 있어서도 핵심 역할을 한다. 철학은 인간의 구체적인 삶과 긴밀하게 연결되어야만 의미가 있다. 인류는 이미 여러 차례 사회변화를 겪어왔고, 변화의 원동력이 어디에 있는지를 찾는 일이 철학의 주요 과제 중 하나다.

독일의 화가·판화가·조각가로 유명한 케테 콜비츠Kathe Kollwitz의 〈회랑의 무장 군중〉은 사회 격동의 현장을 보여준다. 콜비츠는 독일 민중예술의 어머니라고 불릴 정도로 가난한 사람들과 학대받는 이들의 현실과 분노를 담아냈다.

콜비츠, 〈회랑의 무장 군중〉, 1906년

실제로 빈민을 상대로 의료행위를 펼친 남편과 함께 가난한 노동자들의 거주 지역에 살면서 그들의 애환을 담고 현실 극복의 의지를 극적으로 표현했다. 한국을 비롯한 전 세계의 민중예술의 전형으로 자리 잡았다.

그림은 둥근 천장이 있는 회랑을 배경으로 성난 군중의 모습을 담았다. 〈농민전쟁〉 동판화 연작 중 하나로 농민이 무기를 들고 무장봉기에 나서는 장면이다. 대부분의 사람이 농사 도구로 쓰는, 크고 작은 낫이나 곡괭이는 물론이고 나름대로 창 모양의 무기를 들고 무리지어 공격에 나서고 있다. 회랑의 규모로 봐서는 영주의 성이 아닐까 싶다. 마을에서 이미 정부의 관리나 병사들과 충돌이 있었을 것이다. 들판을 거쳐 영주의 성을 둘러싸고 치열한 전투가 이어졌고, 드디어 성 안으로 진입에 성공한 후 최종적인 일격에 나서는 듯하다.

단순히 봉기 현장을 평범하게 담았다면 그림을 보면서 이토록 전율을 느끼지는 못한다. 케테 콜비츠의 탁월함은 구도와 빛의 흐름을 이용하여 그림의 극적인 효과를 극대화한 데 있다. 나선형 계단을 휘돌아 오르는 구도가 농민봉기의 역동성을 느끼게 해준다. 햇볕이 비추는 밝은 곳에서 터널처럼 어두운 계단으로 밀려들어오는 구도가 긴장감을 한껏 고조한다. 모두의 시선이 계단 위를 향하고 있어서 현실을 변혁하려는 농민의 굳은 의지를 보여준다. 전체적으로 명암대비가 뚜렷해서 더 이상 물러설 곳이 없다는 비장한 분위기를 연출한다. 계단과 뒤편까지 이어지는 둥근 천장을 따라 군중의 함성이 퍼져,

마치 그림을 뚫고 우리의 귀를 때릴 것만 같다.

　　동서양을 막론하고 농민 투쟁이 정점에 달했을 때 무장투쟁 양상을 보였다. 유럽에서 봉건체제가 흔들리던 18~19세기에 집중적으로 농민의 무장봉기가 일어났다. 우리의 경우도 마찬가지다. 조선시대 후반기에 갑오농민전쟁을 비롯하여 여러 차례 농민의 무장봉기가 터져 나왔다. 처음부터 폭력 양상을 보인 경우는 극히 드물다. 대부분 생존을 위한 농민의 간절한 호소에서 시작했지만 뒤따르는 귀족이나 지주의 무자비한 보복을 겪으면서 무장봉기로 전환되는 순서였다. 다시 말해 혁명 과정에서 불가피하게 폭력을 동반하게 되는 경우가 많았다. 〈회랑의 무장 군중〉은 민중투쟁 과정에서 나타나는 혁명적 상황을 묘사한다.


　　자연이나 정신활동이 그러하듯이 인류 역사에도 정지 상태란 없다. 인류가 걸어온 발자취를 살펴보면 알 수 있듯이 끊임없는 변화를 겪어왔고 지금도 변화의 와중에 있다. 개인이나 집단의 주관적 희망에 의해 일방적으로 변화가 이루어지지는 않는다. 역사적으로 주어진 상황에 제약을 받는다. 그렇다고 해서 한번 만들어진 구조 안에서 그대로 계속 이끌려가는 수동성도 아니다. 능동적으로 세계를 구성하고 변화시켜 나간다. 그러한 의미에서 인간이 자신의 역사를 만든다. 정도 차이만 있을 뿐 연관과 상호작용, 모순과 부정 속에 뒤엉켜 유동적 상태에 있다.

동양과 서양이 동일한 과정을 겪지는 않았지만 적어도 한 사회를 구성하는 집단 사이의 갈등 속에서 역사 변화가 나타난 점은 부인할 수 없다. 일단 서양의 역사 변화 과정에서 모순과 갈등의 양상을 몇 가지 확인해보자.

유럽을 중심으로 한 서양의 고대국가는 노예제에 기초했다. 일정 기간은 노예 노동에 의한 대토지 경영을 통해 거대 국가체제를 유지했다. 하지만 점차 노예 노동이라는 사회 성장 요인이 곧 쇠퇴 요인과

창을 든 로마 병사들이 사내들을 강제로 끌어가고 그 왼편에 붉은 옷을 입은 인물이 끌려온 사내들을 여러 사람에게 보여주고 있다. 경매를 통해 노예를 판매하는 현장으로, 앞쪽에 보이는 아이들도 곧 경매대에 오르게 될 것을 암시한다. 찰스 바틀렛, 〈로마의 포로들〉, 1888년.

겹치는 모순 상황이 생긴다. 노예 노동은 폭력에 의한 강제 노동이었으며 노예들은 이를 증오했다. 자발적 노동 의욕을 기대할 수 없기 때문에 결국 투여된 노동력에 비해 매우 낮은 생산성을 기록할 수밖에 없었다. 게다가 영토 확장의 한계로 노예 공급이 축소된 상황까지 겹쳐 노예제는 자기모순이 격화되는 상황이었다. 여기에 로마제국에서 나타나듯이 노예체제를 부정하는 노예의 저항이 갈수록 거세졌다. 처음에는 게으름을 피우거나 도망을 치는 방법이었지만 점차 무장 폭동으로 격화됐다. 나중에는 가난한 로마 평민의 참여로까지 확대됐다. 노예가 주축이지만 가난한 처지에 있던 자유민의 참여 폭이 갈수록 커졌다. 노예의 투쟁은 로마 사회를 내부로부터 흔들어대고 몰락을 재촉하는 요인으로 작용했다.

고대 노예제를 대체하며 전 유럽에 자리 잡은 봉건체제는 농노 중심의 소농 경영이었다. 신분제에 기초하고 있는 이상, 영주의 경제외적인 지배와 공동체의 규제가 일상적으로 농노를 속박했다. 하지만 기존의 노예보다는 형편이 나은 편이었다. 농노는 노예와 달리 결혼을 하고 가족을 꾸릴 수 있었다. 또한 노예는 아무런 재산도 가질 수 없었던 데 비해 농노와 영주는 토지를 매개로 봉건지대를 수취·수납하는 관계였다. 매우 제한적이긴 하지만 일정한 범위 내에서 재산을 갖는 게 가능했다. 그 결과 일정 기간 노예체제보다는 높은 노동의욕과 노동생산성을 보여주었다.

하지만 신분제에 기초하고 있는 이상, 영주의 경제외적인 지배와 공동체의 규제가 일상적으로 농노를 속박했다. 노동과 세금처럼 영주와 교회에 바쳐야 하는 신분적 의무의 무게는 갈수록 무거워졌다. 게다가 중세 말기에 상업과 산업이 발달하면서 농노에 기초한 농업 생산에 의존하는 방식이 사회 전체 생산력 발전을 오히려 가로막는 상황이 되었다. 농민과 도시 노동자의 삶은 도화선에 불이 붙으면 언제든지 타오를 정도로 참담한 상태였고, 상업과 산업 발전을 매개로 새롭게 등장한 부르주아지 세력과 기존 지배세력의 갈등도 봉합하기 어려울 정도로 확대되고 있었다.

먼저 터져 나온 것은 〈회랑의 무장 군중〉에서 보이는, 봉건체제를 뒤흔든 농민전쟁이었다. 전 유럽에 걸쳐 농민 저항이 터져 나왔다. 점차 공장을 중심으로 도시가 형성된 지역에서 생존 자체를 위협받을 정도의 빈곤 상태에 있던 노동자·도시빈민의 투쟁이 이어졌다. 나중에 정치적인 대립 상황을 거쳐 시민혁명으로 분출되었지만, 이미 기존 사회 내부에 체제 모순과 이를 부정하려는 저항세력 사이의 갈등이 혁명을 준비하고 있었다.

자본주의 사회라고 해서 역사적 예외일 수는 없다. 현대사회도 역사 변화의 한 부분이고 과정일 뿐이다. 모순과 부정이 사라진, 역사 변화가 완결된 사회가 아니다. 20세기 초반의 체제 전반을 위협하는 대공황까지는 아니라 하더라도 사회를 휘청거리게 하는 불황이 반복되는 중이다. 21세기 들어서도 미국의 금융위기를 비롯하여 자본주의 사회 곳곳에서 균열 조짐이 나타난다. 게다가 세계 전체로 시야를 확대하면 문제의 심각성이 더욱 커진다. 현대사회와 경제문제에 관심을 가지고 있는 사람이라면 누구나 알고 있듯이 세계적 차원의 빈부격차는 갈수록 확대되는 중이다. 기아를 포함하여 절대 빈곤 상태에 빠진 인구도 전 세계 12억 명에 이른다. 현재 하루 2만5천여 명이 영양실조와 기아에서 얻은 질병으로 사망하고 있다.

현대사회에서 다양한 계층과 집단, 다양한 쟁점으로 나타나는 갈등도 사회의 모순을 바탕에 깔고 있다. 정치·사회·문화 등 각 영역에서의 자유도 한번 획득되고 나면 고정된 상태로 유지되는 것이 아니다. 자유는 이를 누르려는 억압이 계속 작동하는 가운데 위태롭게 있다. 자유는 팽팽한 긴장 속에서 유지된다. 민주주의도 마찬가지다. 민주주의가 단지 다수결과 대의제라는 형식적 절차만을 의미하는 것이 아닌 이상, 전체주의나 권위주의 통치로 향하려는 경향과 결합된 긴장 속에서 유지된다.


이를 이해하지 못할 때 현실의 갈등을 그저 우연한 현상으로만 받아들인다. 인류 역사에 정지 상태란 없고, 역사가 주어진 상황에 제약을 받되 능동적으로 세계를 구성하고 변화시켜 나가는 주체의 작용이 맞물리는 장場이라면 우연한 현상으로 방치해서는 안 된다. 역사가 한편으로 우리의 의지와는 별개로 강제되는 객관 세계의 필연성 영역, 다른 한편으로 주체의 자유로운 판단과 의지 영역이 유기적으로 결합되어 있음을 통찰해야 한다. 그럴 때 표면상으로는 역사적 사건을 우연이 지배하는 것처럼 보여도, 실제로는 항상 내적으로 작용하는 은폐된 모순 구조를 찾아낼 수 있다. 모순과 부정을 통해 역사를 역동적으로 파악함으로써 정신의 역동성을 고양시키고, 역으로 정신이 역동적이어야 세계의 역동성에 접근할 수 있다. 철학은 이 과제에 직접 복무한다.

# Chapter 6

# 개별성을
# 생각하는
# 사람

마그리트, 〈개인적 가치〉, 1952년

# 정말로 머리빗보다
# 침대가 중요한가

마그리트의 〈개인적 가치〉는 캔버스를 무대로 장난기를 한껏 발동한 느낌이다. 뭉게구름 사이로 푸른 하늘이 보이는 벽지를 배경으로 방 안에서 일상적으로 볼 수 있는 사물이 가득하다. 옷장 거울로 측면의 창문과 커튼이 보인다. 가구로는 옷장과 침대가 본래 있음 직한 자리에 놓여 있다. 바닥에 깔린 카펫도 그럴듯하다. 나머지는 사소해 보이는 물건이다. 중앙의 컵을 비롯하여 머리빗, 성냥개비, 화장솔과 케이스 등이 여기저기 자리를 잡고 있다.

　각각의 사물이 워낙 사실적으로 묘사되어 있어서 마치 콜라주<sub>collage</sub> 작품을 보는 듯하다. 콜라주는 풀로 붙인다는 뜻으로, 신문이나 잡지의 사진, 극장 포스터, 혹은 광고 메시지 등을 오려 붙여 보는 사람에게 이미지의 연쇄반응을 일으키는 미술 기법이다. 매스 미디어에 나오는 익숙한 사진이나 글자를 사용해서 실제 사물이나 장면을 그대로 캔버스에 가져온 느낌을 준다. 보통은 여러 사물을 동시에 나열해 평소에는 무심코 지나치는 이미지에 화가의 의도를 결합하는 방식으로 나타난다.

〈개인적 가치〉에 등장하는 사물도 그가 즐겨 사용하는 극사실주의에 의해 정교하게 묘사되어 있어서 신문이나 잡지에 실린 사진의 한 부분을 오려 붙인 느낌을 준다. 게다가 사물 사이의 비례 관계도 엉켜 있어서 화가가 일련의 계획을 가지고 체계적으로 배치한 모습이 아니다. 여러 사진 이미지를 짜깁기하다보니 어색한 모습이 연출된 느낌이다. 하지만 오른쪽 창으로 들어온 햇빛을 기준으로 일괄적으로 각 사물의 명암이 묘사되어 있어서 무작위로 갖다 붙인 이미지가 아니라는 점은 곧 알 수 있다. 게다가 중앙의 컵을 보면 투명한 유리를 통해 뒤편의 옷장과 벽지 모습이 보여서 오려 붙인 사진이 아니라 화가에 의해 정교하게 그려진 사물임을 보여준다.

마그리트가 의도적으로 각 사물의 상식적 비례관계를 무시했다는 말이 된다. 방 안의 거리를 고려하더라도 컵의 높이가 거의 옷장과 맞먹는다. 침대에 기대놓은 머리빗은 아예 침대보다 길다. 눕혀 놓으면 3분의 1 정도는 침대 밖으로 삐죽 튀어나올 길이다. 성냥개비만 해도 침대 길이의 반을 차지한다. 화장솔은 옷장이 버티기 버거워 보일 정도로 육중한 중량감과 기괴한 부피감을 보여준다.

한마디로 우리가 알고 있던 사물의 사이즈와 전혀 다르다. 단순히 장난스럽게 크기를 뒤죽박죽 섞어놓은 것은 아니다. '개인적 가치'라는 그림 제목이 심상치 않다. 마그리트는 크기의 문제를 가치의 문제와 연결시킨다. 당연히 상식적 감각으로 보면 침대와 옷장이 가장 크면서 동시에 가장 큰 가치를 지닌다. 머리빗이나 화장솔은 작은 만큼 말 그대로 하잘것없는 물건일 뿐이다. 하물며 성냥개비는 한 번 쓰면 버리는 일회용 소모품이다. 크기를 상식과 다른 비례관계로 배치함으로써 각 사물의 가치를 뒤죽박죽 섞어버린다.

전통적으로 서양미술에서 캔버스에 묘사된 크기 차이는 곧바로 중요도에 따른 배열을 의미했다. 가장 전형적으로 나타나는 사례가 이집트 벽화다. 보통은 화면의 정중앙에 가장 중요한 인물을 배치한다. 이집트의 왕인 파라오, 혹은 벽화로 새겨질 정도의 높은 신분을 지닌 귀족을 둔다. 나머지 인물은 어디에 있든 주인공보다 작게 그린다. 심지어 바로 옆에 있는 사람도 훨씬 작게 그리는 경우도 많다. 원근법을 무시하고 중요한 인물은 더 크게, 부차적인 인물은 작게 그리는 관습에 따른 것이다.

중세 서양미술에서도 빈번하게 나타난 현상이다. 대부분의 평민은 문맹 상태였기에 성경 내용을 읽을 수 없었다. 로마제국을 무너뜨리고 유럽의 새로운 지배 세력으로 떠오른 북방 게르만 종족은 더욱 그러했다. 더군다나 나라를 불문하고 성경이 라틴어로 쓰여 있었기 때문에 글을 통한 대중적 설교는 사실상 불가능에 가까웠다. 이러한

이집트 벽화에서는 보통 정중앙에 가장 중요한 인물을 배치한다. 이집트의 왕인 파라오, 혹은 벽화로 새겨질 정도의 높은 신분을 지닌 귀족을 둔다. 나머지 인물은 어디에 있든 주인공보다 작게 그린다. 심지어 바로 옆에 있는 사람조차 훨씬 작게 그리는 경우도 많다.

사정을 반영하면 이미지를 통한 교화가 효과적이기 때문에 회화와 조각의 역할이 교회에 의해 폭넓게 인정되었다. 미술이 기독교 포교를 위한 공식적 수단으로 사용됐다.

그림의 완성도가 중요한 게 아니라 성경 내용 전달이 우선이었다. 성경에 나온 특징적인 이야기를 담아야 했기 때문에 하나의 장면 안에 여러 시간대의 일이 동시에 들어있는 경우가 허다했다. 동일 인물이 한 화면 안에 들어있기도 한데, 앞과 뒤로 나뉘어 있음에도 동일한 크기인 경우가 적지 않았다. 인물의 중요성에 따라 비례를 조정하는 과정에서 뒤에 있는 인물을 앞쪽에 있는 조역보다 크게 그리는 '역원근법'을 사용하기도 했다.

크기를 통한 중요도 구별만으로는 그림 완성도가 떨어질 수밖에 없기에 도입된, 보다 세련된 표현 방법이 원근법이다. 원근법을 이용한 크기 구분으로 중요한 것과 부차적인 것의 더 효과적인 구별이 가능해졌다. 앞의 공간과 뒤의 공간 사이의 순차적인 수적 비례의 차이를 드러내는 원근법을 보다 정교하게 발달시킨 투시화법透視畵法이 자리 잡았다. 투시화법은 한 점을 시점으로 하여 사물을 있는 그대로 나타내기 위해 물체를 대각선 구도로 배치함으로써 강한 원근감과 거리감을 표현했다. 캔버스에서 가장 가까운 지점으로 느껴지는 맨 아래에서 중간에 이르는 부분에 중요한 인물이나 사물을 배치하고 나머지 사람이나 사물은 배경으로 작게 그렸다.

평면적인 회화에 입체적인 3차원 공간을 실현하고, 크기를 통한 중요도 구별을 더 실감나게 표현하기 위한 방법이 고안됐다. 맨 앞에 있는 사물은 크게 묘사할 뿐만 아니라 선명하게 그렸다. 덜 중요한 사물은 원근법상 뒤편으로 작게 그리는 데 더해서 세부가 드러나지 않도록 흐릿하게 처리했다. 여기에 밝음과 어둠을 통한 빛의 사용까지 더해지면서 구별 효과는 한층 더 극대화됐다. 전면의 중요한 사물에 환한 빛을 사용하고, 뒤편의 부차적인 사물에는 어둠을 배치하여 뒤로 물러나는 착각을 불러일으켰다.

〈개인적 가치〉는 서양미술이 오랜 기간 추구해 온, 이 모든 중요도 구별 장치를 일거에 무너뜨린다. 첫 번째로 무너뜨린 것이 바로 사물과 사물의 비례다. 빗이나 성냥개비를 예로 들면 최소한 수백 배 이상 더 큰 침대나 옷장과의 비례관계를 흔들어버린다. 우리에게 익숙한 일상의 사물을 통해 상식적 비례관계를 뒤바꾼다.

원근법도 무너뜨린다. 화가는 방 안의 가구와 방 자체에 철저하게 전통적 원근법을 적용한다. 천장과 바닥을 보면 저 멀리 중앙의 한 점을 중심으로 투시하는 방식의 전형적 원근법을 구사한다. 침대와 옷장도 그 연장선상에 있다. 그 결과 앞은 넓게 뒤쪽은 좁게 묘사되어 있다. 하지만 평소에 작고 하찮게 여기는 컵·머리빗·성냥개비, 화장솔과 케이스는 원근법에 벗어나도록 배치한 점을 주의 깊게 봐야 한다.

선명도와 빛 차이에 의한 구분도 무너뜨려 놓았다. 자세히 보면 앞의 컵만 선명하고 정교하게 그린 것이 아니다. 보통은 흐릿하게 묘사하기 마련인, 뒤편의 사물도 눈앞에 있는 듯 생생하다. 머리빗이 살 하나하나에 이르기까지 밝고 선명하다. 옷장 위에 있는 화장솔의 경우는 부드러운 털의 느낌이 그대로 전달될 듯 섬세함을 자랑한다. 결과적으로 원근법 장치 속에서 원근법을 철저히 무시함으로써 원근법 파괴 효과를 오히려 높인다.


앞서 보았듯이 서양미술에서 그림 속 사물의 크기와 원근법은 통념적으로 인류가 생각해 온 강조점을 드러내기 위한 수단이었다.

이에 비추어볼 때 마그리트의 의도는 컵·머리빗·성냥개비, 화장솔과 케이스의 크기를 과장하여 단지 미술 표현이나 기법상의 전통에 도발하려는 데 머물지 않는다. 중요한 것과 부차적인 것에 대한 인류의 오랜 가치판단을 일거에 뒤흔들고자 하는 목적이 보인다.

선명도와 빛의 분산은 주인공 개념을 무너뜨린다. 연극 무대를 떠올리면 이해가 쉬워진다. 아무리 여러 사람이 무대에 등장해도 밝은 조명이 한곳을 비추면 주인공이 누구인지 분명해진다. 연출 의도에 따라 관객이 누구를 유심히 봐야 하는지, 우리의 시선이 누구의 동선을 따라가야 하는지 안내해준다. 만약 조명이 무대에 있는 모든 배우를 고르게 비춘다면 누구를 주목해야 하는지 관객은 혼란스러워진다. 마그리트는 그림 안의 모든 사물에 동일한 강도의 빛을 비추고, 앞에 있든 뒤에 있든 동일한 선명도를 유지함으로써 의도적으로 혼란을 부추긴다. 그동안의 상식으로는 하잘것없어 보였던 사물들이 주인공의 자격을 얻는다. 사물과 사물 사이에 수직적 위계가 사라진다. 모든 사물이 주인공이다.

사실 사람들은 끊임없이 중요한 것과 덜 중요한 것, 가치 있는 것과 가치 없는 것, 중심과 주변, 핵심과 부차를 구분해 왔다. 그 일차적 대상은 자연에서 만날 수 있는 각종 생명체와 사물이었다. 당연히 인간의 관점에서 가치의 기준이 매겨졌다. 동물을 예로 들면 한편에는 재산 가치를 지니는 유익한 가축이 있고, 다른 한편에는 인간이나 가축에게 해를 끼치는 해로운 동물이 있다. 식물도 식용이나 약용으로 쓰이는 종류, 혹은 아름다움을 뽐내는 관상용이 아닌 경우 아무 가치도 없는 잡초로 분류했다. 하다못해 광석이라는 점에서 다를 바 없는 돌 사이에도 구분을 지어왔다. 높은 가치를 지닌 귀한 돌과 아무런 가치도 지니지 못하는 흔한 돌멩이로 나누었다. 가치를 지니는 돌 안에도 더 가치 있는 것과 덜 가치 있는 것 사이의 위계질서를 만들었다. 보석과 대리석, 혹은 잘게 갈아서 색소로 쓸 수 있는 돌을 귀하게 여겼다. 같은 보석도 가치의 정도를 구분해 다이아몬드나 금과 같은 보석에 대해서는 인간의 목숨과 바꿔도 좋을 정도의 절대적 가치를 부여했다.

인간 자신도 수직적으로 배열된 가치 적용에서 자유롭지 못하다. 과거 전통사회에서의 신분 구분만이 아니다. 현대사회에서 오히려 더욱 다양한 측면에서 사람의 우열을 매긴다. 운동능력·노동능력을

광석이라는 점에서 다를 바 없는 돌 사이에도 위계가 있어, 높은 가치를 지닌 돌과 아무 가치도 없는 돌멩이로 나뉜다. 가치를 지니는 돌 안에서도 더 가치 있는 것과 덜 가치 있는 것의 위계질서가 만들어져 다이아몬드나 금과 같은 보석에는 절대적 가치가 주어진다.

비롯한 신체적 능력이나 체형, 혹은 외모도 우월한 가치와 열등한 가치로 구분한다. 남성과 여성, 심지어 피부색의 차이조차도 서로 다른 중요도를 지닌 집단으로 구분하는 근거로 사용된다.

인간의 정신이나 사고방식은 더 말할 나위가 없다. 생각이라고 해서 다 같은 것이 아니라는 상식이 만들어진다. 고귀한 종류의 생각과 하찮은 종류의 생각으로 구분된다. 가장 수준 낮은 생각은 주로 의식주와 같이 먹고사는 문제와 관련된다. 일상생활에 연관된 생각은 정신이라기보다는 본능이 시키는 대로, 떠오르는 대로 나타나는 즉흥적 반응일 뿐이다. 동물이 사냥을 하거나 목숨을 유지하기 위해 이모저모 머리를 쓰는 것과 다를 바 없다.

고귀한 생각은 생존이나 생활에서 가급적 멀리 떨어진 곳에서 시작된다고 여긴다. 순수하게 정신 자체에서 출발하여 정신으로 돌아가는 생각이야말로 존중할 만한 가치가 있다는 것이다. 정신에서 생각의 대상을 찾아내 이를 체계화하고 추상화하는 작업을 중시한다. 정신 내에 질서를 만드는 작업이다. 아름다움의 본질을 찾는 작업과 같이 예술 차원에서의 생각도 가치를 인정받는다. 현실과 연관되더라도 직접 먹고사는 문제에 직결되기보다는 윤리적 가치판단이나 법·정치의 원리를 규명하는 생각에 고차원의 지위를 부여한다.

각 분야에서 만들어진 구분은 세월의 경과와 함께 고정화된다. 마치 이 세상이 생기면서부터 그러한 구별이 주어져있었던 듯이 각각 확고부동한 자리가 주어진다. 한번 특정한 범주에 속하면 그 안에 있는 것들은 항상 동일한 성격으로 분류된다. 개별 사물이나 현상, 개별 특징이나 요소로서의 의미는 사라지고 오직 해당 범주 안의 고정된 의미로만 우리에게 다가온다.

마그리트가 그림을 통해 사물 사이의 상식적 비례관계를 뒤흔들어버린 진짜 이유를 여기에서 발견할 수 있다. 인간이 인위적 구분을 통해 만들어낸 중요와 부차, 중심과 주변 사이의 고정된 가치판단에 대한 도발이다. 고정된 범주로 묶어 다른 하나를 다른 하나의 아래에 속하거나 딸린 것으로 치부하는 사고방식을 거부한다. 그림에서 머리빗, 성냥개비, 화장솔과 화장품 케이스는 다른 사물의 부속물이 아니고 그 자체로서 주인공이다. 마찬가지로 구체적 형태를 가지고 있든, 아니면 정신을 이루는 무형의 요소든 세상과 인간의 모든 것은 개별적·독자적 가치를 지닌다.

# 이 세상에
# '산'이라는 산은 없다

흔히 근대회화의 출발점이면서 동시에 현대회화에 많은 영감을 제공한 화가로 거론되는 폴 세잔Paul Cezanne의 〈생 빅투아르 산〉은 그의 여러 작품 중에서도 가장 잘 알려져 있다. 당시까지 유럽 미술계를 풍미하던 인상주의 경향을 넘어서는 단초를 마련한 작업이다. 생 빅투아르는 고향인 엑상프로방스 지역을 상징하는 산이다. 그림의 전면에는 숲 사이로 지붕을 드러낸 마을 집들이 보인다. 저 멀리 깎아지른 듯 가파른 바위산이 위용을 뽐내며 솟아올라 있다.

하지만 산이든 집이든 뚜렷하지가 않다. 전체적으로 흐릿해서 어디가 숲이고 집인지 분명하게 구별하기 어렵다. 산도 실루엣 정도로만 하늘과 경계를 보일 뿐이다. 보다 정확히 말하자면 마치 TV에서 모자이크 화면을 보는 느낌이다. 모눈 모양의 모자이크처럼 다양한 색깔의 작은 사각형 면이 캔버스 가득히 흩어져 있다.

　세잔의 의도적인 실험을 보여준다. 그는 파리에서 화가로 명성을 얻고자 했지만 좀처럼 원하는 결과를 얻을 수 없었다. 인상파 화가 대부분이 그러했듯이 모네, 피사로 등과 함께 야외작업을 많이 했다. 하지만 살롱전에서 매번 낙선을 했고, 미술 애호가들 사이에서 주목을 받지 못했다. 당시 파리에서 인상주의를 선도하던 주요 화가들과 상당히 다른 문제의식에 서 있었으니 어쩌면 당연한 결과였다. 인상파 화가들은 주로 자연의 빛과 색의 표현에 관심을 가졌다. 시시각각으

세잔, 〈생 빅투아르 산〉, 1904년

로 변하는 빛의 흐름을 쫓으며 순간적으로 받은 느낌을 화폭에 담고자 했다. 이들에게 형태는 미술에서 그리 중요한 요소가 아니었다.

모네와 피사로는 한 주제를 여러 점의 시리즈로 제작하면서 동일한 대상이 계절이나 시간 변화에 따라 어떻게 다르게 표현될 수 있는지를 탐구했다. 세잔은 빛의 효과보다는 면과 색에 대한 분석적 이해에 도달하려 했다. 어떻게 하면 사물의 구도와 형상을 단순화할 수 있는가에 초점을 맞췄다. 어느 누구에게도 인정을 받지 못한 세잔은 실의에 빠져 마흔일곱의 나이에 고향으로 돌아온다.


생 빅투아르 산은 언제나 그를 반겨주었다. "생 빅투아르는 나를 이끌었다. 산은 내 안에서 자신을 사유하고, 나 자신은 생 빅투아르의 의식이다." 스스로 산의 마음이 되어 함께 호흡하며 캔버스에 그 마음을 싣고자 했다. 단순히 고향에 느끼는 오래된 신뢰와 푸근한 애정에 머물지 않는다. 바위산의 견고한 구조와 산자락 아래 펼쳐진 마을 모습이 형태 탐구에 적합하다고 생각한 듯하다. 외부와 거의 단절하다시피 하며 사물을 단순화하는 독자적인 길을 걷는다. 〈생 빅투아르 산〉은 자연 대상을 단순화된 기본 형태로 집약하고자 한 그의 시도를 잘 보여준다. 그림을 보면서 모눈 모자이크 느낌을 받는 것도 이 때문이다. 그는 "자연의 모든 형태는 원기둥과 구, 원뿔로 이뤄졌다"고 여긴다. 모든 사물을 관통하는 단순한 구조, 즉 원통·원뿔·사면체 등 기하학적 요소를 시각화하고자 했다. 이 그림에서도 산·들·집이 다양한 도형의 집합처럼 형태가 분해되어 있다.

색채도 고유한 색의 사실적 묘사보다는 다이아몬드를 통해 본 것처럼 굴절된 모자이크 색면을 통해 분해했다. 그래서 화면의 깊이 감도 소실점을 중심으로 순차적 형태의 변화를 통해 원근감을 실현하는 방식이 아니라, 후퇴 느낌을 주는 차가운 색은 뒤쪽에, 그리고 전진 느낌을 주는 따뜻한 색은 앞쪽에 배치하는 방식을 통해 해결하고 있다. 대상에 대한 주관적 변형 과정에서 다양한 방식으로 형태를 분해한 것이다. 즉흥적이고 무원칙한 주관적 변형은 아니다. 사물의 본질적 구조가 무엇을 의미하는지를 찾고자 했고, 이를 위한 나름의 논리와 체계를 제시한다. 현상적으로 상이한 형태를 지닌 사물에도 본질적으로는 동일한 구조가 있다고 여겼다. 현실에서는 시공간에 따른 빛의 변화에 의해 시시각각 다른 모습이지만, 내적 본질로 들어가면 모든 사물에는 기본적 구조가 있어서 이를 통해 일관된 묘사가 가능하다고 보았다. 그래서 세잔은 "사물의 본질적 구조를 드러냄으로써 인상주의 미술을 박물관의 미술품같이 견고하고°지속적인 것으로 만들고 싶다"고 했다.

마치 모든 사물이 최소한의 단위라 할 수 있는 원자로 구성되어 있듯이, 그림도 비슷한 접근이 가능하다고 본다. 회화도 단순히 붓으로 칠하는 게 아니라 마치 규칙적인 크기와 형태의 벽돌을 이용해 집이나 탑을 쌓듯이 건축 작업 방식으로 형상을 만들어낸다. 이를 회화적으로 구현하기 위해 오랜 세월 거듭된 시도를 한다. 동일한 대상을 다양한 방식으로 분해함으로써 나름대로 만족할 만한 답을 찾아나가는 과정을 거친다. 생 빅투아르 산과 주변의 마을 모습은 훌륭한 소재였던 듯하다. 생 빅투아르 산을 여러 점의 연작을 통해 묘사한다. 날씨가 맑든 궂든 무려 20년 동안 꾸준히 마을과 산봉우리가 한눈에 보이는 언덕에 올라 탐구에 몰두한다. 현재 생 빅투아르 산을 그린 유화가 37점, 수채화가 45점이나 남아 있을 정도로 집요한 작업이다.

앞의 그림과 몇 년 차이를 두고 있는, 1906년의 〈생 빅투아르 산〉은 캔버스에 담긴 풍경의 범위와 구도가 거의 같다. 색의 변화가

세잔, 〈생 빅투아르 산〉, 1906년

가장 먼저 눈에 띈다. 형태에 집중하기 위해서인지 색을 최대한 단순화한다. 녹색과 노란색 계통의 색으로 전체를 표현한다. 멀리 보이는 산도 푸른색이라기보다는 녹색이 녹아든다.

형태도 훨씬 단순하다. 앞의 그림에서는 집의 외형을 확인할 수 있었다. 몇몇 집은 부채꼴 모양의 지붕과 벽을 구분할 수 있었고 군데군데 선을 사용한 흔적도 보였다. 하지만 이 그림에서는 전체적으로 선이 거의 보이지 않는다. 대신 녹색과 노란색으로 만들어진 크고 작은 면이 캔버스를 가득 채운다.

분명 같은 대상을 같은 구도로, 가급적 단순화된 면의 조합으로 그렸지만 동일한 그림은 아니다. 사물의 본질적 구조를 드러냄으로써 견고하고 지속적인 형상을 만들어내고자 한 작업의 목적이 동일한 그림 제작이 아님을 알 수 있다. 이 그림만이 아니다. 수많은 〈생빅투아르 산〉 가운데 동일하다고 여길 작품은 없다. 어느 누구도 세잔이 나중에 그린 여러 그림을 모작이라고 말하지 않는다.


같은 장소에서 같은 대상을 같은 구도로 그렸다는 점에서 반복이기는 하지만 동일성과는 거리가 멀다. 일단 그림으로만 보더라도 감상자에게 전혀 다른 느낌을 전달한다. 당연히 언덕에 올라 붓을 잡고 있던 세잔도 비슷한 도형이라 하더라도 다른 감정을 가졌으리라. 만약 다른 하나를 대체할 수 있다면 화가는 굳이 새로운 그림을 그릴 필요가 없었을 것이다.

감상자나 화가의 주관적인 느낌만이 아니다. 엄밀하게 접근하면 같은 대상이라고 할 수도 없다. 같은 계절과 날짜라 하더라도 동일한 대상이 아니다. 화가의 눈에 비친 나무가 몇 년 전의 그 나무일 수 없다. 몇 년 전의 내가 지금의 나와 동일하지 않은 것과 마찬가지 이치다. 줄기나 뿌리가 더 자랐을 뿐만 아니라 나뭇가지에 무성하게 달린 잎들은 아예 다르다. 마찬가지로 주변에 무성하게 자란 일년생 풀은 이미 이전의 생명과는 다른 새로운 생명체다. 또한 같은 날짜라 하더라도 햇볕의 정도나 구름, 바람의 상태 차이 때문에 대기가 품어내는 기운이나 분위기가 다르기 마련이다.

같은 금강산에 대해서도 때에 따라 다른 현상을 발견하고 다르게 이름을 붙인 우리 선조의 지혜로움이 빛난다. 우리에게 금강산으로 알려진 산은 봄의 이름이다. 잘 알려져 있듯이 여름에는 봉래산, 가을에는 풍악산, 겨울에는 개골산으로 불린다. 금강산은 봄에 태양이 떠오르면서 아침이슬에 비쳐 빛나는 모습이 영롱한 금강석과 같다고 해서 붙여진 이름이다. 깎아지른 바위 절벽이 단단하기 이를 데 없는 금강석 같다고 해서 붙여진 이름이라는 말도 있다. 봉래는 여름철에 나뭇잎이 가장 풍성해, 계곡과 봉우리에 짙은 녹음이 깔려 신록의 경치를 볼 수 있어서 생긴 이름이라 한다. 풍악은 가을에 단풍이 들어 산이 붉게 불타오르는 모습에서 왔다. 겨울에는 무성했던 잎이 떨어지고 앙상한 가지만 남듯, 산도 앙상한 뼈대만 남는다고 해서 개골이라는 이름이 생겼다.

게다가 금강산이라 부르는 산은 하나의 봉우리도 아니다. 수많은 봉우리와 능선, 골짜기가 펼쳐진다. 엄밀히 말해서는 서로 다른 수많은 산을 묶어서 이름을 붙인 것이다. 근접한 지역에 솟아 있고, 뾰족한 바위산이라는 유사성을 근거로 하나의 이름으로 규정한다. 분명 차이가 있는 각각의 봉우리와 기슭을 갖고 있지만 몇몇 유사한 특징을 통해 인위적으로 동일성을 부여하고 같은 상태로 분류한다. 분류된 범위 안에 있는 산이면 이 산도 금강산이고, 저 산도 금강산이다. 설악산·북한산·치악산 등 상당 부분의 큰 산은 대부분 이런 식으로 일반화되고 동일한 명칭과 성격을 부여받는다.

사람도 마찬가지다. 예를 들어 일란성 쌍둥이라 하더라도 동일하다고 말할 수는 없다. 주변 사람들이 구별하지 못할 정도의 외모를 지니고 있고, 유전적으로도 같다고 알려져 있다. 하지만 유전자가 같다고 해서 동일한 현상이 나타나는 것은 아니다. 쌍둥이라도 조금씩 다른 특성이 있는데, 유전자의 발현 정도에 관련을 맺고 환경에 따라 달라지기도 한다. 그렇기 때문에 유전적으로 암 요인을 같이 갖고 있다고 해도 성장 환경에 따라 실제의 발현은 다르게 나타난다. 개인 성격은 더 말할 나위도 없다. 심지어 외모도 성장 과정에서 일정한 차이를 보인다. 얼굴은 표정이 중요한 역할을 하고 이에 따라 상당한 차이를 보인다. 어떤 가정환경이나 교육환경, 혹은 주변관계를 갖고 살아가느냐에 따라 다른 주름살과 표정이 만들어진다. 비슷한 감정을 표현하는데도 다른 표정으로 나타난다. 영양 상태나 성격에 따라 체격이나 걸음걸이조차 달라진다.

일란성 쌍둥이라 하더라도 동일하다고 말할 수는 없다. 유전자가 같다고 해서 반드시 동일한 현상이 나타나는 것은 아니며 유전자의 발현 정도에 관련을 맺는다. 예를 들어 유전적으로 암 요인을 같이 갖고 있어도 성장 환경에 따라 실제의 발현은 다르게 나타난다.

산이나 나무, 사람처럼 상당한 규모가 있고 복잡한 구조를 갖춘 사물이야 그렇다고 해도, 최소한의 단위로 들어가면 대체로 동일성을 적용할 수 있지 않느냐는 반론이 있을 수 있다. 대기 중의 아주 작은 먼지나 겨울에 내리는 눈 입자는 같다는 주장이다. 유사한 구조를 가질 수는 있다. 하지만 현미경으로 관찰하면 동일하지 않다. 심지어 모든 사물의 최소 단위로 알려져 있는 원자도 동일한 상태로 규정할 수 없다. 현대 양자역학의 발견에 따르면 원자의 운동은 물론이고 그 내의 전자의 운동도 불규칙하다. 운동의 불규칙성만큼이나 그 발현도 다르게 나타난다.

구체적인 형태를 갖고 있어서 눈으로 확인할 수 있는 사물에 대해 이 정도니 추상적인 성질을 갖고 있는 현상, 특히 내적인 정신 현상은 더욱 심하게 일반화·동일화 현상이 나타난다. 예를 들어 사회 변화로 나타나는, 반복처럼 보이는 유사한 현상에 대해 동일성을 부여한다. 역사 변화 과정에서 나타나는 유사성을 주목한 후에 일반성을 적용하여 역사의 법칙을 도출하기도 한다. 아주 세부적인 개별 현상은 다를지 몰라도 우연적·부차적인 요소를 제거하고, 몇 가지 요인을 중심으로 법칙에 가까운 필연성을 제시한다.

하지만 개인이 살아가면서 맞닥뜨리는 현상만 놓고 보더라도 똑같은 것은 없다. 유사한 상황이 다시 나타나는 경우는 있다. 하지만 판에 박은 듯이 동일한 상황이 다시 나타나는 경우는 없다. 뻔해 보이는 연애 과정만 해도 그러하다. 처음 만나서 호감을 갖고 서로 접근해 나가는 과정, 꿈 같은 시간을 보내다 점차 갈등이 생기고 심화되는 과정 등이 비슷할 수 있다. 하지만 서로 다른 사람이 만나는 이상 그 과정에서 관계나 감정의 변화가 동일할 수는 없는 노릇이다. 친구관계나 직장 동료관계에서도 같은 일이 동일하게 나타나지 않는다. 구체적인 직장 업무나 사업 진행 과정에서 동일한 상황이 되풀이되지 않는다. 비슷한 요소와 상이한 요소가 섞여 나오기 마련이다.

개인을 놓고 봐도 동일성으로 규정할 수 없는데, 수많은 사람과 집단이 맞물려 요동치는 사회 변화는 더 그러하다. 사람들에게 의식주를 비롯하여 먹고사는 문제가 중요한 영역이라는 점, 이로 인해 생산력 발전과 경제적 이해관계가 중요하게 작용한다는 점, 적어도 사적 소유가 전반적으로 사회를 규정하는 주요 요인으로 등장한 이후부터 이를 소유한 집단과 그렇지 못한 집단 사이에 대립 관계가 나타난다는 점, 계급과 계급 사이의 갈등이 사회 변동에 상당을 영향을 미친다는 점 등을 부인할 수 없다.

하지만 역사의 매 단계가 동일한 양상으로 나타난다거나 법칙적인 과정을 거친다고 말할 수 없다. 서양과 동양이 다르고, 이 분류에 들어가지 않는 많은 사회가 있다. 또한 같은 서양이라 하더라도 국가마다 동일한 과정을 겪었다고 보기도 어렵다. 자본주의의 시작과 확대 과정만 보더라도 다르다. 비교적 이른 시기에 자본주의가 발생한 영국과 프랑스, 독일도 서로 다른 특성을 보인다. 많은 영향을 주고받기는 했지만 한국과 중국, 일본의 역사적 변화 과정도 동일성으로 묶기 어려운 현격한 차이가 나타난다.


동일성의 범주로 묶어서 생각하는 경향은 철학적 인식론 영역에서 더욱 심하다. 이러한 정신 요소와 저러한 정신 요소 사이에 동일성이라는 형식을 매개로 일반성 혹은 법칙 도출을 정당화한다. 차이를 보이는 현상에 대해 반복 속에서 유사성을 발견하고, 동일성의 범주로 묶으면서 일반화된 원리의 근거로 사용하는 방식이다. 대체로 일반성을 설정한 후 법칙으로 연결시킨다. 법칙은 개별 요소 사이의 등가성을 규정한다.

철학적 범주 구분도 마찬가지 방식으로 이루어진다. 범주는 일종의 계열화로 그 안에 속한 개념을 동일성 안에서 하나의 묶음으로 처리하는 행위다. 대부분의 범주나 개념은 동일성에 기초하여 만들어진다. 특정 개념은 현실의 다양한 현상을 개념이 정한 틀 내에서 이해하고 설명하도록 강제한다. 개념과 현상 사이에 등가성이 요구된다. 예를 들어 감성과 직관, 이성 등을 범주로 구분한다. 인간의 정신에 나타나는 다양한 요소와 현상으로 드러나는 양상을 몇 개로 구분한다. 예를 들어 기쁨·슬픔·분노·사랑·흥분 등을 감성적 영역으로, 분석·종합·추상·추론 등의 사고능력을 이성으로, 이와 구분하여 단계별 사고 절차와 구분되는 비약적 통찰로서 직관을 분리한다. 하지만 엄밀하게 볼 때 감정과 이성의 각 요소는 전혀 다른 성격의 사고 과정으로 볼 수 없다.

한 아이가 태어나서 성장하는 과정을 보더라도 정신적으로 감성과 이성은 명확하게 구분되지 않는다. 두 가지는 대부분 섞여 있고, 일상적인 상호작용으로 나타나는 경우가 더 많다. 또한 과연 좋고 싫다는 감정과 선과 악이라는 이성적 가치 구분이 무관하다고 할 수 있을까? 더 나아가서 여러 종류로 구분되는 미각, 그보다 훨씬 다양하게 구분되는 후각 등 신체 감각의 구분능력과 이성이 자랑하는 분석 능력이 전혀 다른 뿌리를 갖는다고 할 수 있을까?

일반성을 근거로 감성이나 이성 내에서 구분된 세부 범주도 동일하지는 않다. 일반성은 한 항이 다른 항과 교환되거나 대체될 수 있을 때만 성립한다. 하지만 하나의 감정 상태로 분류된 항목이 현실적

우리는 기쁨·슬픔·분노·사랑·흥분 등을 감성적 영역으로, 분석·종합·추상·추론 등의 사고능력을 이성으로 분리한다. 하지만 감정과 이성의 각 요소를 전혀 다른 성격의 사고 과정이라고 말할 수 있을까?

으로 나타나는 차이를 무시할 수 있을 정도로 동일하다고 보기는 어렵다. 예를 들어 불안·우울과 같은 감정 상태만 해도 그러하다. 불안은 사람과 상황에 따라 수많은 종류의 현상으로 나타난다. 어떤 감정은 불안이고, 다른 감정은 불안이 아니라고 명확하게 규정할 기준도 마땅하지 않다. 안정감과 불안감은 칼로 무를 자르듯이 분명하게 갈리지 않기 때문이다.

　그러한 의미에서 동일성은 객관적 사실이 아니다. 인위적으로 마련된 어떤 가상이거나 심하면 착각에 불과하다. 자연에 존재하는 어떤 사물이나 현상, 정신 활동에서 나타나는 어떤 양상도 적어도 가치 영역에서 하나를 다른 것으로 대체할 수 없다. 동일성·일반성을 중심으로 한 구분 안에 사고가 갇혀 있을 때 우리는 개별적인 사물이나 현상의 가치를 제대로 인정하지 못한다. 사물이나 현상 그대로에 주목하지 못하고 인위적으로 만들어놓은, 동일성에 의해 강제된 생각의 틀이 먼저 작동한다. 마치 수학이나 과학의 공식 안의 개별 기호나 숫자처럼 고정된 과정이 된다. 정신은 규격화된 틀과 공식 안에서 움직이는 데이터가 되어버린다. 몇 가지로 계열화된 매뉴얼에 맞게 생각의 요소가 입력되면 고정된 답이 나오는 연산 작업처럼 말이다. 정신의 자유는 그저 몇 가지로 정해진 궤도 가운데 하나를 선택하는 행위로 축소된다. 철학이라는 이름으로 철학을 가두는 역할을 한다.

이 세상에 산이라는 산은 없다. 이 세상에 동물이라는 동물은 없다. 인간이라는 인간은 없으며 감성이라는 감성, 이성이라는 이성도 없다. 추상화되고 일반화된 형식으로 존재하는 구체적 사물이나 현상은 없다. 우리의 정신도 일반화된 범주나 개념 안에서 움직이지 않는다. 일반화와 동일화의 오류에서 벗어날 때 살아 있는 현상, 생동하는 정신과 만날 수 있다.

철학이 진정한 토대 위에 서고자 한다면 동일성으로 묶어놓은 틀에 끊임없이 회의의 눈길을 보내야 한다. 이성의 산물이며 동일성 원리인 고정된 범주나 개념에 갇히지 말고 거리를 두어야 한다. 규격화된 이성의 원리를 넘어 상상력을 발동시켜야 한다. 개별적인 존재나 현상의 독자적 가치에 우선 주목하는 문제의식을 가져야 한다. 개별성과 독자성, 차이에 주목한다고 해서 범주나 개념 자체를 부정해야 한다는 의미는 전혀 아니다. 문제는 동일성·일반성 논리에 근거하여 강제되는 절대적 범주나 개념이다. 동일성 논리에서 벗어나기 위해서는 차이와 다양성을 전제로 한 새로운 접근이 필요하다는 점을 강조하는 것이다.

세잔은 최소한의 도형으로 모든 사물을 해석하고 회화적으로 구현할 수 있다고 믿었고, 또한 이를 산이나 과일처럼 한정된 대상을 통해 실현해 보이고자 했다. 그러한 의미에서 캔버스 안에 단순히 대상을 반영하는 데 머물지 않고 견고한 회화적 개념을 만들어내고자 했다. 하지만 우리는 화가가 의도했든 의도하지 않았든 역설적이게도 수많은 작품으로 남긴 〈생 빅투아르 산〉이나 과일 정물화를 통해 동일성으로 규정될 수 없는 다양성과 각각의 독자적 가치를 발견하게 된다.

# 함부로 뭉치거나
# 함부로 소속되지 말라

빈센트 반 고흐 Vincent van Gogh의 〈별이 빛나는 밤〉은 미술에 별 관심이 없는 사람이라 하더라도 어디선가 여러 번 본 기억이 있을 그림이다. 고흐를 소개할 때 흔히 거론되는 대표적인 작품 가운데 하나다. 예전에 어느 대기업 TV 광고에 나와서 하루에도 몇 번씩 많은 사람의 눈을 강렬하게 자극하기도 했다.

보통은 밤하늘에 별이 떠 있다거나 박혀 있다고 한다. 고흐의 그림을 보면 일반적인 표현으로는 너무나 부족하다. 하늘에 별이 고요하게 머물러 있는 분위기가 아니다. 달과 별이 마치 강물처럼 흐른다. 소용돌이치는 급류가 되어 서로 얽히고설키면서 굽이친다. 하늘에서 급류가 토해내는 소리가 한바탕 들릴 것만 같다. 좌우로 출렁이는 흐름만으로도 이미 캔버스 전체가 꿈틀대는 느낌이지만 여기에서 멈추

지 않는다. 하늘 아래 펼쳐진 산과 나무, 집이 이번에는 수직으로 솟
아오르며 별의 흐름과 만난다. 특히 지면에서 하늘 끝까지 캔버스를
좌우로 나누는 사이프러스 나무가 불기둥처럼 맹렬하게 솟구친다.
횡으로 출렁이는 하늘과 종으로 오르는 지상의 사물이 교차하면서
역동성을 증폭시킨다.

고흐는 전통적인 기준으로 볼 때 그림을 잘 그리는 화가가 아니
다. 데생을 통해 형태를 정확히 잡아내는 데 상당히 서툰 편이다. 정

반 고흐, 〈별이 빛나는 밤〉, 1889년

개별성을 생각하는 사람
◆

통 코스를 밟으며 기초부터 배운 경험이 없다. 누구나 몇 년간 꾸준히 유화 작업을 하면, 적어도 기능적인 면에서는 고흐만큼 그릴 수 있다. 고흐가 위대한 화가로 꼽히는 이유는 끝까지 밀고 나가는 치열함과 자기만의 창의적인 표현, 자기 내면을 회화적으로 구현해내는 능력 등에 있다.

자신의 느낌을 끝까지 밀고 나가는 치열함은 색채의 창조적 구현으로 나타난다. 단순히 자연의 색을 그대로 재현하는 데 머물지 않고, 스스로 색채의 새로운 개념을 창조해낸다. 〈해바라기〉가 좋은 예다. 화병에 담긴 해바라기 꽃을 그린, 어찌 보면 평범한 정물화다. 만약 해바라기를 똑같이 그리는 데 목적을 두었다면 평범함으로 남았을 것이다. 하지만 그의 목적은 닮게 그리는 데 있지 않았다. 노란색이 도달할 수 있는 끝이 어디인지를 치열하게 탐구한다. 줄기와 잎을 제외하고는 온통 노란색이다. 다양한 명도와 채도를 가진 노란색을 화폭에 쏟아부은 느낌이 들 정도다. 자신이 설정한 전체 그림 구도에 근접할 때까지 노란색에 집중함으로써 재현을 넘어 새로운 창조에 도달한다.

자기만의 창의적인 표현과 자기 내면을 회화적으로 구현해내는 능력은 〈별이 빛나는 밤〉에 고스란히 묻어난다. 밤 풍경을 화폭에 담은 화가가 고흐만 있는 것이 아니다. 낮의 작열하는 햇볕이 보여줄 수 없는 밤의 매력에 빠진 수많은 화가가 나름대로의 방식으로 밤을 표현했다. 하지만 밤 풍경 하면 떠오르는 가장 대표적인 화가로 고흐를 꼽는 이유는 화가의 주관적 느낌이 결합된 인상을 강렬하게 담은 표현 방식 탐구에 있다. 고흐는 짧게 끊어진 거친 선을 촘촘하게 배열하는 방식의 붓 터치를 통해 역동적으로 출렁이는 하늘과 대지를 연출한다. 실제의 자연이 그렇게 생겼는가는 중요하지 않다. 특정한 시간과 공간에서 화가가 빛의 흐름을 어떻게 느꼈는가가 더 중요하다.

또한 종으로 횡으로 꿈틀대는 빛의 물결 속에 내면을 녹여낸다. 그는 거의 평생을 우울증에 시달렸다. 열심히 그림을 그렸으나 삶은 언제나 공허했고 미칠 것 같은 괴로움은 여전했다. 이 그림을 그릴 즈음에는 이미 우울증과 정신적 발작이 심각한 단계에 이르렀다. 독한 술과 매독의 후유증으로 정신도 육체도 최악의 상태에 있었다. 고갱과의 공동생활과 작업을 활로로 기대했지만 갈등이 심화됐고, 고갱에게 칼을 휘두르고 자신의 귀를 자른 사건도 이 해에 벌어졌다. 다음 해에 자살로 생을 마감하기 직전에 그린 마지막 작품 〈까마귀가 있는 보리밭〉의 하늘과 들판이 이 그림과 비슷하게 위아래로 휘저어대고 있는 것도 우연이 아니다. 그만큼 요동치는 내면을 고스란히 그림에 담았다.

누구에게나 느껴지는 동일한 밤이 아니라 자기만의 밤을 찾아냈을 때 비로소 창의적인 작품이 만들어진다. 그 밤이 환희에 찬 밤이든, 아니면 고통에 찬 밤이든 말이다. 고흐가 비슷한 인상주의 경향이 있는 화가 가운데 모네나 고갱 혹은 피사로의 그림을 흉내 내는 데 머물렀다면 지금 우리에게 이름조차 알려지지 않은 화가로 남아 있을 것이다. 화가로서 당시 풍미하던 일반적 화풍에 자신을 가두어 두었다면 그저 수많은 추종자 가운데 하나였을 것이다.

세상의 사물과 현상에서 일반적인 현상이 아니라 각각의 독자성을 찾아내고 주목할 때 단순한 대상으로서의 사물이 아니라 캔버스 안의 주인공으로 살아난다. 〈별이 빛나는 밤〉에서 달이나 별이 그저 수많은 별 중의 하나가 아니라 각각 생명을 지닌 주체로 느껴지고, 사이프러스 나무가 그림 전체를 이끄는 오케스트라의 지휘자처럼 느껴지듯이 말이다. 또한 화가 자신도 일반적인 시각과 표현 형식을 넘어 고유한 발상을 가질 때 자유롭고 창의적인 예술가로 자리 잡는다.

열린 시야와 자유로운 정신은 일반성·동일성의 덫에서 벗어나 개별성·독자성·다양성을 주목하는 곳에서 시작된다. 예를 들어 흔히 남성과 여성으로 성을 구분하는 일반적 시각을 살펴보자. 흔히 남성과 여성을 신체적 성징이라든가, 서로 다른 성을 좋아하게 되어 있다든가, 성격적인 특성이라든가 하는 일반적 기준을 통해 구분한다. 같은 신체적 성징을 가진 사람들 내의 개인은 심리적으로도 기본적으로는 동일한 성 특징을 공유한다고 여긴다.

일반성을 기준으로 성적 정체성을 규정할 때 개인의 차이가 무시되기 십상이다. 남성과 여성이라는 통상적 기준으로 구분할 수 없는 사람들은 주위의 고정된 시각에 의한 억압을 감수해야 한다. 현실에서는 남성과 여성만이 아니라 남성을 좋아하는 남성, 여성을 좋아하는 여성, 남성과 여성을 모두 좋아하는 남성, 남성과 여성을 모두 좋아하는 여성 등이 있다. 즉 이성애자만이 아니라 동성애자와 양성애자가 포함된다. 또한 남성의 신체를 가졌지만 여성의 마음을 가진 사람, 여성의 신체를 가졌지만 남성의 마음을 가진 사람, 우리가 흔히 트랜스젠더라고 부르는 사람들이 있다.

여기에 성격적인 특성까지 고려하면 경우의 수는 거의 무한대로 늘어난다. 모든 사람은 자신의 성격 안에 일반적으로 남성성과 여성성으로 지칭되는 성격적 특성을 함께 갖고 있다. 이래저래 성을 일반적 기준에 따라 남성과 여성 두 가지로 구분하는 것은 무리가 생긴다.

동시대의 사회에서 결단코 금지되었던, 동성 간의 사랑을 그린 영화 〈브로크백 마운틴〉(2005)의 한 장면.

그 기준에 부합하지 않는 사람은 사회적으로 극심한 편견에 시달려야 한다. 일반성·동일성에 근거한 구분이 개인의 차이를 무시함으로써 억압이 일상화된다. 개인으로서의 고유한 독자적 특성에 주목함으로써 비로소 틀에 얽매이지 않은 자유로운 생각이 가능해진다.

철학의 역사나 철학 이론을 공부할 때도 마찬가지다. 보통은 몇 가지 요소에 주목하면서 철학의 역사적 전개과정에 일반적 경로를 설정한다. 가장 빈번하게 나타나는 경향이 철학사를 '발전'이라는 기준으로 일반화하는 관점이다. 철학의 역사를 감성적 사고에서 이성적 사고로, 또한 존재에서 내면적 인식으로, 현상적 인식에서 개념적 인식으로의 자기 발전 과정으로 이해한다. 다시 말해 신화에서 이성으로, 그러한 의미에서 우연성에서 필연성으로 나아가는 과정이고, 이성의 단계가 저차적인 것에서 고차적인 것으로, 단순한 것에서 복잡한 것으로, 느슨한 것에서 체계적인 것으로 나아가는 발전의 과정으로 본다.

하지만 철학의 역사를 일반적 기준으로 수직적으로 계열화할 때 여러 문제가 생긴다. 이성 자체의 발전으로 이해하든, 혹은 유물론적 사고의 발전 과정으로 이해하든 철학을 협소한 틀에 가두거나 도그마로 변질시킬 위험성이 항상 나타난다. 다음과 같은 가정이 가능하다면 총체적인 발전 과정으로서 철학사를 이해하는 근거는 흔들릴 수밖에 없다.

이성은 발전했지만 철학은 발전했다고 볼 수 없다는 가정이다. 확실히 이성은 정밀하게 세분화하고 체계화하는 방향으로 진행되어 왔다. 하지만 세분화·구체화가 곧바로 철학 자체의 발전과 등식관계를 맺을 수 있는 것은 아니다. 이성은 고도화되었지만 철학이 가져야 하는 반성적 성찰과 가치판단, 실천적 역할이 점차 약화되는 경우를 우리는 철학사 속에서 얼마든지 볼 수 있기 때문이다. 철학을 이루는 한 요소의 발전과 철학 자체의 발전이 반드시 정비례하는 것은 아니다.

더 근본적으로는 이성이 과연 발전했는가에 대해서도 고민할 필요가 있다. 특히 근대 서양철학이 이성에서 상상력이라든가 가치판단의 영역을 분리하고, 검증 가능한 수학적 사고방식으로 이성을 한정한 이후 현재에 이르기까지 맹위를 떨치는 근대 이성의 지배를 이성의 왜곡이나 퇴행으로 규정하는 것이 성립할 수 있기 때문이다. 그러므로 이성과 철학적 사고 전체의 관계, 이성 자체의 변화에 대한 비판적 검토를 간과할 때 철학사를 발전의 관점에서 접근하는 작업이 오히려 철학적 사고를 저해하는 결과를 초래한다.


개별 철학자의 견해를 관념론과 유물론을 기준으로 서로 다른 진영으로 구별하는 관점도 문제다. 관념론과 유물론*의 대립이 철학사를 관통하는 여러 기둥 가운데 하나이기는 하다. 문제는 모든 철학이 이 두 가지로 구분되고 논의될 수 있는가이다. 또한 한 철학자 안에서 이 두 가지 요소가 섞여 나타나는 경우도 적지 않은데, 어느 한

쪽을 강제로 제외시킬 수 있는가도 문제다. 실제의 철학은 관념론과 유물론으로의 양분에 포함될 수 없는 요소가 존재할 수 있고, 혹은 하나의 철학 안에서 두 가지 요소의 분리가 불가능한 경우도 얼마든지 볼 수 있다.

그럼에도 불구하고 이를 하나의 관점으로만 설명함으로써 개별 철학의 살아 있는 문제의식을 화석으로 만들어버린다. 관념론과 유물론만이 아니라 개별 철학자들의 문제의식을 특정한 '주의'로 묶어서 설명하는 경우도 많다. 어떤 경향성을 발견하는 작업은 의미가 있다. 하지만 중심이 개별철학자에 있기보다는 '주의'를 앞세우는 경우가 많다. 예를 들어 독일 관념론으로서의 칸트·피히테·셸링·헤겔, 실존주의로서의 키에르케고르·사르트르·야스퍼스·하이데거로 이해한다. 노자·열자·장자를 도가, 공자·맹자·순자를 유가의 틀에 일반화하고 그 안에서만 이해하려 한다.

이러한 일반화는 개별 철학자의 문제의식을 단순화해버린다. 각 철학의 다양한 흐름과 맥락이 흐려진다. 일반적 틀 안에 가두는 순간 철학은 인간의 정신과 실천에 생명력을 주는 것이 아니라 억압의 수단으로 전락한다.

● **관념론**idealism**과 유물론**materialism
관념론은 관념 또는 관념적인 것을 실재적 또는 물질적인 것보다 우선으로 보는 입장이다. 대립되는 용어로 쓰이는 유물론은 물질을 제1차적 · 근본적인 실재로 생각하고, 마음이나 정신을 부차적 · 파생적인 것으로 본다.

일차적으로 유사성보다는 차이에 주목해야 한다. 연관성과 경향성을 발견하는 작업이 의미 있는 것은 분명하지만 우선 차이와 다양성 속에서 개별적인 가치를 찾아야 한다. 어디에도 귀속되지 않는 개별 철학자의 고유하고 독자적인 문제의식에 초점을 맞춰야 한다. 동일성으로 묶어서 계열화하는 관성, 특히 기존의 통념에 의해 규정된 일반적 기준에 의심의 눈길을 보내야 한다. 고유성을 찾는 과정에서 각 철학에 대한 자기 나름대로의 창의적인 해석의 길이 열린다.

사람을 보는 시각도 마찬가지다. 특정 계층과 집단 일원으로서의 개인이 아니라 다른 누군가로도 대신할 수 없는 독자성을 지닌 개인의 발견에서 출발해야 한다. 남성과 여성, 부모와 자식, 남편과 아내, 교사와 학생, 성인과 미성년, 고용주와 고용인, 자국인과 타국인 등

특정 계층과 집단 일원으로서의 개인이 아니라 고유한 존재로서의 개인에게서 철학의 의미를 찾아야 한다.

일반화에 근거한 고정적인 틀 이전에 고유한 존재로서의 개인에게서 의미를 찾아야 한다. 이를 통해 우리는 비로소 서로가 서로에게 주체일 수 있다.

　　타인에 대해 그러할진대 자신에 대해서라면 두말하면 잔소리다. 이 세상 그 누구를 통해서도 대체 불가능한, 자기만의 정체성을 지닌 존재로서 스스로를 인정할 때 주체는 가능해진다. 자기 외부의 사물과 현상에 대해 개별적인 가치를 부여하고, 자기 스스로에 대해서도 고유성과 독자성을 중심으로 사고할 때 자유로운 정신을 향한 길이 열린다.

# Chapter 7

# 욕망을
# 생각하는
# 사람

마그리트, 〈음울한 마법〉, 1933년

# 쾌락이
# 정신병이던 시절

마그리트의 〈음울한 마법〉은 흔한 누드화처럼 보인다. 특이하게 색을 이용하여 상반신과 하반신을 구분했을 뿐 전형적인 누드화의 포즈와 분위기를 풍긴다. 여성이 몸을 드러내더라도 부끄러운 듯 고개를 살짝 틀고 눈길을 아래로 향하는 모습을 서양 누드화에서 흔히 본다. 한쪽 다리를 앞으로 내밀어 겹치도록 하는 센스도 그대로다. 바위에 한쪽 손을 기대는 구도는 고대 그리스 조각에 단골로 등장한다.

마그리트가 평범한 누드화를 우리에게 던져놓았을 리는 없다. 일단 색을 통한 인간의 분할이 화가의 의도가 숨어 있는 장치인 점은 분명하다. 창가에 서 있는 여인의 몸이 두 가지 색깔로 분리되어 있다. 허리 아래 하반신은 피가 도는 따뜻한 인간의 색이다. 하지만 머리와 가슴은 시릴 정도로 차가운 색이다. 보통 허리 아래는 인간의 본능을 가리킨다. '허리 아래 이야기'라고 하면 누구나 곧바로 성과 연관시킨다. 화가가 하반신 묘사에 머물지 않고 굳이 음모까지 드러낸 점으로 봐서 성적 욕망을 상징하는 게 아닐까 싶다. 게다가 붉은빛이 감도는 살색은 현재 성적 욕망이 뜨겁게 꿈틀거리는 상태임을 드러낸다.

상반신을 물들인 푸른색은 전혀 다른 의미로 통한다. 붉은색이 열정적·충동적이라면 푸른색은 차갑고 냉정한 분위기를 자아낸다. 푸른 머리는 즉흥적 사고를 거부한다. 날카롭고 정교하게 사태를 파악하고 체계적인 논리를 세워나가는 이성적 사고를 상징한다. 푸른 가슴은 허리 아래에서 꿈틀거리는 육체적 충동을 막는 중이다. 뜨거운 하반신과의 경계선에 있기 때문에 현실과 몸에서 자유롭지 못한 점을 일정 부분 색이 섞이는 것으로 표현한 듯하다. 이러한 이미지에 적합한 영역으로, 한편으로 이성의 지배를 받지만 다른 한편으로 구체적인 현실과 맞닿아 있는, 이성이 만들어놓은 원리에 근거하여 본능적 충동을 통제하는 윤리적 사고를 생각해볼 수 있다.

이성과 도덕에 의해 성적인 욕망과 쾌락이 은밀하게 유폐되고 부정당하는 현실을 보여준다. 화가는 '음울한 마법'이라는 제목을 통해 정신과 욕망이 분열된 현실에 비판적 문제의식을 던진다. 법적·윤리적 규범은 이성을 통해 정신과 마음을 지배한다. 보편적 원리와 냉정한 선악 구분으로 무장된 규범은 자연적 욕망을 자신의 토대를 허물어뜨릴 수 있는 적으로 규정한다. 성적 욕망을 유폐함으로써 분열된 삶을 강요한다. 하지만 욕망은 사라질 수 없다. 특히 무의식 세계에 뿌리를 내리고 시간과 공간을 넘어 끊임없이 우리를 자극한다. 그리하여 규범에 의해 분열된 인간은 항상 우울하다.

마그리트가 그리스 조각을 회화로 구현한 듯한 분위기를 만든 것도 다분히 의도적이다. 그리스 조각은 한쪽 다리를 앞으로 내놓고 고개를 살짝 틀어 딱딱한 대리석에 생동감을 불어넣곤 했다. 또한 여인이 바위에 손을 짚고 있는 장면에서도 그리스 조각 분위기를 연출하려는 의도가 보인다. 상식적으로 산에나 가야 볼 수 있는 크기의 바위가 실내에 있다는 설정 자체가 생뚱맞기 때문이다. 어색함을 무릅쓰고 그림의 중요한 부분으로 배치할 만큼 특별한 이유가 있음을 짐작할 수 있다.

옆에 있는 바위에 손을 얹어놓거나 팔을 기대는 구도도 그리스 조각에서 흔히 사용하던 수법이다. 조각의 재료인 돌의 특성상 사람의 가는 다리만으로는 전체 무게를 견디며 안정적으로 오래 유지되기 어렵다. 조각 전체가 견고하게 서 있기 위해서는 아랫부분에 돌로 채워진 일정한 넓이의 공간이 필요하다. 바위는 사람 모습과 자연스럽게 어우러질 수 있는 소재였다. 마그리트는 그리스 조각 느낌을 통해 정신에 의한 몸의 지배, 이성과 윤리에 의한 욕망의 통제, 인간의 분열된 삶이 최근이 아니라 이미 고대 그리스 시대부터 현재까지 이어지는 현상이라는 메시지를 던지고자 했던 게 아닐까?

실제로 그리스 철학을 대표할 뿐만 아니라 수천 년에 이르는 서양철학 전체에 가장 큰 영향을 준 플라톤은 육체적 욕망과 정신의 분리에서 출발한다. 일체의 욕망과 쾌락적 요소에 대한 강한 혐오감을 드러낸다. 쾌락은 분별력을 잃고 비도덕 상태에 빠지게 되는 원인이며 "정신에 있어서 가장 심각한 질병"이라고 한다. 육체적 욕망 때문에 사람들은 올바른 생각에서 멀어지고 사리분별을 못하게 된다.

플라톤이 보기에 사람에게는 자신을 지배하고 인도하는 두 가지 원리가 있다. 하나는 타고난 것으로서 쾌락에 대한 욕망이고, 다른 하

조각 전체가 견고하게 서 있기 위해 옆에 있는 바위에 손을 얹어놓거나 팔을 기대는 구도는 그리스 조각에서 흔히 사용하던 기법이다. 폴리클레이토스, 〈부상당한 아마존〉, BC 430년경

나는 나중에 획득한 이성적 의견인데 가장 좋은 것을 좇는다. 우리는 이성이나 욕망이 이끄는 쪽으로 끌려간다. 본능에 자신을 맡기면 욕망이 지배한다. 성적인 욕망은 특히 위험한 질병이다. 쾌락 중에서도 성적인 욕망이 인간을 가장 강력하게 지배하기 때문이다. 민감하고 자극적인 쾌락을 제공하기에 헤어 나오지 못하게 만든다. 성적 욕망에 이끌리면 무분별 상태에서 끊임없이 육체적 쾌락을 제공하는 사람에게 집착하려는 경향을 갖게 된다. 낮이나 밤이나 상대방을 놓아주지 않기에 이성적 분별은 설 자리가 없다.

플라톤은 성적 욕망과 이성의 줄다리기를 말과 마부의 비유를 통해 설명한다. 영혼을 세 부분으로 나누어, 둘은 형태가 말의 모양이고 나머지는 마부의 형태라고 가정한다. 마부는 두 마리의 말을 동시에 이끈다. 두 마리 말 가운데 하나는 탁월하고, 다른 하나는 열등하다. 탁월한 말은 분별과 수치심이 있고 명예를 사랑하며 참된 의견을 동무로 삼기에 명령과 이치에 따라 인도된다. 열등한 말은 욕망 때문에 피가 뜨겁고 무분별과 거짓을 동무로 삼기에 채찍과 가시막대기를 사용해야 겨우 말을 듣는다. 열등한 말은 육체적 사랑의 기쁨을 기억하고 날뛰면서 사랑받는 이에게 내닫기 때문에 동료 말과 마부에게 온갖 곤란을 안겨준다. 탁월한 말은 수치심을 갖고 자신을 억제한다. 마부는 열등한 말 때문에 어쩔 수 없이 고삐를 뒤로 거칠게 잡아당길 수밖에 없다. 두 말은 결국 엉덩방아를 찧는데, 한쪽은 대항하지 않고 기꺼이 따르지만, 다른 쪽은 무분별한 탓에 매우 못마땅해한다.

무분별한 말이 몇 차례 같은 행위를 반복하면서 마부는 고삐를 자꾸 힘껏 당기고, 말의 혀와 턱은 피로 물들고, 넘어지면서 다리와 엉덩이에서 고통을 느낀다. 하지만 성적 욕망을 가진 말은 포기하지 않고 사랑하는 대상에게 다시 가기를 강요한다. 서로를 만지고 입을 맞추려는 욕구만이 앞선다. 몸이 달아 어쩔 줄 모르며 아주 짧은 시간의 쾌락에만 자신을 맡긴다. 하지만 마부가 뛰어난 이성을 가지고 있어서 질서 있는 생활 태도와 지혜에 대한 사랑으로 이끌면, 복되고 조화 있는 삶을 살아간다. 자기 자신을 억제하고 절도를 지키면서 영혼의 열등함을 낳는 욕정을 노예로 삼는다. 탁월함을 가진 말에 더 많은 자유를 허락하여 분별력이 있는 삶을 영위한다. 진정으로 가치 있고 즐거운 삶은 육체적 쾌락이 아닌 정신의 즐거움을 추구하는 가운데 실현된다.

사랑 자체의 부정은 아니다. 바른 사랑을 해야 한다. 사랑은 육체적 쾌락과 어떠한 연관도 맺어서는 안 된다. 사랑은 본성에 있어서 절제와 하나이기 때문에 무절제를 낳는 성적 쾌락은 사랑을 교란시킨다. 바른 사랑은 쾌락에서 벗어나 교양 있는 태도와 절제 안에 있을 때 실현된다. 사랑조차도 육체와 정신을 분리시킨 후 정신에만 가치를 인정한다.

사람들은 자신의 손과 발이 생명을 위협할 만큼 병들었다고 생각하면 생명을 지키기 위해 아픔을 참고 기꺼이 잘라버린다. 마찬가지로 정신의 질병인 성적 욕망도 제거해야 한다. 정신은 오로지 좋은 것만을 지향해야 한다. 좋은 것 중에 가장 좋은 것은 영원히 사라지지 않는 불멸성이다. 성적인 욕망을 비롯한 쾌락은 일시적인 만족만을 줄 뿐 순식간에 사라져버린다는 점에서 불멸성과는 거리가 멀다. 그렇기 때문에 아무리 자신의 일부라 하더라도 마치 썩어 들어가는 손이나 다리를 잘라내듯이 성적인 욕망을 부채질하는 육체적 사랑을 떨쳐버려야 한다. 사랑은 철저하게 정신적 교감에 초점이 맞춰져야 한다. 아무리 아름답고 달콤한 사랑이라 하더라도 진실과 정신적 진리를 결여하고 있다면 값진 게 아니다.

정신과 욕망이 분열된, 마그리트 그림 속 여인의 우울은 흔히 서양철학의 시원으로 평가받는 고대 그리스 철학에서 마련된다. 육체적 욕망, 특히 성적 쾌락에 대한 공격은 플라톤 이후 현재에 이르기까지 서양 주류철학의 주된 메뉴 중 하나다. 종교의 옷까지 입은 중세철학은 말할 것도 없고 근대철학이나 현대철학도 정신을 육체적 욕망에서 떼어내는 데 심혈을 기울인다. 시대 상황을 고려하며 일정한 변화를 겪어오기는 했으나 기본적으로 플라톤의 문제의식을 현실에 맞게 변형하여 적용하거나 심화하는 데 초점이 맞춰진다. 그 결과 철학의 의미를 찾거나 정의를 내릴 때 육체적·본능적 욕망으로부터 벗어나 정신적 자유의 실현 과정에 주목하는 경향이 지배한다.

# 나의 초상화를
# 정숙하게 그리지 마세요

자크 루이 다비드<sup>Jacques-Louis David</sup>의 〈레카미에 부인의 초상〉은 그리스·로마 미술의 조형미를 재해석하여 근대에 맞게 새롭게 복원하려 한 신고전주의 미술 경향을 보여준다. 다비드는 18세기 후반과 19세기 초반 프랑스 미술을 지배한 최고의 화가였다. 프랑스 신고전주의 미술의 창시자로 잘 알려져 있다. 급진적 혁명파인 자코뱅 당원으로서 프랑스혁명에 참여했고, 나중에는 나폴레옹의 열렬한 지지자가 되어 '프랑스 화단의 나폴레옹'으로 불릴 정도로 막강한 영향력을 행사했다.

신고전주의 미술은 형식과 내용 양 측면에서 고대 그리스·로마에 대한 동경을 담는다. 먼저 형식적인 면에서 그리스 미술의 엄격한 '비례의 미'를 재현한다. 기하학적 조형성을 통한 안정된 구도를 중시한다. 남자들의 몸은 정형화된 동작과 근육을 강조하고, 여성의 몸은 이상적인 비율과 우아한 동작에 의해 아름다움을 표현하는 방식이다. 마치 그리스 조각을 캔버스로 옮겨놓은 듯한 분위기다.

〈레카미에 부인의 초상〉도 마찬가지다. 안정된 구도는 물론이고 완만한 곡선을 살린 정형화된 자세나 비례와 균형을 중시하는 모습 등이 그리스 여신상을 보는 느낌이다. 여인의 의상도 고대 그리스인들이 입었던 키톤<sup>chiton</sup>과 비슷하다. 한 장의 큰 천을 접어 그 사이에 신체를 꿰고 양어깨를 여미는데, 보통은 어깨부터 팔이 노출되는 복장

다비드, 〈레카미에 부인의 초상〉, 1800년

이다. 남성용은 무릎까지 내려오고 여성용은 더 길었다. 그리스 조각에서는 키톤 자락이나 주름 굴곡을 정밀하게 재현해 사실성과 우아함을 극대화시켰다. 이 부인도 천 하나로 전체를 두르거나 팔을 드러낸 모습이 고대풍의 복장에 가깝다. 다리에서 의자 아래로 늘어뜨린 옷의 주름도 그리스 조각의 맛을 살린다. 옆에 서 있는 길고 가느다란 램프대도 고전미를 상징한다.

다음으로 내용적인 면에서 신고전주의 미술은 그림을 통해 사회 구성원이 따라야 할 어떤 교훈을 이끌어내려는 경향을 보인다. 정신을 강조하는 그리스 이성의 고귀함, 개인의 욕망을 넘어서는 사회적 윤리의 우월성, 국가와 전체를 위한 개인의 숭고한 희생 등의 교훈을 이끌어내고자 한다. 이를 위해 그리스·로마의 역사적 사건이나 신화를 그림 소재로 삼는 경우가 많다.

다비드 그림 속의 레카미에 부인도 고결한 정신세계를 가진 여인의 이미지다. 그리스 여신과 같이 우아하고 단아한 모습이다. 흰색 드레스로 온몸을 가려서 몸 가운데 고작 팔과 손, 그리고 옷 밑으로 발만 약간 보일 뿐이다. 의자에 기댄 채 몸과 다리를 돌리고 있어서 몸으로 접근하는 타인의 시선을 거부한다. 또한 눈도 무표정하게 정면을 응시하고 있어서 육체적 욕망과는 아무런 연관이 없다.

그림의 이미지는 화가가 생각하는 이상적 여인상을 레카미에 부인에게 투영한 면이 강하다. 그러나 실제의 레카미에<sup>Recamier</sup> 부인은 당시 파리 사교계의 여왕이었다. 나폴레옹 시대에 '프랑스 최고의 미인'으로 꼽히며 사교계를 주름잡은 전설적인 여인이다. 은행가의 딸로 태어난 그녀는 15세가 되던 해에 공포정치 상황에서 살아남기 위해 어머니의 애인이었던 42세의 은행가와 결혼했다. 뛰어난 미모, 풍부한 감수성으로 나폴레옹 시대부터 왕정복고 시대까지 오랜 기간 수많은 남성의 마음을 사로잡았다. 나폴레옹의 동생인 보나파르트를 비롯하여 귀족은 물론이고 작가와 화가 등 예술가들의 마음을 사로잡았다. 다비드가 그녀를 그릴 당시는 23세로 이미 사교계의 꽃으로 이름을 날리던 때였다.

다비드의 그림에서 온몸을 투박하게 덮은 고대풍의 드레스는 거친 마를 재료로 한 그리스 키톤 느낌이지만 실제는 정반대였다. 그녀가 유행시킨 슈미즈 가운이다. 과거 파리의 귀부인들은 코르셋이나 속옷을 입고 그 위에 겉옷을 입어 몸을 가렸다. 하지만 그녀는 속옷처럼 부드럽고 얇은 천의 옷을 맨살 위에 직접 입었다. 그리스인은 옷도 두꺼운 데다 허리춤에서 느슨하게 조였기 때문에 몸매가 그대로 드러나지 않았다. 하지만 그녀는 옷을 어깨에 이르기까지 넓고 깊게 팠을 뿐만 아니라 가슴 바로 밑에서 바짝 조여서 최대한 풍만함이 잘 드러나도록 했다. 옷감도 얇아서 맨살이 비치는 느낌을 주었다.


슈미즈 패션은 이전에 루이 16세의 부인인 마리 앙투아네트가 처음으로 입어 유행시킨 적이 있다. 잠옷에 해당하는 슈미즈 가운을 허리 부분은 리본으로 조여 매고 레이스를 겹겹이 달아 화려한 로코코

스타일로 바꿔 새로운 유행을 만들었다. 하지만 레카미에의 슈미즈에 비해서는 상당히 온건한 편이었다. 속옷도 입었고 가슴이나 어깨, 팔을 드러내지도 않았다. 앞부분에 화려한 레이스를 달아서 가슴의 볼륨감을 가렸다. 레카미에의 슈미즈는 이보다 훨씬 파격적이었다.

다비드는 사교계의 꽃으로 육체적 매력을 드러내는 데 적극적이었던 그녀를 자신이 생각하는 이상적인 여인, 그리스의 정숙한 여인으로 변신시켰다고 봐야 한다. 이미 신고전주의 미술의 대가로서 전 유럽에 이름을 떨치던 52세의 화가는 그녀로부터 육체적 욕망을 최대한 배제하고 정신적 고양을 담아낸 것이다.


그림은 결국 미완성으로 끝나고 말았다. 그녀가 수시로 변덕을 부렸고 불성실했기 때문이었다는 이야기가 전해진다. 하지만 이는 다비드의 입장에서 나온 일화일 가능성이 크다. 설사 그녀가 다비드의 작업에 성실히 따라주지 않았다 해도 그 이유를 생각해볼 필요가 있다. 그녀의 입장에서는 엄격한 신고전주의 양식에 자신을 꿰어 맞추는 다비드의 작업이 불만스러울 수밖에 없었을 것이다. 특히 그녀는 프랑스 낭만파 문인들과의 교우관계가 두터웠다. 고전적 형식과 정신에 갇혀 있지 않은 자유로운 표현을 선호했으리라는 점을 어렵지 않게 짐작할 수 있다. 한겨울에도 맨살을 상당 부분 드러내는 슈미즈 패션을 고집하던 성향을 고려할 때 고결하고 정숙한 여인으로 자신을 묘사하는 방식이 상당히 불만이었으리라. 이러한 점은 그녀가 다비드와의 작업을 중단하고 프랑수아 제라르<sup>Francois Gerard</sup>에게 의뢰하여 완성한 또 다른 〈레카미에 부인의 초상〉을 봐도 분명해진다.

제라르는 다비드의 제자이기도 하다. 스승의 영향을 받아 신고전주의 화풍으로 이름을 날렸다. 하지만 그림으로 나타난 그녀의 모습은 전혀 딴판이다. 고결함과 정숙함은커녕 한눈에 요염하다 못해 농염한 자태다. 몸을 살짝 틀기는 마찬가지지만 등을 돌리고 접근을 거부하는 다비드의 모습과는 전혀 다르다. 가슴이 한껏 앞으로 향해서 그림을 보는 사람에게 바짝 다가선다. 눈을 살짝 치켜뜨고 입술에 보

제라르, 〈레카미에 부인의 초상〉, 1802년

일 듯 말 듯 웃음을 머금은 표정이 앞에 있는 남성을 유혹할 기세다. 밑으로 힘없이 풀어져 있는 양손도 남성이 다가와서 끌어안으면 거부하지 않고 받아들일 분위기다. 그녀가 왜 '천사의 교태'로 불렸는지 설명이 필요 없을 정도다. 그녀가 즐겨 입어 유행시킨 슈미즈 복장이 왜 뭇 남성의 가슴을 설레게 했는지도 자연스럽게 이해가 간다.

그녀는 이 그림을 보고 흡족해했다고 한다. 그녀의 입장에서 다비드의 캔버스에 담겨 있는 모습이 마음에 들었을 리 만무하다. 칙칙한 방 안에서 두꺼운 부대자루 같은 옷으로 몸 전체를 꽁꽁 숨기고 남성들에게서 등을 돌린 모습을 받아들이기 싫었을 것이다. 사교계의 여왕 자리를 차지하며 매일 사랑을 고백하는 수많은 남자, 낭만적인 연시를 읊는 시인들에 둘러싸여 있는 자신에게 만족해하던 그녀였다.

중세 천년의 이른바 암흑기 동안 오직 신을 매개로 한 정신만이 가치가 있고, 인간적·육체적 욕망은 단죄의 대상이었다. 하지만 인간 육체의 능동적 의미를 다시 발견하려 한 르네상스 이후 적어도 현실의 삶에서는 욕망을 향한 숨통이 상대적으로 더 열렸다. 인간을 신이나 정신이 아닌 순수한 자연의 산물로 이해하려는 경향이 일정하게 생겼다. 중세의 종교적으로 덧씌워진 영혼이나 근대의 이성 중심 인간관을 거부하고, 인간을 육체를 매개로 한 자연적 존재로 본 것이다.

자연적 인간 이해는 감각적 욕망과 쾌락 옹호의 가능성을 열었다. 즐거움과 유용함을 중시하고, 정숙과 금욕을 미덕으로 보는 견해는 의심을 받았다. 결혼이나 출산과 무관한 성적 욕망과 성행위에 대해서도 적극적인 경향이 생겼다. 감각적 성행위의 즐거움을 포기하고, 절제하는 삶을 살라는 충고는 점차 현실적 설득력을 잃었다. 즐거움을 주지 못하는 행위나 도덕적 경건주의가 갈수록 사람들에게 환영을 받지 못했다. 마찬가지로 레카미에 부인에게 다비드는 육체적 욕망을 벌레 보듯이 하는 고루한 노인네로 보였을 것이다.

현실은 이미 빠르게 변하고 있는데, 철학은 근대에 접어들어서도 여전히 이성에 기초한 도덕적 경건주의 경향을 유지하고 있었다. 근대철학의 아버지로 불리는 데카르트는 여전히 인간의 본질을 정신에 둠으로써 육체적 욕망의 가능성을 잔뜩 좁혀버린다. 그는 "나를 나되게 하는 정신은 육체와 전혀 다르다"고 한다. 심지어 설사 육체가 없다 하더라도 정신을 통해 어디까지나 온전히 스스로를 보존할 수 있다고 본다. 인간의 직접적인 생존이나 감각 기능은 물질로서의 육체를 전제로 한다. 하지만 논리적 차원에서 감각이나 자연적 요소, 즉 육체적 요소는 떼어낼 수 있지만 정신은 떼어낼 수 없다는 의미다. 인간에게 가장 중요한 요소는 하나의 생각, 하나의 정신, 하나의 이성일 따름이다.

스피노자Spinoza도 데카르트에 비해서는 욕망을 더 적극적으로 인정하지만, 성적 욕망에 대해서는 여전히 부정적이다. 육체적 욕망이 감정을 억제하거나 지배할 때 인간은 정신적으로 무능력해지고 예속상태에 빠진다. 육체적 욕망이나 감정에 지배당하면 사람은 자기의 권리 아래 있는 것이 아니라, 운명의 권리 아래 있게 된다. 그 결과 선을 알면서도 운명의 힘에 사로잡혀 실제로는 악을 따른다. 스피노자가 제안하는 실천적 결론도 역시 이성을 통한 욕망의 조절이다.

자연 상태의 인간 본성에 적극적이었던 계몽사상가 루소<sup>Rousseau</sup> ●조차도 육체적·열정적 사랑을 경계한다. 열정적 사랑은 성적인 욕망과 같은 정념에 휩싸이기 마련이다. 육체적 욕망의 특징상 실제보다 서둘러 들뜨고 그만큼 안정성이나 지속성은 취약하다. 더 큰 문제는 성적인 욕망이 자신과 주변 사람을 타락으로 이끈다는 점이다.

성적인 욕망은 유혹을 느끼는 대상에 갇혀 있기 때문에 폭넓은 정신 활동에 장애물이 된다. 시야가 협소한 구멍 안에 있기에 성급한 기질을 갖게 한다. 참을성을 떨어뜨리고 조그만 일에 앙심을 품게 하며 격한 감정을 만든다. 그러므로 일찍부터 여자에게 몸을 맡기고 방탕에 빠진 사람은 연민과 자비의 감정이 사라지고 무정하고 잔인한 품성이 자라난다. 당연히 욕망에 기초한 사랑과 덕을 일치시키는 일은 더욱 어렵다. 미덕은 연민과 자비의 감정과 함께 살아날 수 있는

● **장 자크 루소(1712~1778)**
18세기 프랑스의 사상가·소설가이다. 1761년 서간체 연애소설 《신 엘로이즈》로 큰 성공을 거두었으나 이듬해 소설 형식의 교육론 《에밀》이 출판되자 파리대학 신학부가 이를 고발했다. 법원은 유죄와 동시에 체포령을 내렸고 루소는 스위스·영국 등으로 도피하였다. 영국에서 흄과 격렬한 논쟁을 일으킨 후, 프랑스로 돌아와 각지를 전전하면서 자전적 작품인 《고백록》을 집필하였다. 그 후 파리에 정착해 피해망상으로 괴로워하면서도 《고독한 산책자의 몽상》을 쓰기 시작하였으나 완성하지 못하고 사망했다. 평생에 걸친 그의 일관된 주장은 '인간 회복'으로, 인간의 본성을 자연 상태에서 파악하고자 하였다.

데, 욕망은 근본적으로 이기적이다.

루소에 의하면 교육 과정에서 너무 일찍 육체의 욕망에 눈뜨지 않도록 지도해야 한다. 이성의 이익을 도모하기 위해 육체를 둘러싼 자연의 진행을 늦추어야 한다. 적어도 스무 살까지는 욕망을 모르며 관능을 순결하게 보존할 필요가 있다. 스무 살 이후에는 욕망을 원천적으로 막는 일이 불가능하므로 이성에 따른 도덕적 의무를 통해 제어해야 한다.

이처럼 근대 이성주의 철학은 육체적·본능적 욕망을 제압한 위에서 순수한 정신의 자유와 체계화를 추구한다. 하지만 이성 중심의 근대철학은 인간의 억압을 초래한다는 점에서 큰 문제가 있다. 본래 철학은 인간을 이해하고, 세계를 이해하고, 이에 기초하여 인간과 세상이 어떤 관계를 맺어야 하는지, 어떻게 살아야 하는지를 탐구한다. 어떤 경우든 철학의 출발은 인간에 대한 이해에 기초한다. 정신이라는 것이 손에 잡히는 사물이 아닌 이상 어떻게 생겼고 어떤 성질을 갖고 있는지 한눈에 확인할 방법은 없다. 인간에 대한 이해가 전제되어야만 정신의 특성이든, 인간과 세상의 관계든 제대로 접근할 수 있다.

누가 뭐라 해도, 어떤 이유로도 인간이 육체에서 출발한다는 사실을 부정할 방법은 전혀 없다. 다른 동물과 마찬가지로 자연의 각종 물질로 구성되어 있고, 유전자 복제를 통해 다음 세대로 이어지도록 되어 있다. 정신도 유전자와 개체를 매개로 나타나는 생존 본능과 긴밀하게 연결되어 있다. 개인이든 집단이든 생존 가능성을 높이고 안정적 번식 조건을 만드는 것이 인류가 이 세상에 출현한 이후 가장 중요한 과제였으리라는 점은 쉽게 예상할 수 있다. 또한 현재 각 개인이 살아가고 있는 현실, 즉 먹고사는 문제를 해결하기 위해 대부분의 시간과 에너지를 쏟고 있는 현실만 봐도 그러하다.

결국 인간, 그리고 인간의 정신은 생존과 연관된 육체적 본능의 작용에서 자유롭지 못하다. 본능과 정신이 분리되는 순간이 아예 없는 것은 아니기 때문에 헷갈릴 수는 있다. 스스로 정신적 억제력을 발휘하여 본능적 욕구를 억누르는 경우를 종종 확인하거나 경험하기 때문이다. 예를 들어 사람들은 성욕을 느낀다고 해서 곧바로 이를 실행에 옮기지는 않는다. 심지어 기독교 수도사나 불교 스님은 평생 성욕을 다스린다. 가장 중요한 본능적 욕구라고 할 수 있는 식욕조차 억제하는 경우도 있다. 배가 고파도 꾹 참고 당장의 공부나 일에 매진했던 경험이 있다. 일부러 자신의 몸이나 정신을 맑게 하기 위해 일정 기간 단식도 한다. 혹은 인도의 간디를 비롯하여 불의에 저항하는 실천적 지식인들이 목숨을 건 단식으로 생존 본능에 역행하기도 한다. 이런 사례는 본능 억제를 통해 정신이 육체에 승리한 듯 보이지만 엄밀한 의미에서는 착각에 불과하다. 억제를 통한 정신의 승리는 대부분 일시적이다. 설사 평생 억제하는 삶을 산다고 해도 승리라고 볼 수 없다. 욕구에서 벗어나 자유로워지는 것이 아니라 '억제'라는 점에서 역설적으로 본능의 일상적인 작용을 증명한다.

무엇보다도 그 억제가 자연스러울 수 있느냐는 점이 문제다. 육체적 본능은 인간이 태어날 때부터 죽을 때까지 일상적으로 작용한다는 점에서 본성을 구성한다. 타고난 그대로의 본성을 부정하면서 과연 인간을 제대로 이해할 수 있는가? 본성을 부정하면서 자신의 내면과 솔직한 대화가 가능한가? 육체적 본능을 배제한 정신의 자유는 나무의 잎이나 열매가 자신을 가능케 한 뿌리를 부정하는 꼴이다. 그러한 의미에서 욕망의 억압은 인간의 억압이다.

# 왜 성욕에만
# 시민권을 안 주는가

에로티시즘을 대표하는 화가 에곤 실레Egon Schiele의 〈포옹〉은 성적인 욕망을 숨기지 않는다. 서양미술의 역사를 도발의 역사라고 부를 수 있다면, 빠질 수 없는 것이 바로 도발적인 성 표현이다. 서양 미술사 전체를 통해 기존의 성 관념을 파괴한 화가를 꼽으라고 하면 단연 실레가 첫손에 꼽힌다. 작품전이 열릴 때면 미술관 전시실 입구에 관람객에게 주의를 주는 안내문이 붙었다고 한다. 작품에 표현된 에로티시즘이 관객에게 특정한 감수성을 자극할 수도 있으니 조심하라는 문구였다.

〈포옹〉만 하더라도 거침이 없다. 논란이 되었던 다른 그림에 비해서는 상당히 자제한 기색이 역력하다. 그럼에도 불구하고 성적 욕망을 솔직하게 드러낸다는 점에서는 공통적이다. 포옹하는 장면이야

서양미술에서 숱하게 다루어온 소재다. 하지만 대부분 처음 포옹하는 사람처럼 정형화된 자세로 욕망을 숨긴다. 간혹 남성이 적극적인 태도를 보이더라도 여성은 수줍은 듯 몸을 사리기 마련이다. 신체 일부를 이불로 가리고 남자의 등이나 허리에 그저 팔을 얹어두는 정도에 그침으로써 윤리의 껍데기를 유지한다.

실레는 마지막 남은 껍데기조차 훌훌 벗어던진다. 일단 남성은 온몸이 성적인 욕구로 불타오른다. 팔·등·다리의 잔근육을 포함하여 온몸이 섹스에만 충실하겠다는 듯 흥분 상태다. 여성의 동작도 이에 못지않다. 양팔은 아주 작은 틈도 허용하지 않을 정도로 밀착해 있다. 한 손은 남자의 얼굴을, 다른 손은 등을 하염없이 애무한다. '허리

실레, 〈포옹〉, 1917년

아래'는 남자를 받아들일 준비가 다 되어있는 느낌이다. 구겨질 대로 구겨진 침대 시트는 애무가 얼마나 격정적인지를 잘 표현해준다. 얼굴은 보이지 않지만 육체적 쾌락을 만끽하며 극도의 흥분에 들어섰으리라는 짐작을 하게 한다. 일체의 사물이 사라진 주변 공간은 두 사람이 서로의 육체를 탐하는 일 말고는 아무런 관심도 없음을 암시한다.

더욱 도발적인 그림도 많다. 특히 매춘부들을 모델로 한 작품에서는 성적 표현이 더욱 공격적이다. 섹스 장면을 묘사하기도 하고 여인의 은밀한 신체 부위를 드러내기도 한다. 그는 어린 소녀를 유혹하고, 에로틱한 그림을 보여주고, 도덕적으로 타락하게 했다는 죄명으로 24일간 감옥에 갇히기도 했다. 모델로 섰던 가출 소녀의 부모가 고발했고 재판이 열렸다. 재판 과정에서 판사는 드로잉 한 점을 불태우기도 했다.

그는 〈옥중일기〉에서 항변한다. "에로틱한 스케치나 수채화를 그렸다는 사실을 부정하지 않는다. … 아무리 에로틱한 작품도 예술적 가치를 지니는 이상 외설은 아니다. 외설적인 감상자들에 의해 비로소 외설이 된다. … 타락이라는 말은 도대체 어떤 의미일까? 어른들은 아직 어린아이였을 때 얼마나 타락해 있었는지, 얼마나 성적 충동에 시달렸는지를 잊어버린 것일까? 어른들은 아직 어렸을 때 공포스러운 욕정이 급습하여 괴로웠던 기억을 잊어버린 것 같다. 하지만 나는 잊지 않았다. 왜냐하면 그로 인하여 정말 무섭고 괴로웠기 때문이다. 인간은 성에 대한 감각을 잃지 않는 한, 성에 대한 번민으로 괴로워하지 않으면 안 된다고 나는 생각한다."

그가 보기에 본래 비윤리적 성 표현이나 행위로서의 외설이란 없다. 외설이라고 규정하고 단죄하는 사회적 시각이 있을 뿐이다. '예술적 가치'라는 단서가 있기는 하다. 하지만 '예술적인 것'의 기준을 자신 있게 제시할 사람은 이 세상에 아무도 없다. 다수가 예술이라고 인정하는 데서 기준을 찾을 수도 없다. 새로운 예술적 경향을 개척한 창조적 작품 대부분이 당시에는 다수의 배척을 받으며 극소수의 지지에 머물렀다. 지금은 수많은 미술 애호가로부터 각광을 받지만 생전에 단 한 점의 그림도 팔리지 않았던 고흐도 있다. 예술적 동기는 작가의 내면에 속하기에 확인할 방법이 없다. 창작 의도든 대중의 지지든 예술적 가치 여부를 판가름하는 기준이기 어렵다. 결국 예술적 가치란 누구나 자기만의 기준이 있기 마련이고, 외설이란 본래 있는 것이 아니라 사회 내 다수의 시각일 뿐이다.

실레의 말대로 성적인 욕망을 비친 것이나 죄악으로 여긴다면 모든 어린이나 청소년은 구제불능의 타락한 자이거나 죄인이 되어버린다. 누구나 성장 과정에서 솟구치는 성적 욕구를 경험한다. 미숙하기 때문이라고 치부할 수는 없다. 어린 시절일수록 순수하고 자신에게 충실하다는 점에서 본성에 보다 가까이 있는 상태. 성인도 정도의 차이가 있을 뿐이지 크게 다르지 않다. 성에 대한 감각을 잃지 않는 한, 설사 노인이라 하더라도 성에 대한 관심을 부인하지 못한다. 육체적 본능을 부정하고 추구되는 정신적 자유라면 이미 자유의 본질이 파괴된 가짜 자유에 불과하다. 본능과 분리된 정신은 영양분을 공급받지 못하는 나무처럼 시들어간다. 생명력을 상실한 껍데기다. 즉 정신의 불구 상태에 빠진다. 적어도 서양의 주류 철학은 오랜 기간 정신적 불구를 철학이라는 이름으로 강제해온 면이 있다.

그렇다고 해서 모든 성적 욕망을 본성에 따른 순수한 것으로 인정하기는 어렵다. 현대사회에서는 성적 욕망 과잉이 오히려 문제가 아니냐는 반론이 있다. 매스미디어나 주변에서 접하는 현상은 성의 과잉처럼 보인다. TV에서는 섹시함을 놓고 시도 때도 없는 경쟁이 벌어진다. 사회적으로도 성과 관련된 산업이 확대되는 중이다. 성적

매스미디어에서는 섹시함을 놓고 시도 때도 없는 경쟁이 벌어진다. 2014년 란제리를 입은 스튜어디스 사진을 홍보용으로 촬영한 베트남의 한 항공사가 전 세계 네티즌의 뭇매를 맞기도 했다.

욕망이 상업적 쾌락과 뒤섞인다. 성행위와 성적 이미지로서 육체를 상품화하는 경향이 지배적인 대중문화의 하나다. 자본의 이윤 극대화 욕구가 만들어낸 욕망의 상업화다. 성적 욕망 충족이 점차 구매의 문제, 돈의 문제로 변질된다.

가장 극단적인 형태가 성관계의 상업화다. 매매춘이 일상화되고 삶의 다양한 영역으로 확산된다. 멀리 갈 것 없이 한국사회만 봐도 어렵지 않게 확인 가능하다. 집창촌, 룸살롱 등 전통적 성매매 업소가 즐비하다. 노래방, 휴게방 등 직접 성과 상관이 없는 곳으로 여겨졌던 공간조차 매매춘 통로로 확산되는 중이다. 특히 정보기술의 발달과 함께 인터넷을 통해 불특정 다수에게 돈을 받고 몸을 노출하거나 성행위 장면을 서비스하기도 한다. '스폰서'라는 말이 별도의 설명 없이 언론에서 사용될 정도로 금전 제공을 전제로 한 조건 만남도 사회 깊숙하게 뿌리를 내리고 있다.


하지만 성의 상업화는 성적 욕망의 과잉 때문에 발생하는 현상이 아니다. 성적 욕망이 전반적으로 억압되었을 때 나타나는 비정상적 현상이다. 안으로부터 분출되어야 할 성적 에너지가 현실에서 자연스럽게 영위되고 충족되지 못하는 사회에서 나타나는 왜곡이다. 자율적 판단이 아니라 사회에 의해서 관리된 행동으로 변질된다. 관리되면서도 자율적으로 느끼게 한다는 점에서 자발적 복종이다.

욕망이 경제적·정치적으로 관리되면서도, 즉 사회적으로 허용되고 바람직하다고 여겨지는 범위 내에서 성적 욕구를 왜곡당하면서도 욕망을 실현하고 있다는 착각 속에서 만족스러워한다. 적응을 통한 복종을 만족이라고 생각한다. 하지만 외적인 관리에 빠져들면 빠져들수록 내적인 욕망과 쾌락은 본모습을 잃고 약해진다. 성적 욕망은 상호간 향유라는 본질을 잃고, 구매자와 상품의 관계에서 소비로 전락한다.

현대사회의 도덕률은 성적 욕망 자체를 부정하지는 않는다. 대신 욕망을 일종의 위계질서 안에서 관리한다. 수직 계열화된 위계질서의 하위 범주로 욕망을 분류하고 그 이상의 역할을 넘보지 못하게 관리함으로써 숨통을 조인다. 정신이나 마음을 공간적·시간적 의미에서 우선하는 요소로 규정하고, 몸이나 욕망은 여기에 뒤따르는 부차적 요소로 취급한다.

인류 역사를 볼 때 정신과 몸의 관계는 오히려 몸이 앞서고 정신이 뒤따르는 과정이거나, 백 보 양보해도 정신과 몸이 동등하게 상호작용하는 과정으로 봐야 한다. 정신이 이룩한 고귀한 성과로 꼽는 정치적·법적 체계의 발전이나 과학기술의 발달도 본능적 욕구의 충족을 기본 동기로 한다. 대표적인 육체적 본능을 살펴보면 왜 육체가 정신에 동기를 제공하는지 의미가 분명해진다.


식욕·수면욕·성욕이 대표적인 인간 본능임을 부인할 사람은 아무도 없다. 세 가지 욕구 모두 생존 욕구라는 공통점을 지닌다. 고대 국가에서 현대사회에 이르기까지 인간의 자유를 실현해 온 역사의 변화는 식욕과 수면욕을 충족시키기 위한 집단적 활동에 의해 가능했다고 봐야 한다. 예를 들어 정신이 만들어낸 역사적 승리로 거론되는 사회혁명만 봐도 그러하다. 대부분의 사회혁명은 밑바탕에 '빵을 달라!'라는 요구, 즉 생존권 보장이 깔려 있다. 식욕이라는 본능을 사회를 통해 안정적으로 보장받기 위한 욕구가 각종 사상적·정치적·법적 이념과 요구로 정식화된 것이다.

수면욕도 비슷한 역할을 했다. 수면욕은 단순히 잠만 자는 것이 아니라 충분히 휴식을 취해 몸을 정상적인 상태로 유지하려는 욕구를 반영한다. 역사적으로 충분한 휴식과 수면을 취하고, 여가와 놀이를 확대하면 게으른 사람으로 지탄을 받아왔다. 잠과 휴식을 줄여서라도 열심히 일해야 한다는 근로의 도덕이 지배했다. 욕망의 해방은 노동을 인간의 운명으로 강제하는 도덕률에서 벗어나는 방향으로 나아간다. 노동 시간을 제한하고 노동 강도를 완화하려는 오랜 노력은 수면욕을 기본 동기로 한다. 또한 편하게 쉴 수 있는 주거 환경과 만족할 만한 여가 역시 연관을 갖는다.

동일하게 본능에서 출발한 생존 욕구임에도 불구하고 아직까지도 시민권을 인정받지 못하는 것이 바로 성욕이다. 식욕과 수면욕, 즉 식사를 하거나 잠을 자는 행위에 대해 그 누구도 부끄럽다거나 타락이라고 규정하지 않는다. 하지만 여전히 성욕에 대해서는 은밀하게 숨겨야 한다고 여긴다. 성적 욕망을 정신보다 중시하는 순간 비정상적 충동으로 분류된다.

정말 정신이 몸에 앞서야 정상일까? 정신과 몸에 시간적인 선후

관계를 두는 사고방식은 마치 사랑을 사업이나 직장에서 일이 진행되는 과정과 비슷하게 여기는 발상이다. 정신을 통해 기획을 하고 몸을 통해 실행하는 과정과 같은 원리로 진행된다고 보는 생각이다. 몸이 앞서고 정신이 뒤따라오면 왜 안 되는가?

인간은 의미를 찾거나 만드는 사고 과정 이전에 욕망 자체로 움직인다. 인간에게 욕망은 어디에나 있다. 무의식과 의식, 몸과 정신도 그 안에서 움직인다. 이들 사이의 우열관계나 선후관계는 없다. 다만 사람에 따라 혹은 상황에 따라 몸이 앞서기도 하고, 마음이 앞서기도 할 뿐이다. 어떤 것이 정상이고, 다른 것이 비정상이라는 구분은 의미가 없다.


특히 성적 욕망은 더욱 중요한 의미를 갖는다. 다른 욕망이 역사 변화 과정에서 일정하게 시민권을 얻었지만 성적 욕망은 여전히 제대로 권리를 인정받지 못하거나 성의 상업화 속에서 왜곡되거나 방치되기 때문이다. 현재까지도 억압되고 유폐되는 현상은 그만큼 성적 욕망이 정신과 몸의 관계에서 가장 민감한 영역이라는 점을 반증한다.

철학이 인간과 세계에 대한 체계적 관점과 가치를 찾는 작업이라면 미리 규정된 틀에 인간을 꿰어 맞추는 기존의 관성에서 벗어나야 한다. 철학이 진정 인간을 이해하고자 한다면 일차적으로 정신과 욕망으로 분리된 상태에 종지부를 찍어야 한다. 성적 욕망을 정신의 중요한 한 부분으로 인정할 때 우리는 살아 있는 생생한 철학을 향한 새로운 발걸음을 한 발짝 내디딜 수 있다.

*Chapter 8*

# 비정상을
# 생각하는
# 사람

마그리트, 〈새를 먹는 소녀〉, 1926년

# 당신은 닭을
# 어떻게 먹습니까

마그리트의 〈새를 먹는 소녀〉는 당황과 경악의 감정을 불러일으킨다. 제목 그대로 새를 먹고 있는 소녀의 모습이다. 순수한 소녀의 상징이라 할 수 있는, 목과 손목에 흰색 레이스가 달린 옷차림이다. 나무에는 가지마다 서로 다른 색을 가진 특이한 모습의 새들이 앉아 있다. 그 가운데 한 마리를 손으로 잡은 듯하다. 손가락 사이로 깃털이 삐져나올 정도로 야무지게 움켜쥐고 털이 적은 배 부위를 물어뜯는 중이다. 이미 살을 다 헤집어서 내장이 드러나 있다. 숨통이 끊기기 전까지 날개를 푸드득거렸는지, 손은 물론이고 흰색 레이스까지 여기저기 붉은 피가 튀어 있다.

소녀의 표정이 더 엽기적이다. 억지로 먹는 표정도 아니고 그렇다고 해서 탐욕스러운 분위기도 아니다. 평소에 먹던 음식인 듯 대수

롭지 않다. 늘 먹는 집밥을 앞에 두고 특별한 표정을 짓지 않는 것과 마찬가지다. 살아 있는 새를 아무렇지도 않게 눈을 지그시 내리깔고 맛을 음미하는 모습이 섬뜩한 느낌을 준다. 표정으로 봐서는 생각지도 못한 놀라운 경험이기보다는 익숙한 쾌감에 가깝다.

마그리트는 왜 이토록 경악스러운 그림을 불쑥 내밀었을까? 몇 몇 평론가는 초현실주의 화가들이 종종 잔학한 행위를 통해 환각적인 장면을 연출하던 시도의 추종 정도로 해석한다. 이러한 해석대로라면 그저 남들의 이목을 끌기 위한 황당한 객기거나, 잘해봐야 짓궂은 장난이 되어버린다. 이 그림에서 무언가 의미를 찾는 일이 우스워진다. 붓을 든 철학자임을 자처하던 그의 그림에 대해 수준 낮은 호객 행위 딱지를 붙이는 것은 그리 신중한 평가로 보이지 않는다. 지금까지 다른 작품에서 확인해 왔듯이 사람들을 놀라게 하거나 당황스럽게 하는 것 자체에 목적이 있다고 평가하기는 어렵다. 그에게 그림 형식과 연출된 장면은 그 자체가 목적이 아니라 감상자에게 특정한 메시지를 고민하게 만드는 수단 역할을 한다. 그림에서 황당한 느낌을 받는다면 마그리트의 의도가 반은 성공했다고 봐야 한다. 남은 반은 이를 통해 전달하려는 메시지가 무엇인지를 읽어내는 일이다.

몇 가지 이상한 점이 눈에 띈다. 먼저 앞서 언급한, 소녀의 무표정이다. 뭔가 전형적인 쾌감이라면 식탐을 부리는 표정이라도 있어야 한다. 하지만 소녀의 얼굴에서는 담담한 기색만 읽힌다. 새를 잡아서 뜯어 먹는 중인데 가지에 태연하게 앉아 있는 다른 새들도 이상하기는 마찬가지다. 당연히 기겁해서 멀리 날아갔어야 한다. 하지만 단한 마리 예외도 없이 언제 그런 일이 있느냐는 듯 앉아 있다. 그 누구보다도 집요하게 자신의 의도를 캔버스에 담고 사실적인 묘사에 충실했던 마그리트이기에 아무 생각 없이 이렇게 표현했다고는 생각할수 없다. 의미 전달을 위해 의도된 장치라고 봐야 한다. 소녀의 무표정과 가지 위의 평온한 새는 경악하는 우리에게 '이게 뭐 어때서?'라는 말을 던지는 듯하다. 오히려 놀라는 행위가 공연한 호들갑이 된다. 그림 속 장면을 비정상이라 느끼는 통념적 시각이 이상한 게 되어버린다.

정말 그림 속 소녀의 행위를 비정상이라고 볼 이유가 없을까? 문명인으로서는 생각할 수 없는 야만스러운 행위이고, 상식을 가진 사람으로서 용납할 수 없는 잔인한 행위라고 생각하는 시각이 편견에 불과할까? 사실 동물에 대한 야만성과 잔인성으로 보자면 우리가 훨씬 더 심하다. 한국사회를 예로 들면 한 해에 약 4억 마리, 하루에 평균 약 백만 마리의 닭을 소비한다. 브랜드 치킨 체인점만 100여 개에 달한다. 체인 업체이니 당연히 각 업체마다 수많은 소매점이 있다. 알을 낳는 용도로 사육되는 산란계만 해도 6천4백만 마리에 이른다.

가공할 만한 탐욕으로 먹어치우기 때문에 닭은 자연의 동물이라면 상상할 수 없는 학대를 받는다. 대규모 닭 소비를 위해 배터리 케이지Battery Cage로 불리는 시설에서 사육된다. 바닥을 비롯하여 사방이 철망으로 되어 있고 한 마리에게 허용된 공간이 아이패드보다도 작다. 비좁은 우리에 채워 넣었기에 몸을 뻗칠 수도, 날개를 펼 수도 없다. 닭들은 살아 있는 동안 잘 움직이지도 못하고 똑바로 서 있어야 한다. 이로 인해 다양한 상처를 입는다.

다른 가축이라고 해서 사정이 나을 게 없다. 돼지의 경우 연평균 약 1천만 마리가 도축된다. 이 정도의 소비를 충당하기 위해 닭과 마찬가지로 오래전부터 공장식 축산이 도입되었다. 많은 수의 돼지를

대량생산에 중요한 어미돼지를 편리하게 관리하기 위해 개발된 '스톨'은 폭 60㎝, 길이 210㎝의 철제 감옥이다.

비좁은 공간에 몰아넣다보니 스트레스로 인해 서로 물고 싸워 부상 빈도가 높아졌다. 이에 대량생산에 중요한 어미돼지를 편리하게 관리하기 위해 스톨Stall이라는 감금 틀을 개발했다. 폭 60센티미터, 길이 210센티미터의 철제 감옥이다.

걷기는커녕 몸을 돌리지도 못하고, 새끼돼지와 자연스러운 교감도 할 수 없다. 계속 임신과 출산을 반복시키는데 한시도 감금 틀에서 벗어날 때가 없다. 지나치게 야만적이어서 유럽과 캐나다에서는 현재 스톨 사육을 금지하고 있다.

동물은 지능이 낮고 또한 가축은 평생 좁은 우리 속에 갇혀 살았기 때문에 다른 삶을 모르며, 따라서 고통을 느끼지 않는다고 주장하는 사람이 있다. 하지만 이는 사실이 아니다. 동물은 태어나서부터 어떠한 환경에서 살았는가와 무관하게 운동을 하고 싶어 하며, 자신의 몸을 쭉 뻗어보길 바라고, 몸 손질 등을 하고 싶어 한다. 옥스퍼드 대학 연구소에서 실험을 했는데, 닭들은 풀이 깔린 방사장과 새장 중 어느 한 가지에 대한 선택권이 주어지자 방사장으로 향했다. 나아가 그들 대부분은 모이가 있는 새장보다도 모이가 없는 방사장을 선호했다.


이제 스스로에게 물어보라. 과연 나무 위의 새를 잡아 산 채로 먹는 소녀와 더 많은 닭을 먹기 위해 꼼짝달싹하지 못하는 공간에 평생을 가두는 우리 가운데 누가 더 엽기적인가? 소녀는 새를 배터리 게이지에 가두지 않는다. 평소에 자연적 본성을 누리며 살던 새를, 다만 생으로 잡아먹을 뿐이다. 우리가 닭이나 돼지를 직접 사육하거나 도축하는 사람이 아니기 때문에 잘못이 없다고 말할 것인가?

만약 이러한 논리를 정당화하려 한다면 우리는 갈수록 더욱 잔인해진다. 정당화하려면 다음과 같은 질문에 대해 스스로의 타당성을 설득할 수 있어야 하리라. 제2차 세계대전 기간에 수용소나 가스실에서 유대인에 대한 대량학살을 직접 집행한 일반 병사를 더 잔인하다고 할 것인가, 아니면 학살 현장에서는 한 발 떨어져 있지만 이를 명령한 히틀러나 각급 정치·군사 관료를 더 잔인하다고 할 것인가? 둘 다 잔인하기는 마찬가지라고 하거나, 아니면 후자의 책임을 더 무겁게 두어야 한다. 이를 뒤집을 수 있는가?

동물에 대한 엽기적 잔인성은 가축의 범위를 넘어서면 더욱 심해진다. 예를 들어 수백만 원에서 비싸면 수천만 원에 이르는 밍크코트만 봐도 그러하다. 밍크의 가죽을 통째로 벗겨 코트를 만드는데 한 벌을 만들기 위해 무려 30~40마리를 죽인다. 특히 어린 밍크가 털이 더 좋아서 태어난 지 얼마 되지도 않은 귀여운 새끼들이 코트 때문에 무자비하게 죽어간다. 밍크를 죽이는 과정은 더 끔찍하다. 산 채로 가죽을 벗겨야 좋은 털을 얻을 수 있고 작업도 편하다고 한다. 그래서 어린 새끼를 사육장에서 꺼내 쇠몽둥이로 때려 기절시키는 경우가 적지 않다. 기절한 상태로 나무에 매단 다음, 날카로운 칼로 항문 쪽에서 점점 배를 거쳐 머리까지 벗긴다. 태연하게 가죽을 벗기고는 살만 남은 새끼를 아무렇지도 않게 멀리 던져버리곤 한다. 밍크만이 아니라 여우나 너구리도 그렇게 산 채로 가죽을 벗겨서 코트나 목도리를 만드는 데 사용한다. 오직 인간의 멋을 위한 단 한 벌의 코트에 참혹하게 사육되고 죽어간 수십 마리의 밍크가 매달려 있다고 생각하면 손과 옷에 피가 번져 있는 소녀보다 훨씬 더 엽기적이다.

마그리트가 〈새를 먹는 소녀〉를 통해 '이게 뭐 어때서?'라는 말을 던질 만하다. 닭·돼지·밍크의 사례를 진지하게 고려할 때 그림 속 소녀를 비정상이라고 손가락질할 자격을 가진 사람이 얼마나 될까? 만약 이 소녀를 비정상이라고 한다면 우리 모두도 비정상에 포함되어야 한다. 우리가 정상이라면 소녀도 정상이다. 그만큼 정상과 비정상이라는 구분 자체가 지극히 자의적이다.

자의성이 단순히 개인의 주관적인 인상 차원이라면 그리 심각한 문제는 아니다. 인류는 사회적 강자나 다수가 생각하는 바를 기준으로 정상과 비정상을 구분하고, 비정상에 대해서는 사회적 조롱과 비난, 배제와 격리를 거듭해왔다. 철학과 종교는 이론적·윤리적으로 이를 뒷받침하는 역할을 적극적으로 담당해 왔다. 동물에 대한 인간의 잔인성, 인간과 동물의 관계만 해도 그러하다.

서양의 종교 전통인 유대교와 기독교, 그리고 이슬람교에서는 인간이 아닌 동물에 대해 그다지 우호적인 편이 아니었다. 성경의 창세기에서는 인간을 동물에 대한 지배권을 부여받은 존재, 신의 형상을 따라 창조된 유일한 존재로 규정한다. 창세기는 태초부터 인간과 동물을 질적으로 구분하고 있다. "하나님이 가라사대 우리의 형상을 따라 우리의 모양대로 우리가 사람을 만들고 그로 하여금 바다의 고기와 공중의 새와 육축과 온 땅과 땅에 기는 모든 것을 다스리게" 하였다. 또한 "무릇 산 동물은 너희의 음식물이 될지라. 채소같이 내가 이것을 다 너희에게 주노라"라고 함으로써 동물을 비롯한 자연의 만물에 대한 특별한 권리를 인간에게 부여한다. 서구 종교의 전통에 따르면 도덕적으로 의미 있는 존재는 인간뿐이다. 그와 같은 입장을 대표하는 사람으로 중세 신학의 상징인 토마스 아퀴나스$^{Aquinas}$●를 들 수 있다. 아퀴나스는 "동물은 창조자 신의 지혜에 따라 동작하는 기계와 같다"고 주장한다. 몇몇 글에서 동물의 자유 의지를 부정하고, 동물의 작동을 시계의 작동에 비유한다. 전해오는 이야기에 따르면 그는 식사 때마다 육식을 즐긴 뚱보였다고 한다.

비슷한 맥락에서 철학적인 차원에서의 논의도 이어졌다. 아리스토텔레스는 동물은 이성적인 인간을 위해서 존재하는 것으로, 즉 인간에게 먹을 것과 입을 것을 제공하기 위해 존재하는 것이라고 생각

● **토마스 아퀴나스(1225~1274)**
중세 유럽의 스콜라 철학을 대표하는 이탈리아의 신학자이다. 이탈리아 로카세카 성주의 아들로 태어나 나폴리대학에 입학했으나 설교 및 학문연구를 사명으로 하는 도미니코회에 들어가 사제가 되었다. 1257년 파리대학 신학교수가 되었고 이후 약 10년간 이탈리아 각지에서 교수 및 저작에 종사했다. 1274년 리옹 공의회에 가던 도중 포사노바의 시토회 수도원에서 병사하였다. 저서로 《신학대전》, 《진리에 대하여》, 《신의 능력에 대하여》 등이 있다.

했다. 그에 의하면 영혼은 세 가지 종류의 것이 있다. 식물적 영혼, 감각적 또는 동물적 영혼, 이성적 영혼이다. 이 가운데 이성적 영혼은 인간에게만 있다고 주장한다.

　서양철학자들은 대체로 이러한 견해를 받아들였다. 데카르트는 동물이 고통을 느낄 수 있음을 부정하기조차 한다. 이성적이지 않은 존재는 쾌락이나 고통을 느낄 수 없는 생물학적 로봇 또는 의식적인 기계장치에 불과하다. 그런 점에서 동물은 이성을 갖춘 인간과 구별될 수밖에 없으며 당연히 도덕적 고려의 대상에서 제외된다. 아리스토텔레스가 인간과 동물의 서로 다른 영혼의 문제를 다루었다면 데카르트는 동물의 영혼에 관한 문제를 동물의 지능에 관한 문제로 바꾼다. 데카르트에게 영혼은 이성을 뜻하기 때문이다. 즉 영혼보다 추론 능력을 중심으로 인간과 동물을 절대적으로 구별한다. 재주나 근면성, 빠른 속도 등은 단지 기계적인 본성에 불과하고 가장 중요한 요소인 추론 능력은 결핍되어 있기 때문에 동물은 열등한 존재다.

　동물에 대한 존중을 강조한 견해가 없지는 않다. 몽테뉴[Montaigne]는 동물이 인간보다 더 자연스럽기에 우월하다고 주장한다. "우리는 인간을 정의로, 동물을 친절로 대해야 한다"면서 동물을 동료로서 존중하도록 주문한다. 공리주의자로 잘 알려진 벤담[Bentham]은 동물의 고통이 그 자체로 문제가 된다고 강조한다. 벤담은 동물이 권리를 가진 것으로 인정되는 날이 오기를 기대했다. 그들의 사고는 동물에 대한 지나친 행위를 금지하는 법률을 입법하는 데 영향을 미쳤다. 하지만 서양철학의 주된 전통은 이 세상의 주체는 인간이고, 모든 동물이 오직 인간을 위해 존재하는 수단에 불과하다는 견해를 중심으로 형성됐다.

인간의 생존을 위한 육식이라면 뭐가 문제겠는가. 육식동물이 초식동물을 잡아먹고 주변에 피가 낭자하다고 해서 비정상이라고 할 이유는 없다. 잡식성인 인간이 고기를 익혀 먹든 생으로 먹든 비정상으로 치부될 이유는 없다. 자기 손에는 피를 묻히지 않았지만 매일 고기를 먹기 위해 수많은 닭이나 돼지를 일상적 고통으로 몰아넣고, 짐짓 고상한 체하며 부 과시용 옷을 위해 털이 고운 동물을 산 채로 죽이는 대다수 사람이야말로 엽기적·비정상적이다.

# 정상과 비정상의
## 경계는
## 누가 정할까

마그리트의 〈새를 먹는 소녀〉를 통해 정상과 비정상에 대한 두 가지 문제의식을 확인할 수 있었다. 하나는 정상과 비정상이 어느 쪽에서 바라보느냐에 따라 언제든지 자리가 뒤바뀔 수 있다는 점이다. 다른 하나는 정상과 비정상을 구분하는 선이 개인적인 시각이나 취향이 아니라 사회적 강자 혹은 다수에 의해 일방적·체계적으로 그어진다는 점이다. 이러한 문제의식에 기초하여 주변의 현상을 보면 우리는 얼마든지 비정상 속에서 정상을, 정상 속에서 비정상을 찾아낼 수 있다. 먼저 비정상에서 정상을 찾아보자.

폴 고갱Paul Gauguin의 〈어머, 질투하고 있니?〉는 인상주의 미술에 특별한 애정을 갖고 있는 한국 사람들에게 아주 익숙한 그림이다. 고갱은 이 작품을 그린 직후에 〈몽프레에게 보낸 편지〉에서 다음과 같이 설명한다. "나는 최근 모델 없이 나체화를 한 장 그렸다. 물가에 두 여인이 있는 그림이다. 내 생각에는 지금까지 그린 그림 중에 가장 좋은 작품인 듯하다." 그의 말처럼 두 여인이 물가에서 한가한 시간을 보내는 중이다. 옆에 옷을 벗어두고 있는 것으로 봐서 조금 전까지 수영을 즐긴 듯하다.

한 여인은 건강한 구릿빛 피부를 자랑하려는지 우리 쪽을 향하여 온몸을 보여준다. 그 뒤로 하늘에서 내리쬐는 햇볕을 정면으로 받으며 또 다른 여인이 누워있다. 비슷한 피부색을 가진 두 여인이 겹쳐 있지만 한 사람은 밝은 빛에, 다른 사람은 어두운 그늘에 노출시켜 자

고갱, 〈어머, 질투하고 있니?〉, 1892년

연스럽게 구분한다. 두 여인 모두 자신의 벗은 몸을 사람들이 오가는 장소에서 타인에게 보여주는 데 거리낌이 없다.

그림 제목이 왜 '어머, 질투하고 있니?'인지는 고갱의 친구이면서 시인·평론가로 활동한 샤를 모리스가 말한 내용이 좋은 참고가 된다. "수영하러 온 두 자매가 더운데도 동물과 같이 우아하고 싱싱하게 몸을 뻗고 소곤거리며 지금까지의, 또 지금부터의 연애 이야기를 하고 있는 것처럼 보인다. 돌연 말다툼이 벌어진다. 뭔가를 생각해낸 것이다." 그림을 보며 시인답게 문학적 상상력을 동원하여 만들어낸 이야기일 것이다.

자매가 젖은 몸을 말리며 수다를 떨다가 어느덧 남자와의 설레는 사랑 이야기로 접어들었으리라. 누운 여인이 무심코 요즘 부쩍 가까워진 어떤 남자에 대한 감정을 늘어놓았던 듯하다. 시시콜콜한 감정을 자랑에 섞어 늘어놓았겠지. 그 남자가 누구냐고 물었을 때 나온 이름이 하필이면 앞의 여인이 남몰래 마음을 두고 있던 남자였을까? 뭔가 잔뜩 심통이 나서 입을 비쭉 내밀고 눈을 흘긴다. 실제 그런 사정인지는 알 길이 없지만, 어쨌든 흥미로운 이야기 한 자락쯤은 숨기고 있을 것만 같은 분위기다.

제목만 봐도 고갱이 원주민의 삶과 정서에 조금은 익숙해져 있음을 느낄 수 있다. 잘 알려져 있듯이 그는 문명세계에 대한 혐오감으로 남태평양 타히티 섬으로 떠나 밝고 강렬한 색채로 열대 원주민의 삶을 그렸다. 이미 전부터 토속적인 토기를 제작하면서 원시 미술에 대한 관심을 가졌기에 원주민의 소박하고 순수한 자연적 삶이 가깝게 느껴졌으리라. '어머, 질투하고 있니?'라는 제목은 우연히 튀어나온 게 아니다. 〈언제 결혼하니?〉, 〈왜 골이 나 있니?〉 등 이즈음의 작품에 심심치 않게 등장하는 구어체 표현이다. 반복하여 사용한 것으로 봐서 다분히 어떤 의도를 담고 있다고 봐야 한다. 사람들이 일상적인 대화를 하다 툭 튀어나온 말을 그대로 제목으로 사용한 느낌이다. 개념어를 동반하는 문어체는 문명이 만들어 내는 인공적인 분위기를 반영한다. 이에 비해 구어체는 다듬어지지 않은 자연스러운 대화 분위기를 전달한다.

우리에게는 문어체가 익숙하지만 원주민의 일상적인 생활에서는 생소하다. 고갱은 그림 속 이미지만이 아니라 제목을 통해서도 원주민의 일상을 반영하고 싶었던 듯하다. 이 작품을 그린 시기에 부인에게 보낸 편지에서 말한다. "지금에 와서야 이 토지와 그 향기를 알게 되었소." 그만큼 문명의 흔적에 덜 오염된 마오리족 특유의 정서에 다가서려 했고, 바로 옆에서 대화하는 느낌의 제목으로 이를 보여 준 게 아닌가 싶다.

하지만 남태평양 섬에서 그린 작품이 유럽에서 대중적으로 일정하게 주목을 끌 수 있었던 이유는 고갱이 의도했던 원시적 삶에 대한 공감보다는 소재의 특이함에 있을 뿐이었다. 마치 동물원에서 평생 본 적이 없는 이국적인 동물을 보는 색다른 경험 말이다. 기린·코끼리·낙타 등 특이한 동물은 처음에는 호기심으로 보지만 몇 번 보고 나면 그저 그렇기 마련이다. 마찬가지로 파리로 돌아온 고갱이 그간 의 작업을 처음 공개하자 관심을 불러일으켰지만 다시 타히티로 가 서 작업한 작품을 몇 년 후에 공개했을 때는 아무런 반응이 없어서 참 혹한 심정에 빠져야 했다.

처음에 유럽인이 느꼈던 호기심은 정상을 벗어난 어떤 대상에 대한 신기함이었을 것이다. 먼저 피부색도 다르고 원시적 생활을 하 는 사람들에 대한 관심이다. 유럽인의 시각에서 남태평양 마오리족 은 그저 미개인일 뿐이다. 말을 하지만 기본 바탕은 동물에 가까운 야 만 종족으로 느껴진다. 서구인의 모습과 생활을 '정상'의 기준으로 놓 고 바라보기에 그림으로 나타난 일체의 모습은 '비정상'이 주는 특이 함에 불과하다. 그들의 시각에서 볼 때 흑인이든 황인이든 피부가 희 지 않은 이상 인간보다는 동물적 특성을 더 많이 지닌다. 알몸을 드러 낸 그녀들의 모습도 비정상으로 보이기는 마찬가지다. 당시까지 서 양화에서 누드는 오직 서구인이 생각하는 이상적인 비율의 몸매를 지닌 여성이 아름다움을 뽐내기 위해서 묘사될 때만 예술적 가치가 인정되었다. 만약 그 기준과 무관하게 일상생활에서 벗고 있는 모습 이라면 추한 모습으로 치부된다. 고갱의 그림 속 여인처럼 피부색도 진하고 배도 나온 데다 널브러져 있는 자세라면 더 말할 나위도 없다.

고갱은 그동안 서구인이 가지고 있던 비정상 개념에 도전한다.

타히티에 도착하여 어느 정도 지난 후인 1891년에 그린 〈꽃을 든 여인〉에 대한 설명에서 "그녀는 예쁘다고 말할 수 없지만 이는 유럽 기준에서 보았을 때 그럴 뿐이다. 어쨌든 역시 아름다운 것"이라고 한다. 그림을 보면 서구인의 시각에서는 아름다움과 거리가 먼 모습이다. 코는 납작하고 입술을 두껍다. 여기에 광대뼈가 툭 튀어나오고 미간도 강인한 인상인 데다 어깨도 넓어서 남성 이미지에 가깝다. 불룩 솟은 옷 안으로 여성의 부드러운 가슴이 아니라 남성의 탄탄한 근육이 있을 것 같다.

고갱, 〈꽃을 든 여인〉, 1891년

하지만 고갱이 보기에 유럽 기준에서만 그러하다. 마오리족의 시선에서는 더할 수 없는 아름다움이다. 오히려 피부색이 희고 팔과 다리가 가는, 서구인들이 아름답다고 칭송하는 여인이야말로 병색이 가득한 비정상적 모습으로 여겨질 것이다. 고갱은 알몸의 원주민 여인에 대한 서구인의 편견에 대해서도 반박한다. 〈에코 드 파리〉와의 인터뷰에서 타히티에 대해 얘기하던 중에 거칠게 쏟아낸다. "나의 이브는 동물에 가깝습니다. 벌거벗었는데도 음란해 보이지 않는 것은 그래서예요. 그러나 살롱전에 출품된 비너스들은 하나같이 추잡하고 외설적입니다."

그의 문제의식에도 편견의 흔적이 남아있다는 의심이 들 만하다. 원주민 여성을 동물에 비유했으니 말이다. 하지만 전체 문맥을 고려할 때 그가 언급한 '동물'이라는 표현이 그들을 낮추어 보거나 경멸하기 위해 쓰이지 않았다는 점을 알 수 있다. 순수하다는 의미의 '자연적'이라는 표현에 가깝다고 봐야 한다. 오히려 화려한 침대와 가구, 고급 레이스가 달린 천을 배경으로 한 서양 회화의 누드화에서 천박함이 느껴진다고 한다.

서구인이 비서구인의 특징을 비정상으로 보는 시각을 흔히 오리엔탈리즘이라고 칭한다. 오리엔탈리즘은 온갖 영역에서 서양과 동양을 정상과 비정상이라는 이분법적 발상으로 나눈다. 정상에는 우월을, 비정상에는 열등을 대입시킨다. 또한 문명과 야만, 이성과 관능, 강력함과 유약함, 지배와 종속, 질서와 혼돈, 정상과 비정상, 도덕과 비도덕, 민주주의와 전체주의라는 식의 이분법을 적용한다. 당연히 서양은 일체의 긍정적인 가치를, 동양은 부정적이거나 기껏해야 마법적이거나 신비로운 가치를 대변한다. 피부색이나 외모만이 아니라 사소한 일상생활의 다양한 습관에 대해서도 비정상으로 규정하고 거리낌 없이 멸시한다. 서로 다른 생활조건과 취향을 반영하는 음식 문화에 대해서조차 비정상이라는 규정과 함께 야만의 딱지를 붙인다. 예를 들어 인도인이 암소고기를 먹지 않거나 아랍인이 돼지고기를 먹지 않는 습관을 이해할 수 없는 비합리적 행동이라고 비아냥댄다.

이와 관련해서는 미국 문화인류학자 마빈 해리스<sup>Marvin Harris</sup>가《문화의 수수께끼》에서 지적한 내용이 경청할 만하다. 그에 의하면 인도에서는 방자하게 거리를 누비고 다니는 길 잃은 소떼를 드물지 않게 볼 수 있다. 거리를 방황하며, 시장에 진열되어 있는 상품들을 보이는 대로 먹어치우고, 남의 정원을 부수고 들어가고, 아무 데서나 되는 대로 배설을 하고, 복잡한 네거리 한가운데 서서 새김질을 하여 교통을 혼잡하게 만들기도 한다. 심지어 극심한 가뭄 때문에 사람들이 굶어 죽을 위기에 처해도 암소를 잡아먹지 않는다.

서구의 전문가들은 이를 놓고 '이해할 수 없는 동양인의 정신'을 운운한다. 인도인은 자기들의 생명을 별로 귀하게 여기지 않는다며 비정상적 사고로 몰아붙인다. 하지만 이는 인도의 특수한 자연조건과 생존환경을 무시한 편견이다. 인도는 정기적으로 계절풍 기후가 찾아오지 않는다. 가뭄과 기아가 자주 찾아온다. 당연히 인도 농부도 암소를 잡아먹거나 팔아넘기고 싶은 유혹을 느낀다. 그러나 유혹에 굴복한 자는 기아에서 살아남는다 해도 자기 무덤을 스스로 파는 결과가 된다. 암소가 없으면 쟁기를 끌어야 하는 수소를 낳을 수 없고 나중에 토지를 경작할 수단이 사라지기 때문이다. 굶주림에서 벗어나기 위해 소를 잡아먹게 되면 그 결과로 굶어 죽는 결과가 초래됨을 스스로 너무나 잘 알고 있기 때문에 암소고기를 먹는 행위에 대해 자연스럽게 금기가 형성된 것이다. 인도인의 입장에서는 가장 정상적이고 합리적인 선택이다.

마빈 해리스는 아랍인의 돼지고기 금기도 마찬가지로 특수한 사정이 반영된 선택이라고 한다. 유대 성서에 의하면 돼지는 불결한 동물이기 때문에 먹거나 손을 대서는 안 된다. 이슬람 성인인 무함마드도 돼지는 불결하고 부정한 동물이라고 선언했다. 그동안 서구인의 시각에서는 세계 각 지역에서 즐기는 육식 재료 중 하나인 돼지를 금기로 정한 계율이 비합리성의 전형적 사례였다.

하지만 이 역시 아랍지역의 특수한 자연조건과 생존환경을 반영한다. 소·양·염소 등은 강우량이 적고 평원과 구릉으로 이루어진 척박한 땅에서 목축을 하기에 적합한 동물이다. 섬유소가 주성분인 풀·나뭇잎 등을 효과적으로 소화시킬 수 있게 위의 상부에 전위가 있기 때문이다. 그러나 돼지는 원래 숲지대와 그늘진 강둑에 사는 동물이다. 덥고 건조한 기후는 잘 견뎌내지 못한다. 잡식동물이기는 하지만 주식물은 섬유소 형성도가 낮은 나무열매·과일·식물뿌리이고 특히 곡식을 주로 먹기 때문에 인간과 직접 경쟁할 수밖에 없다.

하지만 고대의 귀족이나 부유한 사람들은 즙이 많고 부드러우며, 기름기가 많은 돼지고기를 즐겼다. 돼지는 많은 양의 물과 곡식을 필요로 하기에 사육이 늘어날수록 다수의 평민은 그만큼 더 어려운 식량 사정을 겪어야 했다. 소수의 사치를 위해 다수가 굶주려야 하는 상황이 생기자, 돼지가 불결하니 먹지도 만지지도 말라는 종교적 계율이 생긴 것이다. 척박한 자연조건에서 사회구성원 다수의 평등을 고양하고 생존을 보장하기 위해 불가피하게 요구된, 지극히 정상적이고 합리적인 선택이다.

이번에는 정상이라고 여기는 사고방식에 숨어있는 비정상을 찾아보자. 우리는 청소년 시기를 미래를 위해 투자하는 준비 기간으로 여긴다. 당연히 초등·중등·고등학교 과정을 한 단계씩 성실하게 밟아나가야 정상적인 성장과정이라고 생각한다. 무려 12년에 이르는 기간 동안 규칙적으로 정해진 일정에 따라 학교에 다닌다. 만약 학교를 그만두는 순간 비정상적인 아이, 즉 문제아 취급을 받는다. 단순히 학교를 다닌다고 해서 다 정상인 것도 아니다. 공부를 못하거나 특별한 재능이 없어도 무능력하고 쓸모없는 인간이 되어버린다. 부모들은 자신의 자녀가 이 정상궤도에서 조금이라도 벗어나면 큰일이 난 것처럼 난리가 난다. 오직 공부나 다른 특기 분야에서 경쟁에 적극적으로 나설 때 정상적으로 잘 키우고 있다며 안도의 한숨을 쉰다. 여기에 가까울수록 주변의 다른 가정을 향한 자랑거리가 된다. 이 때문에 부모와 자식 사이에 갈등이 생기고, 부모 사이에도 책임을 둘러싼 다툼이 생긴다. 대부분의 학생은 사회가 정상으로 여기는 청소년에 포함되기 위해 십여 년 동안 치열한 성적경쟁, 입시경쟁의 틀에 자신을 맡긴다. 정상적인 청소년이 되기 위해서 말이다.

핀란드의 상징주의 화가 유고 짐베르크Hugo Simberg의 〈부상당한 천사〉는 수수께끼 같은 그림이다. 부상당해 혼자 걸을 수 없는 천사를 아이들이 들것으로 옮기고 있다. 천사는 흰 천으로 눈을 가렸고 아이들은 어딘지 심통이 난 표정이다. 화가가 이렇다 할 설명을 한 적이 없으니 온갖 해석이 나왔다.

가장 일반적인 해석은 부상당한 천사가 인간에게, 그것도 어린아이에게 도움을 받는 것에 자존심이 상해 눈을 가렸고, 아이들은 자신의 친절한 행위를 알아주기는커녕 눈을 가려버린 천사에게 불만스러운 표정을 짓고 있다는 설명이다. 하지만 작가가 직접 의도를 밝히지 않은 이상, 하나의 견해일 뿐이다. 누구든 자유롭게 상상의 나래를 펼수 있다. 일반적인 해석대로라면 그림의 주인공은 불만스러운 표정을 짓고 있는 아이들이어야 한다. 어려운 상황에 처한 천사를 아이들이 구해준 이야기이니 말이다. 하지만 제목에서 주인공은 분명 부상당한 천사다. 보지 못하고, 날 수 없으며, 걷지도 못하는 천사가 중심이다.

보다 엄밀하게 말해서 아이들이 처한 현실을 천사의 부상당한 모습을 통해 표현하고 있는 게 아닐까? 우리는 흔히 때 묻지 않은 아이들을 천사라고 부른다. 부상당한 천사는 아이들의 상태를 보여주는 상징 아닐까? 자기 스스로의 눈으로 앞을 보지 못하고 걸을 수도 없는 우리의 청소년 말이다. 그래서 뒤로 펼쳐진 황량한 들판과 차가운 강물처럼 생기 없는 마음 상태를 보여주는 게 아닐까? 겉으로 보기에는 멀쩡하지만 안으로는 온갖 상처로 불구가 되어버린 한국의 청소년이 그림 속 천사와 아이들에 겹쳐 보인다.

근대 계몽 사상가 루소는 교육철학을 담은 《에밀》에서 다음과 같이 말한다. "인간은 자연이 만든 그대로를 원하지 않는다. 인간 자체

짐베르크, 〈부상당한 천사〉, 1903년

도 조마장의 말처럼 길들인다. 마치 정원수와 같이 자기 취향에 맞추어 구부러뜨려 놓는다." 루소가 살던, 거의 300년 전의 유럽이 아니라 오늘날을 살아가는 한국 가정과 학교에서의 교육 현실을 보여주는 듯하다. 말 조련이나 정원수를 다듬는 정도는 말이나 나무의 기본 모양 자체를 바꾸지는 않으니 약과다. 우리의 부모와 학교는 교육을 마치 집 안에서 분재를 키우는 과정처럼 생각하는 듯하다. 나무를 꾸미는 정도가 아니라 아예 자신이 원하는 모양대로 굽히거나 자른다. 타고난 본성 자체를 인정하지 않는다.

　　스스로의 눈으로 삶을 직시하고 두 발로 걷는 일을 부정당하고, 분모에 좌우되는 분자로 전락할 때 우리는 불구가 된다. 〈부상당한 천사〉는 자유로운 선택과 시행착오의 자유조차 박탈당한 한국 청소년의 자화상이 아닐까? 자신의 눈으로 보지 못한다. 스스로 목표를 정하는 경우가 거의 없다. 천편일률적으로 동일한 경쟁 목표가 주어진다. 어느 정도의 성적일 때 어느 급의 대학을 가고, 이후 얼마큼의 연봉을 받는 직업을 갖게 되는지가 일람표처럼 주어져 있다. 마치 고정된 레일 위를 달리는 기차처럼 사회와 부모에 의해 만들어진 목표에 자신을 맞춘다. 자기 발로 걷지도 못한다. 어려서부터 부모가 정해 놓은 틀에 맞춰 의존적인 습성이 깊숙하게 자리 잡는다. 십여 년의 기본 교육과정 동안은 물론이고 대학에 가더라도 학비와 생활비, 나아가 용돈에 이르기까지 철저하게 부모에게 의존한다. 대부분 대학을 졸업한 후에도 목표로 하던 직장에 취업할 때까지 부모의 재정에 기댄다. 직장에 다닌다고 해서 곧바로 독립하는 것도 아니다. 결혼을 통해 별도의 가정을 꾸리면서 부모의 집을 나오는 경우가 많다. 결혼을 하고 방이나 집을 마련하기 위해 다시 부모에게 손을 벌리는 것은 물론이다. 날지도 못한다. 이른바 정상적인 가정에서 정상적인 성장과정을 겪는 청소년은 대체로 자기만의 꿈을 잃어버리고 산다. 미래의 꿈이 무엇이냐고 물어보면 상당수가 교사나 공무원, 혹은 대기업 사무직 직원이라고 답한다. 살아가는 수단에 불과해야 할 직업이 꿈이 되어버린다. 이 세상에 태어나서 갖는 꿈이 천편일률적으로 샐러리맨의 반복적인 생활이다. 더 높이 날아오를 꿈, 다양한 꿈을 찾아보기 어렵다.

보지 못하고, 날 수 없으며, 걷지도 못하니 그림 속의 부상당한 천사와 다를 바 없는 처지다. 정신적 불구 상태를 사회와 부모는 정상이라고 확신하고 자식이 충실하게 따라오기만 원한다. 인간은 누구나 다른 이와 똑같을 수 없는 고유한 특성을 갖고 태어난다. 그렇기에 누구도 대신할 수 없는 자유의지를 갖고 자신만의 인생을 살아갈 가능성을 지닌다. 그 가능성의 실현은 부모가 아닌 청소년 자신의 과제다. 이제 심통 난 표정이 아니라 들것에서 내려와 두 발로 걷는 용기와 모험이 필요한 때다.

남편과 아내, 자식으로 이루어진 전형적 형태의 '가족'도 정상 여부를 판가름하는 핵심 기준 가운데 하나다. 가족은 모든 인류의 절대적 단위이자 가치로 여겨져왔다. 인류가 이 세상에 출현하고 현재에 이르기까지 가족의 가치는 다른 무엇과도 비교할 수 없을 정도로 중요하고, 이에 부응할 때만 정상적인 사고와 행위로 인정된다. 일정한 나이가 된 후에도 전형적인 가족을 꾸리지 못하면 무언가 결함이 있는 생활로 여겨진다.

19세기 러시아를 대표하는 리얼리즘 화가 일리야 레핀Ilya Repin의 〈아무도 기다리지 않았다〉는 가족의 가치에 의문을 품게 만든다. 작품 속의 사정을 모르는 사람은 화면 안의 긴장된 분위기가 낯설기만 하다. 어느 가정집 같기는 한데 팽팽하고 묘한 긴장감이 감돈다. 뭔가 단란한 가정에 이물질이 낀 것 같은 분위기 말이다.

그림 속의 상황은 혁명운동에 참여했던 어느 혁명가가 오랜 시베리아 유형 생활을 마치고 집으로 막 돌아온 장면이다. 하지만 아무도 반기지 않는다. 부인은 문고리를 잡은 채 차가운 모습으로 방 안의 상황을 주시한다. 어머니는 굽은 허리만큼이나 어정쩡한 모습으로 반겨야 할지 말지 가늠을 못한다. 피아노 앞의 누이는 몸만 반쯤 돌린 채로 불청객을 응시한다. 탁자에 앉아 있는 어린 딸은 두려움이 묻어나고 옆의 아들도 여동생의 머리 너머로 낯선 아버지를 쳐다볼 뿐이다.

가족의 표정 이상으로 혁명가 자신도 부자연스럽다. 조심스럽게 한 발을 내딛지만 경계의 눈빛은 다음 발걸음을 어디로 내디뎌야 할지 망설이는 듯하다. 모자를 들고 있는 손도 어디에 두어야 할지 모르는 것만 같다. 어딘가 못 올 데를 온 것 같은 어색함이 뚝뚝 묻어난다.

그는 가족뿐 아니라 사회와의 오랜 단절에서 오는 불안감으로 가득해 있으리라. 유형에서 풀렸지만 누군가 미행하는 듯한 불안감이 가득할 것이다. 앞날의 불확실성에서 오는 불안감까지 겹쳐있을 터다. 여기에 더해 가족들이 보여주는 경계와 배제의 눈길은 그를 결정적으로 이방인으로 만들기에 충분하다.

어떤 상황인지는 대략 짐작할 수 있다. 러시아 절대군주정과 신분제에 반대하여 저항한 혁명가가 붙잡혀 유형을 떠나 있는 동안 가족 역시 큰 고통을 겪었을 것이다. 경찰의 조사와 감시, 체제에 순응

레핀, 〈아무도 기다리지 않았다〉, 1884년

하는 이웃 사람들의 의심과 배척의 눈빛, 무엇보다도 현실적인 생계의 곤란함 등이 이 가족을 덮쳤으리라는 점을 예상할 수 있다. 이 모든 곤란이 남편이자 아버지인 혁명가의 행위 때문이라는 불만이 차곡차곡 쌓여왔고, 그가 돌아오는 날 다시 문제가 생기지 않을까 하는 경계심으로 나타났을 것이다. 레핀의 그림은 가족이라는 개별적 가치와 사회의 억압과 차별 극복이라는 사회적 가치가 충돌하는 상황이다.

대부분의 사람이 가족을 절대적 가치, 정상의 기준으로 신봉한다. 가정의 안정과 행복을 일차적이고 가장 중요한 가치로 여긴다. 만약 가족 구성원 중 누군가가 이를 훼손할 때 비난의 화살을 한 몸에 받는다. 특히 한국사회는 과거 유가에서 강조하던 '수신제가치국평천하修身齊家治國平天下'라는 도덕률을 마치 흔들리지 않는 진리처럼 받들어 왔기에 더욱 가정의 안정이 다른 가치에 우선한다. 심지어 구한말 의병운동의 중심축이 되었던, 전국 13도 의병군 총대장 이인영은 서울을 향한 진격을 앞두고 부친 사망 소식을 접하자 3년상을 지내야 한다면서 고향으로 내려가버렸다. 장수 잃은 병사들이 오합지졸이 됐음은 물론이다. 가족의 가치인 효를 절대화하고 다른 사회적 가치를 종속적인 지위로 치부한 것이다.

사회의 공적 가치를 실현하려는 노력이 가족의 고난으로 연결되는 경우는 드물지 않다. 당장 일제강점기 독립운동가의 가족이 그러했다. 임시정부 수장이자 민족계열 독립운동을 대표하던 김구의 아들 김신은 회고록에서 가족이 겪은 고통을 토로한다. "당시 나는 중국의 고아원에 보내졌고, 이후로도 두 차례 더 보내졌다. … 고아원에 보내라 말씀하신 어머니 심정은 얼마나 처절했을까. 어미 없는 젖먹이 막내를 지켜보는 아버지 심정은 어땠을까."

고아원의 힘을 빌려서라도 젖을 먹지 못하는 것을 면해야 했다. 월사금은커녕 끼니조차 제대로 잇지 못하는 데다가 일본 경찰의 밤낮 없는 감시에 불안한 나날을 보내야 했다. 그나마 한곳에 오래 있지 못하고 숨고 떠돌아 다녀야만 했다. 일본 경찰의 협박과 회유에 할머니를 비롯해 어머니도 굴하지 않았다. 가족은 결국 1934년에 중국으로 탈출한다. 비록 가족이 오랜 기간 큰 고통을 겪었지만 사회적 가치의 끈을 놓으려 하지 않았다.


이에 비해 안중근의 아들 안준생은 전혀 다른 길을 걸었다. 철저하게 가족을 우선하고 절대화했다. 가족을 위해서라면 사회적 가치를 내팽개치는 데 망설이지 않았다. 그는 미나미 총독의 양아들이 되어, 일본 곳곳을 돌며 아버지의 잘못에 대해 용서를 빌었다. 일본인들은 환호로 답했고 그는 이렇게 정당성을 주장했다. "아버지는 나라의 영웅이었지만 가족에겐 재앙이었죠. 나는 나라의 재앙이었지만 내 가족에겐 영웅입니다." 물론 안준생의 변절에는 그를 이용하여 역사의 물줄기를 거꾸로 돌리려는 일본의 검은 야욕이 근본적인 문제였다 할 수 있다. 또한 안중근 가족의 기본적인 안전이나 생활조차 제대로 지켜주지 못하고 변절자로 만들어버린 우리의 책임도 있었다.

그렇다고 해서 사회적 가치가 가족의 가치에 무조건 우선한다는 말을 하려는 것은 아니다. 공공의 목적을 위해 언제나 개인이나 가족의 희생을 요구한다면 그야말로 전체주의나 국가주의의 폭력이다. 문제는 반대 편향, 즉 가족의 안정만을 정상의 기준으로 보고, 다른 모든 가치에 우선해야 한다고 여기는 사고방식 역시 그 이상으로 해롭다는 점이다. 어떤 점에서는 전체주의와 국가주의를 만들어내는 추악한 사고방식이 되기도 한다. 안중근의 아들이 옹호한 가족제일주의가 가장 극단적 전체주의인 일본 제국주의 강화에 기여한 것을

독립운동기 안중근의 생애와 그의 차남 안준생에 대한 이야기를 그린 연극 〈나는 너다〉 포스터.

봐도 그러하다. 또한 자기 가족의 안위만을 생각하여 안중근의 남겨진 가족을 보호하지 않았던 당시의 많은 사람도 결국 전체주의의 방관자 역할을 했다. 결국 개별 가정의 안정과 이익을 정상의 기준으로 고정시키는 사고방식이 현실 사회에 대한 무관심과 억압 상태의 방관을 낳는 경우가 많다.

철학의 핵심은 반성적·성찰적 사고를 하는지 여부에 달려 있다. 반성적 사고에 관심이 있다면 우리가 극복해야 할 가장 추악한 모습이 전체주의와 가족주의라는 것을 알게 될 것이다. 둘은 상반된 듯이 보이는 동전의 양면처럼 서로가 서로에게 없어서는 안 되는 필요충분조건이다. 가족을 여러 가치 중의 하나로 상대화하고, 다른 공공의 가치와의 공존이라는 연대의 관점을 가질 때 가족의 진정한 의미도 실현 가능하다. 교육과 가족이라는 주제를 통해, 정상 여부를 판가름하는 기준이 개인에게서 자연발생적으로 생기는 게 아니라 사회가 개인에게 강요하는 규범일지도 모른다는 의심을 할 수 있다. 사회구성원 내의 다수 혹은 부와 권력을 손에 쥐고 있는 사회적 강자의 이해가 '정상'이라는 규범의 지위를 차지하면서 강제된다. 정상과 비정상구분이 사회구성원 통제를 위한 수단 역할을 한다.

# 거인이 되어
# 세상을
# 내려다보라

모든 사람은 항상 철학을 하고 있다. 몇 살이든 상관없이 태어난 후 현재에 이르기까지 철학 안에서 살아간다. 정상과 비정상의 구분 자체가 이미 특정한 세계관과 인생관을 담고 있기 때문이다. 자신도 모르는 사이에 부모가 가지고 있는 가치관을 흡수하고, 십여 년에 걸친 교육과정을 통해 사회가 구성원에게 심고 싶어 하는 관점을 받아들인다. 나아가서 TV를 비롯한 대중매체를 통해, 뉴스나 시사 프로그램만이 아니라 드라마·연예 등 다양한 프로그램을 통해 일상적으로 정상과 비정상의 구분을 수용하며 살아간다. 철학은 이미 우리 안에 있고, 어디에나 있다.

그러므로 철학을 둘러싼 문제는 엄밀하게 말해서 철학을 하느냐 마느냐가 아니다. 어떤 철학을 하느냐의 문제다. 상식이나 통념의 이름으로 나타나는, 기존 사회적 강자의 관점을 자기도 모르게 따라가는 데서 벗어나 스스로의 고민과 통찰을 통해 독자적인 문제의식을 찾고자 한다면 강제된 정상과 비정상의 기준을 넘어서야 한다. 그 너머에서 철학적 사고의 새로운 지평이 비로소 열린다.

스페인 화가 프란시스코 고야의 〈거인〉은 새로운 시각 경험을 제공한다. 뒤돌아 앉아있는 거인이 캔버스 전체를 채우고 있다. 제목을 보지 않은 상태라면 그저 어떤 사람이 외롭게 앉아 있는 모습처럼 보인다. 하지만 자세히 보면 밑으로 아주 조그맣게 묘사된 집들이 있다. 언덕 아래 마을과 비교하면 거인의 몸집이 얼마나 거대한지를 짐작할 수 있다. 거의 구름에 닿아 있을 만한 거인이 고개를 돌려 세상을 힐끗 내려다보는 중이다.

매일 반복되는 일상 속에서 살아가는 우리는 고정적·평균적 시야로 세상을 바라본다. 시선이 여기에 머물러 있을 때 사고방식이 변할 가능성은 거의 없다. 예를 들어 지구는 엄청난 속도로 자전하며 동시에 태양 둘레를 가공할 정도로 빠르게 돈다. 그 물체 안에 있으면서도 우리는 전혀 현기증을 느끼지 않고, 나아가서 어떠한 움직임의 기미도 눈치채지 못한다. 지구와 태양계 전체를 조망할 수 있는 시야를 가질 때 비로소 맹렬하게 움직이는 물체에서 살고 있음을 알 수 있다.

고야의 〈거인〉도 비슷한 역할을 한다. 전혀 다른 각도에서 보는 색다른 경험을 마련해준다. 거인의 시선에서 본다면 다른 생각과 판단에 다가선다. 고야는 스페인이라는 좁은 울타리에서 구시대의 통념에 사로잡혀 있는 사람들에게 거인의 시야를 권한다. 당시 유럽은 프랑스대혁명을 계기로 종교에 기초한 신분제 논리를 거부하고 이성에 의한 계몽주의를 바라는 열망이 강물처럼 흐르던 시기였다. 하지만 스페인은 봉건 질서와 사고방식에서 벗어날 기미가 보이지 않았다. 귀족과 성직자의 부패와 전횡이 점점 더 심해졌다. 고야는 이성이 잠자는 스페인을 깨우고 싶었다.

고야, 〈거인〉, 1818년

하지만 이성과 계몽이 또 하나의 광풍일 수 있음을 확인하는 데 그리 오랜 세월이 걸리지 않았다. 나폴레옹의 유럽 침략과 무자비한 민간인 학살은 이성 중심주의에 갇힌 계몽이 어떻게 변질될 수 있는지, 더 나아가서는 시민혁명 자체의 한계가 어디에 있는지를 잘 보여주었다. 고야의 거인은 무지몽매한 신분제 논리와 이성 중심주의 모두를 넘어서려는 열망이 아닐까 싶다.

장자莊子●가 《장자》에서 펼친 붕鵬 이야기도 비슷한 맥락으로 이해할 수 있다. "붕의 길이는 몇 천 리인지 알 수 없다. … 남극 바다로 날아가려면 물 위를 삼천 리나 달려야 비로소 날아오르게 되고, 그런 뒤 다시 날개로 바람을 치면서 구만 리를 올라가서야 항로를 잡는다. … 매미와 작은 새가 웃으면서 말했다. '우리는 펄쩍 날아 느릅나무 가지에 올라가 머문다. 무엇 때문에 구만 리나 높이 올라 남극까지 가는가?'"

장자는 붕 이야기를 통해 무엇을 전달하고자 하는가? 평범한 우리의 사고방식을 상징하는 매미와 작은 새의 조롱이 힌트를 준다. 뭐

● **장자**(BC 369~BC 289?)

중국 고대의 사상가이며 제자백가 중 도가道家의 대표자이다. 도는 천지만물의 근본원리이며 어떤 대상을 욕구하거나 사유하지 않으므로 무위無爲하며 스스로 자기존재를 성립시키므로 자연自然하다고 보았다. 이는 일종의 범신론汎神論이다. 장자의 이러한 사상은 자연주의 경향이 있는 문학 예술에도 영향을 주었다. 한국에서는 조선 전기에 이단으로 배척받기도 하였으나 산림의 선비들과 문인들이 그 문장을 애독하였다.

하러 힘들여 구만 리나 높이 날아야 하느냐는 비웃음이다. 쓸데없이 크기만 한 생각에서 벗어나 상식의 세계로 내려오라는 비판이다. 작은 새의 조롱은 우리 대부분의 사고방식이기도 하다.

그러면 어떻게 해야 새로운 사고의 지평을 얻을 수 있을까? 먼저 고정된 정상과 비정상의 경계를 넘어서는 새로운 시야, 상상력을 통한 인식 지평의 확대가 필요하다. 고야의 거인이나 장자의 붕처럼 관성과 상식의 세계에서 벗어나기 위해, 오랜 기간 확고하게 정상적이라고 간주되어오던 내용에 날카로운 의심의 눈길을 가져야 한다. 특히 비정상 딱지가 붙어 있던 가치에 대한 각별한 관심이 필요하다. 사회적으로는 피부색이나 신체적 특징 혹은 문화적 전통에서의 소수자, 여성처럼 비주체 취급을 받아왔던 약자, 특이한 성적 취향이나 가족 형태 등이 해당한다. 정신적인 영역에서는 흔히 비합리적·비서구적 특성으로 이성에 의해 배척받아온 일체의 요소가 포함된다. 때에 따라 이성과 상반된 요소나 부재료 정도로 여겨져온 감성과 상상력, 의식의 수면 아래 있다가 불현듯 고개를 내미는 무의식, 주술이나 마법으로 분류되는 신비적·초월적 사고, 즉흥적·충동적으로 솟아나 이성을 교란시키는 욕구, 고도의 흥분상태를 동반하는 광기 등이 여기에 해당한다.

사회적인 영역에서 비정상으로 분류된 가치나 집단은 분명히 사회의 한 부분을 구성하는데도 부당하게 배척당해왔다. 이는 단지 국외자 취급을 받은 이들만의 고통으로 끝나지 않고 사회 전체의 억압적·권위적 분위기를 유지하는 통로 역할을 해왔다. 또 정신적인 영역에서 비정상으로 분류된 요소는 그동안 주류의 위치를 차지하던 철학 경향이 인정하든 인정하지 않든 정신의 중요 부분임에도 강제 격리당해왔다. 마치 생선에서 살만 발라내듯이 이성적인 요소만 구분한 것이다. 자기 구미에 맞는 맛을 찾을 수는 있겠지만 뼈와 내장이 사라진 상태니 더 이상 살아 있는 생선은 아니다. 마찬가지로 이성만을 인정하거나, 이와 연관된 몇몇 감성만을 추려서 활용하는 철학은 정신을 불구 상태로 몰아넣는다.

이를 위해서는 고정된 틀 안에서 맴돌던 사고방식에서 벗어나 고야의 거인처럼 새로운 시야가 제공하는 자유로운 발상과 만나야 한다. 문제는 자유로운 발상이 하루아침에 찾아오지 않는다는 점이다. 가장 좋은 방법은 고정관념에서 벗어나 새로운 시선과 발상으로 사유를 전개했던 고전을 만나는 일이다. 다행히 몇몇 사상가와 작가, 예술가 등이 기존의 정상과 비정상 구분에서 벗어난 사유 실험을 해왔다. 나아가 스스로 사회나 일상생활에서 접하는 현상에서 정상의 지위를 차지하던 가치와 습관에 대해 의심하고 뿌리를 추적하는 경험을 거듭해야 한다. 또한 격리되어 기억의 창고 구석에 먼지만 쌓인 채 놓여 있던 비정상적 요소에 눈길을 보내고 새로운 발상으로 접근하는 시도가 축적돼야 한다. 거인의 시야, 붕의 사고 지평과 만나야 한다.

# Chapter 9

# 예술을
# 생각하는
# 사람

마그리트, 〈붉은 모델〉, 1937년

# 단서는
# 멀지 않은 곳에 있다

마그리트의 〈붉은 모델〉은 신발과 발이 중첩된 모습을 보여준다. 뒤로는 나무 벽이 빠져나갈 틈 없이 가로막았다. 아래는 잘지만 거친 돌이 있는 흙바닥이다. 신발과 발이 중첩된 모습은 중간에서 형태와 색이 섞이면서 변화의 한순간을 보여준다. 발에는 핏줄까지 드러나 있어서 화가가 실제 발처럼 사실적으로 묘사하려 했음을 알 수 있다. 구두는 구두대로 신발장에서 흔히 볼 수 있는, 발목이 긴 가죽 구두다. 끈이 풀어진 모습 하며 구멍, 발목 부분에서 접힌 흔적까지 영락없는 구두다.

한순간 발의 모습이 드러났다가 다시 구두 속으로 사라져버릴 것만 같다. 구두 바깥과 안의 틈새가 나타난다. 화가는 이 틈새를 통해 무엇을 보여주려는 걸까? 가시적으로 보이는 것은 신발과 발이지만 좀 더 들어가면 현실과 비현실의 틈새일 수 있다. 화가가 사실적으로 묘사했듯이 구두와 발을 떼어놓고 각각을 본다면 현실의 충실한 반영이다. 하지만 두 가지 소재가 하나의 시간과 공간 안에 섞이면서 순간적으로 비현실을 만들어낸다. 우리가 시각·촉각·청각 등 감각을 통해 현실적으로 확인할 수 있는 존재와 의식적 현실 너머의 비존재의 틈새다.

존재와 비존재의 틈새는 의식과 무의식의 틈새이기도 하다. 의식의 이면에 당장의 현실에서 명확하게 확인할 수 없는 무의식이 있다는 막연한 이야기를 전달하는 데 머물면 용의주도한 마그리트답지 않다. 신발과 발의 중첩된 이미지를 보는 데 그치지 말고 주변을 꼼꼼하게 살피면 좀 더 흥미로운 단서가 군데군데 흩어져 있다. 대충 봐서는 보이지 않는다. 메스를 사용해 수술을 하는 외과의사의 날카로운 시선과 풍부한 상상력을 동원하면 의외의 성과를 내는 게 가능하다.

먼저 오른쪽 구석에 웬 조각난 종이가 눈에 띈다. 바람에 실려 굴러온 쓰레기로 무시하지 말고 잘 살피면 신문이나 잡지 기사 일부의 찢어진 조각임을 알 수 있다. 가슴 일부와 하반신이 드러난 여성의 사진이 실려 있는 기사다. 옷을 입으려는 중인지 벗으려는 중인지는 모르지만 묘한 자세로 성적 매력을 드러내려는 듯하다. 왼쪽 아래로는 크고 작은 동전 몇 개가 떨어져 있다. 돈은 성과 함께 오랜 기간 인간의 전형적 욕망인 부를 나타낸다.

성과 부에 대한 욕망이 현실에서 그대로 나타나고 이미 충족되고 있다면 무의식을 운운하기 어렵다. 하지만 여인의 나체가 실린 신문 조각은 찢겨 나뒹군다. 성적 욕망이 현실에서 거부당한 상태임을 상징한다. 동전도 두껍게 때가 낄 정도로 낡아서 부에 대한 욕망도 실현되지 못했음을 보여준다. 여기에 신문기사 조각과 동전 사이에 타다 꺼진 성냥이 있는 점도 의미심장하다. 내적으로는 꿈틀댔지만 실현되지 못하고 억눌린 욕망을 보여준다.

나무판자로 막은 벽을 배경으로 배치한 것도 우연이 아니다. 일단 조금의 여지도 없이 막혀 있는 벽은 억압된 현실과 욕망의 굴레를 보여준다. 연령이나 성별, 신분이나 부의 정도 등과 상관없이 인간이라면 누구도 벗어날 수 없다. 모든 판자에 선명한 자국으로 남아 있는 나이테도 여러모로 생각해볼 만하다. 나이테를 어느 한군데 소홀히 처리하지 않아서 마그리트가 의도적으로 강조한 단서 중의 하나임을 짐작할 수 있다.


나이테는 처음 땅을 뚫고 가는 줄기가 만들어진 이래로 켜켜이 쌓인 나무의 인생을 의미한다. 원초적인 욕망과 억압된 현실은 사물과 현상을 충분히 분별할 수 있는 나이가 되어서야 생겨난 게 아니다. 기억의 창고 속에서 찾기 어려운 유아기의 경험을 포함하여 청소년을 거쳐 성인에 이르기까지 오랜 기간 축적된 굴레다. 모두에게 동일한 양상으로 나타나는 것도 아니다. 다섯 개의 판자마다 나이테의 모양이 달라서 개인마다 욕망이 발현되는 형태와 억압의 정도가 상이

하다. 여기저기에 옹이 흔적까지 선명해서 성장의 어느 순간에 내면의 큰 상처로 잠복해 있기도 한다.

지금까지 그림 속에서 찾아낸 주변의 장치를 모두 고려할 때 신발과 발의 중첩은 문명이 만들어낸 규칙·통제로서의 신발과 날것 그대로의 욕망인 발이 충돌하는 낯선 순간을 보여주려는 게 아닌가 싶다. 억압된 상태가 계속 유지될 듯하다가 자신도 모르게 순간적으로 튀어나오는 욕망의 징후 말이다. 그런 면에서 정신분석학의 주요 원리인 '억압된 것의 회귀'*를 보여준다. 이는 오랜 서양철학의 전통에서 유지되어온 정신은 의식의 활동이라는 통념, 혹은 다른 요소가 있다 해도 의식이 정신의 확고한 주인이라는 통념을 허물어뜨린다. 의식으로 통제할 수 없는, 경우에 따라서는 의식을 뒤흔들어버리는 무의식의 힘을 느끼게 한다.

신발과 발의 혼합이 보여주듯이 무의식은 존재하는 것도 아니고 존재하지 않는 것도 아니다. 무의식은 그 사이의 틈새로 순간적으로 모습을 드러낸다. 그러므로 고정된 공간을 차지하고 안정된 방식으로

● **억압된 것의 회귀**Return to the repressed
프로이트가 히스테리 환자의 기억상실을 조사하면서 세우게 된 가설이다. 고통스러운 사고나 관념이 망각되어 의식 안에는 존재하지 않지만 그 힘은 없어지지 않고 무의식 안에 남아 인간의 행동을 지배한다고 본다. 이렇게 억압된 재료는 왜곡된 형태로 꿈이나 말실수, 노이로제 증세 등으로 귀환하는데 이것을 '억압된 것의 회귀'라고 부른다.

나타나지 않는다. 무의식은 확정되어 있는 구체적 공간이 아니라 시간 속에 모습을 드러낸다. 극히 짧은 순간에 나타나기 때문에 시간의 흐름 속에서 파악해야 접근이 가능하다. 하지만 과거에서 현재를 거쳐 미래로 향하는 순차적 시간의 흐름은 아니다. 가장 오래된 유아기의 기억이 느닷없이 생생한 최근의 시간으로 고개를 내밀기도 한다. 이를 이해하지 못하면 틈새가 금방 닫히고 무의식은 달아나버린다.

이렇듯 정신은 그동안 주류 철학이 생각해왔던 것 이상으로 풍부한 자양분을 가지고 있다. 일부는 부차적인 것으로 무시되었으며 다른 일부는 아예 정신을 교란시키는, 정신과 공존할 수 없는 적대적 요소로 여겨져왔다. 철학의 중요한 과제 중 하나는 다양한 특성과 기능을 가진 정신의 풍부한 자양분을 찾아내고 각각에 적합한 지위를 보장해주는 일이다. 예술은 정신을 충만하게 만드는 작업에 아주 긴요한 역할을 한다.

마그리트의 〈붉은 모델〉을 통해 보았듯이 단 한 점의 그림이라도 충분한 관찰력을 동원하면 정신을 자극하는 수많은 요소를 만나게 된다. 대신 한눈에 보이는 형상에 머물지 말고 사소해 보이는 흔적까지 탐색할 때 가능하다. 화가의 의도와는 무관하게 발견할 수 있는 정신의 자양분도 많다. 그림에는 화가가 의식적으로 만들어놓은 장치는 물론이고 자신도 모르는 사이에 녹아들어간 단서도 있다. 이는 특히 화가 내면의 무의식 세계를 찾아내는 데 유용하다. 미술을 이용한 심리치료가 좋은 사례가 된다. 개인의 의도와는 무관하게 자신도 모르는 사이에 내면의 흔적을 드러내기 때문에 그림을 통해 숨겨진 마음의 구조를 찾아내는 작업이다. 마찬가지로 미술작품에는 화가도 모르는 내면의 흔적이 남겨진 경우가 많다. 나아가서는 화가만이 아니라 그 시대 사람들의 사고방식까지 엿볼 수 있는 기회가 찾아오기도 한다.

특히 미술작품은 한 화면 안에 작가가 전달하고자 하는 메시지나 무의식의 흔적이 압축적으로 들어 있기 때문에 해석 과정이 사고 능력 향상에 상당한 도움을 준다. 그림은 있는 그대로의 객관적 사실을 단순히 반영하는 데 머물지 않는다. 평범한 거울이 아니다. 표면이 울퉁불퉁해서 변형된 모습을 전달하기 때문에 원형을 보기 위해서는 굴절이 어디에서 어떻게 생기는지 분석해야 한다. 화가는 직접적인 방식보다는 여러 상징을 통해 간접적으로 자신을 드러내기 때문에 해석 경험의 축적을 통해 날카로운 분석과 세심한 숙고가 형성된다.

미술만이 아니다. 음악과 문학을 비롯한 예술 분야 전반이 정신을 충만하게 만들어준다. 음악, 특히 클래식 음악은 멜로디나 악기의 음색처럼 지극히 추상적인 상태로 다가오기 때문에 막연한 감흥과 감동은 줄 수 있지만 생각의 깊이나 폭과는 아무런 상관이 없을 것 같다. 이에 대해서는 프랑스 소설가 마르셀 프루스트Marcel Proust●가 《잃어버린 시간을 찾아서》에서 설명한 다음 내용이 좋은 참고가 된다.

"살짝 열린 좁은 문틈으로 깊숙이 원경이 보이는 호흐의 그림에서처럼, 아주 멀리에서 다른 색조를 띠고 스며든 비단빛 같은 질감으로, 소악절이 춤을 추는 목가풍 삽화 같은 모습으로, 다른 세계에 속하듯 끼어들었다. ⋯ 소악절에서 지성으로는 내려갈 수 없는 의미를 찾고 있었으므로, 가장 내밀한 영혼으로부터 모든 논리적인 장치를 벗겨내고 영혼을 홀로 복도로 보내 음의 모호한 여과기를 통과하게 하면서 얼마나 낯선 도취감을 느꼈던가!"

어느 날 저녁 파티에서 피아노와 바이올린으로 연주되는 소나타의 소악절에서 시작된 생각이 꼬리에 꼬리를 문다. 처음에는 악기에서 흘러나오는 음의 물질적인 질감밖에 음미하지 못한다. 그러다가 가느다랗고 끈질기고 조밀하게 곡을 끌어가는 바이올린의 가냘픈 선율 아래서, 갑자기 피아노의 거대한 물결이 출렁이는 소악절에 도달했을 때 화들짝 놀라듯 정신이 깨어난다. 말로 표현하기 어려운 자극을 받는다. 프루스트는 여기에서 느낀 정신의 자극을 미술작품을 예로 들어 설명한다.

17세기 네덜란드의 대표적 화가로 불리는 피터 데 호흐<sup>Pieter de Hooch</sup>의 작품을 예로 든다. 〈여인 앞에서 편지를 들고 있는 남자〉를 통해

● 마르셀 프루스트(1871~1922)

프랑스의 소설가이다. 총 7권으로 구성된 대작 《잃어버린 시간을 찾아서》를 집필했다. 《장 상퇴유》, 《생트 뵈브에 거역해서》 등은 모두가 이 책에 집대성될 일관된 행적이라 평가된다. 1919년 공쿠르상을 수상하였으며 그 후 폐병으로 죽음에 이르기까지 코르크로 둘러싼 병실 안에서 《잃어버린 시간을 찾아서》의 완성을 위해 수도사와 같은 생활을 계속했다.

예술을 생각하는 사람

◆

그가 전달하고자 하는 느낌을 만날 수 있다. 살짝 열린 좁은 문틈으로 깊숙이 원경이 보이는 그림이라고 설명했듯이, 호흐의 그림에는 유난히 거실 방문이나 창문의 틈을 통해 도시나 자연과 같은 바깥세상으로 연결되는 고리가 자주 연출된다.

강아지를 무릎에 올려놓고 있는 여인 앞에서 한 남자가 편지를 들고 있다. 이 집 식구는 아닌 듯하다. 모자를 들고 있는 점도 그렇고, 왼쪽의 개가 잔뜩 몸을 웅크리고 경계의 눈빛을 보내는 점을 봐도 그렇다. 고백할 사랑의 메시지를 밤새 편지에 적은 후 다음 날 아침 부리나케 달려와서 여인 앞에서 직접 읊고 있는 중인지도 모르겠다.


소나타를 들으면서 처음에 받은 악기 소리의 물질적인 느낌을 그림으로 비유하자면, 거실 안에서 벌어지는 지극히 통속적이고 뻔한 이야기에 연결된다. 어떤 상황이 벌어지는지 조금만 생각하면 금방 짐작이 가능하다. 하지만 평범한 전개가 지나고 특정한 소악절로 접어드는 순간, 호흐 그림에서 창문과 문틈으로 예상치 못했던 장면이 펼쳐지는 것처럼 새로운 자극이 육박해온다.

그림을 보면 문밖으로 예닐곱 살 정도 되어 보이는 아이가 지나간다. 하지만 자세히 보면 치장된 모자나 드레스가 아이 분위기는 아니다. 특히 얼굴은 성인에 가깝다. 체형으로 봐서는 난쟁이가 아닐까 싶다. 그녀의 간단치 않았을 삶이 궁금해진다. 알 수 없는 표정이 오히려 어떤 사연이 켜켜이 쌓여 있는지 궁금증을 자아낸다.

도시를 가르는 작은 강 건너편으로 대화에 열중인 두 남자도 보

호흐, 〈여인 앞에서 편지를 들고 있는 남자〉, 1670년

예술을 생각하는 사람

◆

275

인다. 무슨 얘기를 진지하게 나누는 중일까? 뒤편 건물 창으로 어떤 여자의 실루엣이 언뜻 스친다. 이 남자들과 관계가 있는 것일까? 그녀를 차지하기 위한 남자 사이의 언쟁이 벌어지는 중인가? 거실 창문 건너편으로 건물 사이의 문이 보이고 그 문 너머로 또 다른 골목이 이어진다. 거기에는 또 얼마나 많은 상황과 사연이 벌어지고 있을까? 창문으로 보이는 나무의 무성한 이파리들 사이로 언뜻 아주 희미하게 보이는 하늘 역시 거실 밖으로 나가 올려다보고 싶은 충동을 불러일으킨다.

프루스트의 말대로 생각지 않았던 다른 세계가 문틈으로 불쑥 끼어들고 생각이 꼬리를 물면서 확장된다. 호흐의 작품이 주는 자극이 그러하듯이 음악이 제공하는 정신도 기존의 과학적인 분석과 종합을 중심으로 하는 이성과는 거리가 있다. "지성으로는 내려갈 수 없는 의미"를 자극하고, "모든 논리적인 장치를 벗겨내고" 영혼이 자유롭게 나래를 펼치도록 촉진한다.

소설에서 음악을 듣는 당사자는 오래전부터 이상을 향한 목적에 자신의 삶을 전념하는 것을 포기하고 일상적인 만족을 추구하는 데 그치고 있었다. 진지함이라든가 본질적인 문제에 대한 관심을 잃은 채 물질적이고 세부적인 것만을 찾았다. 하지만 어느 날 문득 접한 소나타의 소악절을 사랑하게 되면서 한순간 새로운 정신의 가능성이 열린다. 우리에게 익숙하지 않은 어떤 세계, 눈에 보이지 않기 때문에 형태가 없으며 지성에서 벗어나기 때문에 의미가 없는 것처럼 보이는 세계를 열어준다. 음악이 메마른 정신에 풍부한 감성의 단비를 내려, 눈에 보이지 않는 새로운 정신세계에 자기 삶을 바치고 싶은 욕망과 힘을 느낀다.

　문학은 언어를 통해 보다 직접적으로 풍부한 생각 재료와 고민 방향을 제공한다. 예를 들어 독일이 낳은 20세기 세계적인 소설가 토마스 만Thomas Mann●의《토니오 크뢰거》는 한 인간이 삶의 어느 순간에 겪는 단면적인 일화 묘사를 넘어 세계와 인생, 예술에 대한 총체적인 고민을 던져준다. 유명한 문예이론가 루카치가 세계문학사에서 가장 위대한 작가 한 사람을 들라는 질문에 바로 토마스 만을 꼽은 것도 이러한 점 때문이다. 예술가의 올바른 덕목에 대해 말하는 다음 대목은 문학이 어떻게 나태한 정신의 등을 때리는 죽비 같은 역할을 하는지 잘 보여준다.

　"모든 예술성 속에서, 모든 비상한 것과 천재성 속에서 무엇인가 매우 모호한 것, 불명예스러운 것, 의심스러운 것을 알아차리도록 해주는 것은 바로 이 시민적 양심이며, 나의 내부를 단순한 것, 진심인

● 토마스 만(1875~1955)
독일의 소설가·평론가이다. 독일 낭만주의 극복과 휴머니즘의 부활을 추구했다. 일찍부터 정치적 강연 및 평론을 통하여 독일시민계급에 나치스의 대두에 따른 위기를 호소하였다. 1929년 노벨문학상을 받았고 1933년 히틀러가 정권을 장악하자 스위스로 망명했다. 평론가로서도 탁월하여 문학·예술·철학·정치 등 많은 영역에 걸쳐 우수한 평론과 수필을 남겼다. 저서로 《베네치아에서의 죽음》, 《마의 산》 등이 있다.

것, 유쾌하고 정상적인 것, 비천재적인 것, 단정한 것에 대한 맹목적인 사랑으로 가득 채워주는 것도 바로 이 시민적 양심입니다. … 한 문사文士를 진정한 시인으로 만들 수 있는 그 무엇이 존재한다면, 그 것은 인간적인 것, 생동하는 것, 일상적인 것에 대한 시민적 사랑입니다. 모든 온정·선의·유머는 이 사랑으로부터 유래합니다."

주인공 토니오 크뢰거는 작가의 분신이다. '시민적 양심'에서 진정한 정신과 예술에 대한 실마리를 찾는다. 사람들은 시민적 양심이라고 하면 곧바로 법과 도덕을 중심으로 한 규범을 떠올린다. 시민으로서 가져야 하는 공적 질서, 즉 국가에 대한 책임감을 가장 중요한 시민의 덕목이라고 여긴다. 플라톤을 비롯한 고대 철학에서 근대 계몽사상에 이르기까지 서양 주류철학에서 늘 견지해온 관점이기도 하다. 하지만 토마스 만이 문학적 상상력을 동원하고 소설을 통해 풀어낸 시민의 양심은 다른 문제의식을 고민하게 만든다. 그에게 시민성은 법이나 제도라는 비정한 논리도, 윤리라는 추상적인 가치도 아니다. 현실에서 살아가는 개인의 생생하고 구체적인 삶에 대한 사랑과 동일하다.

스스로 시민은 시민이되 '길 잃은 시민'이라고 한다. 두 가지 길 사이의 경계에서 항상 긴장하고 있다는 의미에서 길을 잃었다. 하나는 아버지로부터 물려받은 기질인데, 명상적이고 철저하며 정확한 성품이다. 다른 하나는 어머니로부터 물려받은 기질인데, 아름답고 관능적이고 소박한 동시에 태만하고 정열적이며 충동적인 방종이다.

두 세계 사이에 서 있다. 이 혼혈에서 생겨난 것이 바로 예술의 세계 속으로 길을 잃은 시민이다.

약간 견디기 어렵기는 하지만 두 세계 중 어느 한쪽에 안주할 수 없다고 생각한다. 자발적으로 두 세계의 경계에 선다. 하지만 기존의 예술은 명상적이고 철저하며 정확한 기질이야말로 그 이름에 적합하다는 생각 쪽으로 우리를 몰아가는 경향이 강했다. 그리고 대조적인 다른 편의 기질에 대해서는 기피하거나 배제해야 할 천박한 요소로 치부했다. 그래서 토마스 만은 경계에서 균형을 잃지 않기 위해 관능·소박·태만·정열·충동 등 일상생활에서 사람들이 갖고 있는 경향을 향한 시선을 놓지 말라고 한다.

그러한 의미에서의 시민적 양심을 가질 때 기존 예술이 무시해 온, 모호하거나 불명예스럽고 의심스러운 것을 놓치지 않을 수 있다. 주변에서 흔히 볼 수 있는 서민적 특징인 단순함·진심·유쾌함·비천재성에 대한 사랑을 잃지 않게 한다. 예술가란 "마성적인 미의 오솔길 위에서 모험을 일삼으면서 인간을 경멸하는 오만하고 냉철한 자들"이 아니다. 평범한 일상을 마치 예술을 더럽히는 불순물 정도로 여기는, 예술 지상주의에 대한 비판이다. 진정한 예술이기 위해서는 일상에 대한 시민적 사랑과 동경을 가져야 한다.

아버지와 어머니의 상반된 기질이라는 소설 설정을 통해 제시한 시민의 양심은 예술성의 속살을 보여주는 데 머물지 않는다. 곧바로 진정한 철학이란 무엇이어야 하는지에 대한 고민을 촉구한다. 예술이 그러했듯이 철학도 일반적인 사람들이 가지고 있는 투박한 사고, 혹은 일상생활에서 만나는 현상을 비철학적인 것으로 규정해 왔다. 그 결과 일상적 사고와 생활은 진지한 관심과 숙고의 대상에서 제외되었다.

《토니오 크뢰거》가 던진 문제의식은 철학에 만연해 있던 편견에 균열을 낸다. 문학만이 아니라 철학에서도 국외자 취급을 받던 일상의 영역에 빛을 비춘다. 살아가면서 부대끼는 삶의 현장에서, 땀냄새가 짙게 배어 있는 일상적·현실적인 문제로부터 비켜설 때 철학은 생기를 잃는다. 창백한 대리석 조각처럼 생명 없는 인공물의 하나로 전락하거나 소수의 지적 허영을 채워주는 역할에 머문다. 토마스 만이 강조한 시민의 양심은 철학에도 절실한 과제다.

# 무의식이
# 외치는 소리

특히 철학에서 반드시 시민권을 받아야 하는 영역은 사람들이 일상에서 경험하는 생생한 내면의 감정이다. 고상하게 다듬어지고 고차원적으로 승화된 감정만이 아니라 본래 그대로의 고통과 절망, 불안과 우울, 번뇌와 갈등 등 거친 감정도 철학의 소중한 뿌리다. 부정적인 상태로 지목되는 감정은 의식에 의해 유폐된 무의식이 두꺼운 지층을 뚫고 나오는 통로라는 점에서도 중요하다.

주요 활동 무대인 멕시코는 물론이고 남미를 대표하는 화가 중 한 사람으로 손꼽히는 프리다 칼로<sup>Frida Kahlo</sup>의 〈조각난 기둥〉은 여과되지 않은 고통 그대로를 보여준다. 그녀의 자화상인데 섬뜩하다 못해 괴기스럽다.

칼로, 〈조각난 기둥〉, 1944년

몸을 지탱하는 기둥은 여기저기 조각난 상태다. 깨진 기둥을 가까스로 이어 붙였지만 금방이라도 허물어질 것만 같다. 온몸을 보정기로 묶어서 겨우 하루하루의 시간을 견디는 느낌이다. 또한 얼굴에서 몸과 팔에 이르기까지 곳곳에 크고 작은 못이 박혀 있다. 고통의 정도가 감당할 수 있는 수준을 넘어섰는지 하염없이 눈물을 흘리는 중이다. 그녀의 뒤로 끝없이 펼쳐진 황량한 들판은 어디 한군데 의지할 곳 없이 온전히 홀로 고통을 감당하고 있음을 암시한다. 조각나고 못이 박힌 자신의 몸을 응시하는 화가의 얼굴을 떠올리게 한다.

만약 단순한 과장이라면 신기한 느낌에 그쳤을 것이다. 하지만 그녀의 고통스러운 삶과 내면이 그림 속에 진솔하게 표현되었음을 알게 되는 순간 등골이 오싹하는 전율을 느낀다. 유아기와 청소년기에 소아마비로 고통을 받았다. 열여덟 살에 끔찍한 버스 충돌 사고를 당해 오랫동안 침대에 누워 있어야 했다. 엎친 데 덮친 격으로 회저병 증세로 오른쪽 발가락 절단 수술을 했고, 척추 수술 중의 세균 감염으로 여섯 차례나 재수술을 받았다. 상당기간 의료용 코르셋과 목발에 의지해 살았다. 평생 40여 회의 크고 작은 수술을 견뎌야 했다.

병원에서 칼로는 침대 위 천장에 큰 거울을 붙여 파괴된 몸과 정신을 응시하며 자신의 모습을 그리곤 했다. "나는 항상 혼자였고, 그래서 내가 가장 잘 아는 주제인 자화상을 그린다"는 그녀의 말은 가장 인간적인 신음이다. 〈조각난 기둥〉은 운명적 고통이 일상을 지배히는 그녀에게 일기장과 다름없는 그림이다. 아니 몇 점을 제외하곤 자화상으로 가득한 그녀의 그림 전체가 더 이상 솔직하기 힘든 자서전이고 일기장이다.

허물어져 가는 기둥과 보정기가 육체적 고통을 보여준다면, 온몸에 박힌 못은 마음의 고통을 상징한다. 스물한 살의 나이 차이에도 불구하고 결혼한, 멕시코 벽화 화가 디에고 리베라가 안겨준 고통을 표현한 게 아닌가 싶다. 그는 바람둥이 기질이 다분해서 결혼 기간 내내 여러 여인과 스캔들을 일으켰다. 심지어 칼로의 여동생인 크리스티나를 정부로 삼았고, 그녀와 새살림을 차리기 위해 칼로에게 이혼을 요구하기도 했다. 게다가 몸이 산산조각 난 칼로에게 그의 왕성한 성욕과 잦은 육체적 관계 요구는 견디기 힘든 일이었다. 별거를 되풀이하다가 결국 이혼을 했고, 이후 성관계를 가지지 않는다는 조건으로 재결합했다.

칼로는 마그리트와 마찬가지로 초현실주의 표현 방식을 즐겨 사용한다. 내면의 고통과 무의식의 흔적을 회화적으로 실현하기에 적합했기 때문이리라. 서양 철학의 대상은 자연에 대한 탐구에서 시작하여 소피스트와 소크라테스에 의해 인간의 의식으로 전환된 후 거의 2천년 동안 유지되었다. 프로이트에 이르러서야 인간의 무의식으로까지 철학의 대상이 확대되었다.

과거의 예술도 대부분 의식 작용의 한 부분을 차지하는 것이었다. 특히 미술은 아주 오랜 기간 외부 세계를 충실히 묘사하는 수단으로 사용되었다. 정밀한 재현의 한 꼭짓점을 이루었던 렘브란트는 사실적 요소를 극대화하기 위해 코를 두껍게 칠함으로써 입체감을 살리려 했을 정도다. 물론 외부 세계에 자신의 정신세계를 투영하고자 했던 시도가 있었지만, 제한적 범위 내에서 제한적 표현 방법을 사용한 경우가 대부분이다.

시각적으로 캔버스에 표현해야 하는 미술 작업에서는 내면세계의 표현이 곤란했다. 그래서 이성의 화신이라 할 수 있는 독일 철학자 헤겔이 미학에서 미술이나 음악보다는 의식 세계를 다루기 용이한 문학을 가장 수준 높은 예술 영역으로 삼은 것이 아니겠는가.

미술이 자연의 반영에서 확실하게 벗어난 것은 표현주의와 초현실주의적 접근에 와서라고 할 수 있다. 그 이전에 인상주의가 자연의 재현에서 벗어나기 시작했지만 자연에 대한 의존도는 여전했다. 19세기 후반에 이르러서야 인간의 내적 영역이 미술의 대상으로 전면 등장하기 시작했다. 초현실주의는 20세기 초반 프랑스에서 시작된 이후 현재까지 이어지는 전위적 미술 운동이다. 의식 중심의 예술을 정면으로 거부하고 무의식 세계를 미술의 가장 중요한 묘사 대상으로 삼았다. 꿈과 무의식 세계를 상상력의 기반으로 삼아 필연보다는 우연을, 정상적 상태보다는 광적인 증상을 표현하고자 했다.

정신분석이론이 제시된 이후 창작 행위에서 무의식의 역할이 주목받기 시작했다. 현대사회에서 미술이 심리치료의 한 방법으로 정착

되기도 했다. 프로이트가 보기에 예술은 기본적으로 예술가와 예술작품, 그리고 이 둘 간의 관계로 구성된다. 만약 예술이 객관 세계의 반영에 불과하다면, 예술가의 기능이 복제 작업에 불과하다면 창조성은 의미가 없다. 예술을 인간생활과 연관된 대부분의 영역과 직접 관계를 맺는 것으로만 설정하면 예술의 고유한 속성은 거의 사라진다. 일반적 정신 활동이나 생산 활동과 차이가 없는 행위로 풀어져버린다.

예술의 핵심은 창조과정이고 무의식은 바로 여기에 개입한다. 예술의 고유함은 예술가와 예술작품의 관계에서 성취된다. 예술가의 특성이 내면에 속한다는 점에서 정신분석적 해석을 필수적으로 요구받는다. 한 사람의 개성은 어린 시절의 강한 정서적 관계와 아픈 경험에 의해서 형성되기 때문이다. 프리다 칼로의 그림은 내면의 표현이 외부 세계를 압도할 수 있음을 보여준다. 사슴으로 표현된 자신의 몸에 화살을 꽂아두기도 하고, 다리에 탯줄을 칭칭 감고 죽어 있는 아이를 통해 유산의 상처를 그리기도 한다. 정면으로 그림을 응시하는 것이 힘들어서 고개를 돌리고 싶은 마음이 생기는 그림도 적지 않다. 내적인 고통과 무의식의 표현을 위해 〈조각난 기둥〉이 그러하듯이 현실에서 감각과 의식을 통해 확인할 수 있는 원래 모습을 넘어서는 주관적 변형을 시도한다.

사물을 원래 모습에서 벗어나 전혀 다르게 묘사하는 것도 초현실주의 미술이 즐겨 다루는 방법이다. 특히 화가 자신의 무의식 세계를 표현할 때 의도적 변형이 자주 나타난다. 사물 고유의 모습을 파격적으로 바꾸는 작업 자체가 합리주의적 이성의 전통을 거스르는 일이기도 하다. 아름다움의 의미를 사실적 표현, 인위적 균형과 조화에 맞춰왔던 회화 전통에서 벗어나기 위한 출구를 도발적 변형에서 찾는다. 그래서 프랑스의 시인이자 초현실주의 주창자인 앙드레 브르통<sup>Andre Breton</sup>● 은 "아름다움은 발작적인 것이다. 그렇지 않으면 전혀 아름답지 않다"고 한다. 정신분석이론이 강조하는 상징의 역할을 회화에 적극 도입하기 위해서도 변형은 유용한 방법이다. 현실의 사물 대신에 변형된 상징이 주요 역할을 한다.

기본적으로 예술 작품은 예술가의 무의식 안에 있는 소망과 갈등의 표출이다. 예술은 소망을 좌절시키는 현실과 소망을 충족시키는 환상 사이의 중간지대를 구성한다. 사회적으로 인정되지 않는 내면의 충동을 예술이나 문화로 전환해서 충족한다. 예술가는 작품을 통해 자기 승화에 이르며, 작품은 다른 사람과 소통하면서 영향을 끼친다.

---

● 앙드레 브르통(1896~1966)
프랑스의 시인이다. 의학생으로 파리대학 재학 중 제1차 세계대전이 일어나자, 각지의 육군병원 정신과 및 신경과에 근무하면서 프로이트의 저서를 탐독했다. 이때 계발된 무의식 영역에 관한 인식은 후일 그가 초현실주의 이론을 확립하는 데 영향을 주었다. 1924년 《초현실주의 선언》을 발표하고, 꿈·잠·무의식을 인간정신의 자유로운 발로로 보는 시의 혁신운동을 궤도에 올렸다. 소설 《나자》, 수필집 《연통관》 등을 발표하였다.

이 과정에서 무의식이 예술가가 의식하든 의식하지 못하든 상징을 통해 모습을 드러낸다. 인간은 모든 사물에 상징적 의미를 부여한다. 돌·동물·인간·산과 골짜기, 해와 달, 바람·물·불 등 자연물은 물론이고 심지어 숫자·삼각형·사각형·원 등 추상적 형태도 상징적 의미를 지닐 수 있다. 수수께끼와 같은 상징을 분석해야 예술가가 그림이나 음악, 혹은 소설이나 시를 통해 우리에게 전달하고자 하는 메시지를 찾아낼 수 있다.

예술작품이 예술가 개인의 자기만족에 머물지 않고 타인과의 소통을 위해 만들어지는 이상 변형과 상징을 통해 우리에게 대화를 걸어온다. 만약 이 대화에 응답하지 않는다면 작품을 보더라도 사실상 본 게 아니다. 그저 현상적으로 드러난 외형이 제공하는 부분적 인상이나 줄거리만 접하고 끝난다. 반대로 대화에 응답하기 위해 변형과 상징의 의미를 찾아 나서는 순간 내면의 고통과 갈등, 나아가 이를 통해 은밀하게 모습을 드러내는 무의식의 단서와 만난다. 정신이 충만해지는 소중한 기회를 맞이한다.

# 예술이
# 발을 달고
# 땅을 딛다

예술작품은 내면의 풍부함만이 아니라 현실에 대한 풍부한 이해에
도 많은 도움을 준다. 표현주의 화풍으로 사회 비판의식을 회화로 구
현한 독일 화가 막스 베크만<sup>Max Beckmann</sup>의 〈파리의 사교계〉는 좋은 참
고가 된다. 현실 사회의 부조리를 자주 드러냈기 때문에 1933년에는
나치의 압력으로 프랑크푸르트 미술학교 교수직에서 쫓겨나야 했
다. 이후 네덜란드로 망명하고, 제2차 세계대전 직후에는 미국으로
이주했다.

베크만은 제1차 세계대전에 참전해 신경쇠약에 걸릴 정도로 환
멸을 겪었다. 그가 전방 부대에서 본 것은 국가에서 선전하는 미래의
희망이 아니라 참혹함이었다. 1913년 일기장에 "인간은 1등급 돼지
이고, 앞으로도 그럴 것이다"라고 쓴다. 전장에서 본 것은 인간이 아

베크만, 〈파리의 사교계〉, 1931~1947년

니라 돼지로 취급받는 현실이었다. 마취도 제대로 하지 못한 채 팔과 다리를 절단해야 하는 수많은 젊은 병사를 목격해야 했다. 전쟁은 민족과 국가의 번영이라는 미명하에 소수 권력자와 부를 움켜쥔 세력의 배를 불리기 위해 수많은 민중이 무의미한 희생을 강요받아야 하는 현장이었다.

〈파리의 사교계〉는 시대의 고통이나 환멸과는 거리가 멀어 보인다. 화려한 옷과 장신구로 치장한 남녀가 파티에서 즐기는 모습이기 때문이다. 남자들은 나비넥타이에 검은색 턱시도 차림이고, 여자들은 붉은색·주황색·분홍색 드레스로 한껏 멋을 내고 있다. 사람들의 윤곽과 이목구비가 진한 목탄으로 그려져 있어서 더욱 강렬한 분위기를 연출한다. 뒤편으로는 파티의 흥을 돋우려는 가수가 도취된 모습으로 노래를 하는 중이다.

하지만 자세히 보면 일반적인 파티와는 전혀 다른 분위기다. 흥겨운 표정을 짓고 있는 사람을 찾아보기 어렵다. 무표정에 가깝고 어떤 면에서는 침울함과 불안이 지배한다. 짙은 목탄의 효과 때문인지 선명한 눈이 오히려 무언가 팽팽한 긴장 속에서 초조한 느낌을 전달한다. 비좁은 공간에 여러 명을 배치해서 숨이 막히는 분위기이기도 하다. 또한 10여 명의 사람이 보이지만 대부분 서로의 시선이 엇갈린다. 같은 파티 장소에 있지만 마치 서로 다른 공간에 있는 듯 생소한 관계로 보인다.

20세기 초중반, 갈수록 수렁으로 빠져드는 유럽의 긴장과 불안을 시대의 인물상을 통해 보여주는 듯하다. 베크만은 이 그림을 1931년에 시작하여 1947년에 끝냈다. 가장 불행한 시대의 한가운데를 관통하며 살았고, 그 고통을 미술을 통해 토해냈다. 이 기간에 두 차례의 세계대전이 있었고, 중간에 인류 역사상 유례없는 대공황 참상을 10년 가까이 겪어야 했다.

〈파리의 사교계〉를 그리기 시작한 1931년은 1929년에 시작된 미국의 대공황이 유럽으로 확대되면서 이후 10년에 걸친 암흑의 기운이 잔뜩 드리운 때였다. 주가의 기준 역할을 하는 다우지수는 1929년 고점을 기준으로 90% 이상 폭락했다. 곧이어 런던·파리·베를린·도쿄 등 전 세계에서 주가 폭락 사태가 벌어졌다. 월스트리트에서 시작된 금융위기는 미국을 비롯해 전 세계 경제를 불황으로 몰아넣었다. 대공황은 수많은 사람의 삶을 철저하게 파괴했다. 하루아침에 직장과 경작할 땅을 잃은 노동자와 농민 등 대다수 민중을 거리의 부랑자로 내몰았다. 일자리를 찾아 길거리를 떠돌아야 했고, 아이들은 집에서 굶주린 배를 움켜쥐고 있어야 했다. 1932년까지 미국 GDP는 1929년 수준에서 60%가 줄어들었고, 노동자의 4분의 1이 실직했다. 유럽에도 파급되어 독일과 영국을 비롯한 산업국가에서 수백만의 노동자가 일자리를 잃었다. 미국의 실업률은 27%까지 치솟았다. 실업자 수가 1,250만 명으로 농업인구를 뺀 나머지 국민의 3분의 1이 일자리를 잃은 셈이다. 영국은 23%, 독일은 32%의 실업률을 기록했다. 실업자가 증가하고 빈곤이 확산되자 상품 판매는 더욱 어려워졌고 이에 따라 기업은 생산을 더 감축했다. 자금난에 빠져 수만 개의 기업이 문을 닫았다. 세계의 공업생산은 20년이나 후퇴해버렸다. 대공황이 시작된 지 불과 3년 만에 주요 산업국가의 공업생산액은 공황 이전의 60% 수준으로 떨어졌다.

대공황은 제2차 세계대전을 촉발하는 계기로 작용하기도 했다. 1930년에 독일 실업자 수가 300만 명을 넘어섰고, 1931년에는 430만 명, 1932년에 510만 명, 그리고 1933년 초에는 600만 명을 돌파했다. 노동자 3인 중 1인이 직장을 잃고 하루하루의 생존 자체가 절박한 상황에 처했다. 그나마 이조차 정부의 공식 통계여서 장기 실업으로 사회보험이 끊어진 사람의 수는 포함되지 않아 실제의 실업 상황은 훨씬 더 심각했다. 1932년의 국민소득은 1929년에 비해 약 39%가 떨어졌다.

히틀러는 집권하자마자 대공황에서의 탈출을 가장 중요한 정책으로 삼았다. 영국이나 프랑스는 자국과 식민지·종속국을 하나의 경제블록으로 묶어 자급자족하려는 보호무역 정책을 펴고 있었다. 또한 자국 통화의 평가절하를 통해 다른 국가를 희생시켜서라도 자국의 경제 상황을 호전시키려 했다. 세계 무역은 얼어붙었고 환율을 둘러싼 충돌로 이미 주요 강대국 사이의 균열이 날로 커지는 상황이었다. 독일이나 이탈리아는 식민지가 없는 상황이어서 경제블록을 형성해 자국 경제를 보호할 수 있는 여지도 없었기에 상황은 더 불리한 쪽으로 흘렀다. 히틀러는 이 모든 어려움을 타개하는 방법을 전쟁에서 찾았다.

〈파리의 사교계〉에 등장하는 사람들을 꼼꼼하게 보면 의미심장하게도 히틀러의 모습을 발견할 수 있다. 화면 중앙에서 약간 우측에 있는 인물이다. 환한 불빛을 받고 있는 인물들 사이에서 그의 얼굴에만 어두운 그늘을 배치하여 의도적으로 시선을 집중시킨다. 이 그림이 제작된 1931년에서 1947년까지의 기간은 히틀러를 빼놓고는 생각하기 어렵다. 직전인 1930년 제국의회 선거에서 히틀러의 나치당이 107개 의석을 획득하여 제2당으로 도약했다. 1931년에는 나치당을 중심으로 우익세력이 결집하여 '하르츠부르크전선'을 결성했다.

히틀러는 1934년 대통령 겸 수상인 총통에 취임하고 국방군은 그에 대해 충성선서를 했다. 몇 년 후 세계대전이 벌어졌고, 1945년 베를린 총통 방공호에서 자살할 때까지 히틀러는 유럽은 물론 전 세계를 전쟁의 참화 속에서 휘둘렀다.

베크만은 미국으로 망명하기 전에 다음과 같이 토로한다. "나날들이 흘러간다. 시간이 멈춘 듯 비가 내리고 나는 여기에 있다. 또한 나는 거기에 없다. 내 자리가 있어야 할 그곳에서 나는 또 멀어진다. 어긋난 내 삶은 나를 계속 끌고 간다." 현실 사회의 억압과 강제, 폭력과 고통은 삶을 흔들리게 하고 나락으로 몰고 간다. 삶을 어긋나게 할 뿐만 아니라 존재의 의미와 근거를 앗아간다.

1934년 독일 대통령 겸 수상인 총통에 취임한 히틀러는 1945년 베를린 총통 방공호에서 자살할 때까지 유럽은 물론 전 세계를 전쟁의 참화 속에서 휘둘렀다.

세계대전이나 대공황의 구체적 상황을 회화를 통해 직접 표현해야만 시대와 만나는 것은 아니다. 그림이 그려진 시대와 관련한 약간의 배경지식만 고려하면 사람들의 표정과 관계가 만들어내는 분위기를 통해서도 특정한 시대상황과 시대정신, 나아가서는 그 시대를 경과하는 사람들의 고민과 만날 수 있다. 예술작품이 사회 현실에 대한 이해와 진전된 문제의식을 자극한다.

　　과거의 관념론적인 예술이론은 예술이 본능적 충동이나 구체적인 사회 현실에 얽히는 것에 원한을 느끼면서 더 높은 차원에서 예술을 격리 보호하려 했다. 표현주의나 초현실주의 예술은 이에 맞서서 한편으로는 인간이 지니는 본능적 욕구가 예술에 미치는 영향, 정신의 이면에서 작용하는 인간적인 경험 등을 제공함으로써 예술에 발을 달아주고 땅을 딛고 서있도록 한다. 다른 한편으로는 개인의 무의식적인 충동에만 머물지 않고 발 딛고 서 있는 사회의 구체적인 현실에 대한 비판적 접근을 촉구한다.

　　만약 예술을 무의식과의 고리를 통해서만 바라보면 여러 문제가 발생한다. 무의식이 가지는 주관성에만 의존하기 때문에 예술 작품 자체가 가지는 객관성에 대해서는 눈을 감게 된다. 또한 본능적인 충동이나 무의식은 즉흥적이거나 단절적인 경향이 강해서, 예술작품이 지니는 일관성을 제대로 이해할 수 없다. 그리고 예술에 있어서 현실은 심리적 현실만 존재하는 것이 아니다. 엄연히 사회적 현실이 큰 영향력을 발휘하고 있음에도 불구하고 이를 외면하는 오류를 저지를 수밖에 없다.

예술이론과는 별도로 예술가의 실제 작품은 대부분 현실의 두 측면, 즉 심리적 현실과 사회적 현실을 모두 담기 마련이다. 예술작품은 개인을 넘어서서 사회현실을 반영하고 또한 역으로 예술작품이 현실에 영향을 주기도 한다. 특히 비판적인 시각을 담은 예술은 인간의 무의식과 의식을 억압하고 왜곡하는 기존 현실을 유지하려는 시도에 도전하고, 이제까지 존재하는 것보다 더 나은 미래를 위한 실천의 대변자 역할을 한다.

그렇기 때문에 관찰력을 동원하여 주의를 기울이면 일상의 평범한 장면처럼 보이는 그림에서 사회의 구체적인 문제와 그 안에서 인간이 처한 부조리를 발견할 수 있다. 그림을 해석하는 과정에서 정신은 내면을 향해 더 깊어지고, 외부 세계를 향해 더 넓어지는 경험을 한다. 딱딱한 문장에 비해 상대적으로 훨씬 더 친숙한 느낌을 주는 예술작품의 도움을 받아 조금은 더 수월하게 정신의 바다로 나아갈 수 있다. 미술이나 음악, 소설이나 시 등 무엇이든 상관없다. 예술작품과의 진지하고 친근한 대화를 통해 충만한 정신의 바다를 향해 닻을 올리자.

*Chapter 10*

# 세계를
# 생각하는
# 사람

마그리트, 〈꿰뚫린 시간〉, 1938년

# 24시간은
# 평등하지 않다

마그리트는 〈꿰뚫린 시간〉에서 흥미롭게도 시간을 그린다. 시간을 그리겠다는 발상 자체가 매우 독특하다. 인간은 시간과 공간 안에서 살아간다. 시간과 공간의 한정을 벗어날 수 있는 것은 머릿속에서 만들어진 신비스러운 존재뿐이다. 시간을 벗어난 인간이 인류 역사상 단 한 사람이라도 있는가? 세상없이 많은 부와 권력을 가진 사람이라 하더라도 흘러가는 시간을 피한 사람은 없다. 불로초를 찾아 시간을 돌려보려고 그 난리를 쳤던 진시황도 결국은 차가운 땅속에 묻히지 않았는가. 또한 단 한 순간이라도 구체적인 공간을 초월하여 살아갈 수 없다. 초월은커녕 적어도 신체와 정신이 결합된 상태로는 이 공간에 있으면서 동시에 저 공간에 있을 수도 없다.

회화는 표현의 특성상 시간보다는 공간 묘사에 치중된 면이 있다. 구체적 사물을 묘사하든 추상화처럼 특정 사물을 떠올릴 수 없든 색을 통해 캔버스에서 일정한 공간을 차지하며 표현되기 때문이다. 또한 대부분 한 화면 안에 묘사하기 때문에 시간을 담기에 곤란한 점도 있다. 음악은 멜로디, 문학은 줄거리를 통해 시간의 흐름을 자연스럽게 담는다. 미술도 시간을 담기 위해 몇 가지 방법을 동원하기는 했지만 다른 예술 분야에 비해서는 지극히 한정적이다.

특정 사건을 몇 점의 연작 방식으로 처리하거나 아니면 아예 논리적 형식을 무시하고 한 화면 안에 줄거리를 넣는 방식을 사용한다. 예를 들어 기독교 성경에 나오는 아담과 이브의 이야기를 여러 점으로 나누어 그리거나, 한 화면 안에서 선악과를 따는 장면과 에덴동산에서 쫓겨나는 장면을 동시에 담는 방식이었다. 특히 태어나서 청년이 되고 다시 노인이 되는 인생의 흐름을 한 장면 안에 묘사하는 경우가 종종 있었다.

〈꿰뚫린 시간〉은 시간을 그리되, 전통적인 시간 표현 방식과는 상당히 다르다. 벽난로가 있는 거실 모습이다. 시계와 촛대가 있고 뒤편으로 거울이 보인다. 벽난로에서는 굴뚝으로 연기를 내뿜으며 기차가 튀어나오는 중이다. 집 안에서 기차가 튀어나오는 신기한 아이디어로 예상하지 못한 흥미로운 장면을 연출한 것 이상의 의미를 찾는 게 쉽지 않다. 하지만 인내심을 갖고 다양한 요소의 특징에 주목하고 서로 비교하면 시간과 관련된 의외의 문제의식을 만난다. 제목이 시간에 대한 성찰을 의도하고 있다는 점을 고려할 때, 시간에 대한 통넘적인 시각과 이를 뒤집으려는 마그리트의 시도를 모두 발견할 수 있다. 먼저 시간에 대한 통념적인 시각과 가장 연관성이 높은 요소는 당연히 벽난로 위의 시계다. 그저 시계가 거기에 있다는 사실에 머물지 말고 시계가 보여주는 시간의 특징을 생각해보자.

시간이라고 하면 대부분 곧바로 시계를 떠올리지만 시계가 곧 시간은 아니다. 시계는 인간의 편의에 맞도록 시간을 측정하기 위해 만들어진 도구일 뿐이다. 시계는 시간에 인위적으로 규칙성을 부여한다. 시·분·초라는 단위를 만들어 시간에 일정한 간격을 적용하고 길이에 따라 일률적으로 체계화한다. 규칙성을 통해 24시간 단위로 매일 반복되는 순환성을 규정하는 역할도 한다.

시계 주변의 다양한 요소도 시간에 부여한 규칙성이라는 강제와 유사한 이미지를 보여준다. 기차를 제외한 사물이 사각의 규칙적인 모양으로 구성되어 있다. 벽난로, 벽의 하단 장식, 직사각형 모양의 판자로 끼워진 바닥, 벽에 걸려 있는 거울 등이 그러하다.


시계 양옆에 세워진 촛대는 어떤 의미일까? 먼저 촛불은 교회에서 차지하는 역할과 마찬가지로 서양 회화에서 신성함이나 숭배를 상징한다. 규칙적인 시간의 절대성을 신성시하는 상징일 수 있다. 또한 촛불은 일반적으로 환하게 밝히는 역할을 한다. 그렇기 때문에 서양 회화에서 햇빛이나 촛불은 허구를 걷어내고 진실을 규명하는 상징으로 자주 쓰인다. 시간과 함께 진실이 규명되고, 시간이 현실의 문제를 해결해준다는 의미를 생각해볼 수 있다.

이번에는 시간에 대한 마그리트의 시각을 살펴볼 차례다. 여러 종류의 이미지를 통해 보여준 시간의 규칙성에 똥침을 날린다. 괜히 '꿰뚫린' 시간이라는 제목을 붙인 것이 아니다. 우리에게 익숙한 시간 개념을 흔들어버린다. 질주하는 기관차가 시간의 진정한 의미를 보여준다. 순식간에 뚫고 나오면서 화면 전체의 안정을 무너뜨린다.

기차가 시간에 준 충격은 지금의 감각으로는 제대로 실감이 나지 않는다. 기차가 처음 교통수단으로 등장했을 때 사람들이 느꼈을 놀라움을 생각해보라. 지축을 흔드는 굉음과 함께 자욱한 연기를 내뿜으며 질주하는 기차의 빠른 속도는 사람들을 경악하게 했다. 기존에 말을 타면 며칠, 걸으면 열흘은 족히 걸렸을 거리를 단 하루나 빠

기차가 처음 교통수단으로 등장했을 때 사람들이 느꼈을 놀라움을 생각해보라. 지축을 흔드는 굉음과 함께 자욱한 연기를 내뿜으며 질주하는 기차의 속도는 사람들을 경악하게 했고 수천 년간 이어져오던 시간에 대한 감각을 무너뜨렸다.

르면 몇 시간으로 압축해버린다. 수천 년간 이어져오던 시간에 대한 감각을 무너뜨리고 압축을 통한 비약이 나타난다. 기차가 역사적으로 보여준 특징 때문에 마그리트는 시간을 꿰뚫는 상징으로 기차를 사용했을 것이다. 또한 그림 자체로 보더라도 정돈되고 안정된 사각형의 구도를 뚫고 튀어나올 듯해서 한순간에 질서를 허물어뜨리는 느낌을 전달한다.

거울 속에 비친 시계의 뒷모습에도 주목할 필요가 있다. 일반적으로 벽난로 뒤에 대형 거울을 걸어놓지는 않는다. 굳이 거울을 배치하는 어색함을 무릅쓴 것은 화가의 의도적인 장치라고 봐야 한다. 시계의 뒷면을 보라는 주문이다. 거기에는 시침이나 분침이 없고, 시간을 분 단위로 나누는 간격도 없다. 시계의 뒷면에는 시간이 없다. 인간이 시간에서 온전히 벗어날 수 있다는 의미는 아니다. 시간에 대한 기존의 통념에서 벗어나라는 의미에서의 뒷면이 아닐까 싶다.


마그리트는 시간에 대한 믿음을 교란시켜 무엇을 얻으려고 하는가? 그동안 시간 개념과 시간에 대한 감각은 시대나 지역을 막론하고 동일하다고 여겨져 왔다. 시대나 상황의 차이를 불문하고 언제나 규칙적·순차적이라는 확신이 지배했다. 이 지역이나 저 지역에서의 시간 길이는 일정하고 동일하다고 생각했다. 또한 과거 전통사회든 현대사회든 한 시간의 길이 자체에 변화가 있을 리 없다고 믿어왔다.

자연스럽게 형성된 믿음은 아니다. 엄밀하게 말하면 그렇게 생각하도록 강제되었다. 시간을 둘러싼 인간관계는 평등하지 않다. 누구에게나 동등하게 시간의 주체가 될 자격이 주어지지는 않는다. 자신이 시간의 주인이라고 생각하는 사람이 얼마나 될까? 대부분 초등학교에 들어서는 순간부터 평생에 걸쳐 정해진 시간의 틀 속에서 살아가야 한다. 시간과 분 단위로 짜인 굴레 속에 살다가 피곤을 느껴 뛰어내리고 싶어도 그 안에서 살도록 오랜 기간 정신과 몸으로 주입을 받는다.

예를 들어 초등·중등·고등학교 과정을 거치면서 무려 10여 년 동안 아침 9시 이전에 학교에 가고 저녁 때 학교를 나서는 훈련을 받는다. 50분을 집중적으로 학습하고 10분 쉬는 리듬도 매일 반복된다. 이를 어길 때는 규칙 위반으로 제재를 받는다. 몸에 익숙해질 대로 익숙해진 상태에서 사회로 내보내진다. 이는 기업에서 요구하는 노동자의 노동시간 개념과 리듬에 곧바로 순응하도록 몸에 익히는 과정이기도 하다.


그렇게 우리는 시간이 시간 단위, 분 단위로 쪼개어지도록 훈련받았다. 정신과 몸이 그 안에서만 작동하도록 조율된다. 사무직이든 생산직이든 노동자를 비롯하여 대부분의 일반 사람은 더 이상 시간의 주체가 아니다. 사회의 강자와 약자, 지배세력과 피지배세력은 각각 시간을 둘러싼 주체와 대상의 관계에 조응한다. 인위적으로 부여한 규칙성에 근거하여 시간의 권위가 사고와 삶에 강요된다. 일상은 마치 기계의 톱니바퀴처럼 시간 안에 촘촘하게 짜 맞춰져 있어서 꼼짝달싹 못하고 순응해야 한다. 인간은 시간의 노예가 된다.

질주하는 기차는 가만히 앉아서 시간만 바라보는 방식이어서는 안 된다는 점도 강조한다. 현실 사회에서는 시간이 지날수록 진실 규명과 문제 해결이 아니라 부조리가 깊어지는 상황을 목격하는 경우가 많다. 시간에 맡기고 기다리라는 요구는 대다수 사람이 겪는 현실의 정신적·육체적 고통을 숙명처럼 안고 살라는 태도다. 우리를 시간에 대한 수동성에 가두어둠으로써 현실의 사회적·정치적 억압을 유지하려는 강자와 지배세력의 시간 통치술이다.

만약 나와 세상이 바뀌기 원한다면 무엇보다 먼저 시간의 수동적인 대상에서 벗어나야 한다. 처음에 언급했듯이 인간은 오직 시간과 공간 안에서만 살아간다. 어떤 경우에도 시간과의 관계에서 대상으로 결정된 사람이 삶의 주체일 수는 없다. 시간의 능동적 주체가 될 때만 나는 나의 주체, 나아가서 세상의 주체가 된다.

# 누가 시인을
# 빼앗아갔는가

현실 사회는 시간의 규칙성, 시간과 관계에서의 수동성이라는 형식적 측면에서만 사람들에게 강제되는 것이 아니다. 시간을 어떻게 사용해야 하는지에 대한 내용적 측면에서도 사실상 강제된다. 교육과정과 노동과정 관리로 끝나지 않는다. 여가를 비롯하여 일상의 시간을 어떻게 보내야 하는지에 대해서도 마찬가지다.

일과 수면 이외의 시간에 최대한 생각하기를 멈추도록 유도한다. 학업이나 일을 하는 동안에는 오직 경쟁과 부에 몰두하도록 하고, 나머지 시간에는 생각을 비우도록 한다. 정확히 말하자면 생각을 비운다기보다는 사회적 의미를 찾기 어려운 내용으로 채운다. 대중매체를 통해 스포츠나 연예 이야기에 빠지도록 만든다. 프로 스포츠 팀 중에 어느 한 팀을 자신과 동일시하고, 이에 따라 일희일비에 빠지게 한다. 연예인의 시시껄렁한 일상사나 이른바 '뒷담화' 검색으로 시간을 보낸다. 우리의 여가는 결박되어 있다. 이와 관련하여 일상에서 겪은 일화 하나를 소개해보겠다.

"야! 이 책 무진장 재미있겠다!"
어느 날 낮에 한적한 카페에서, 20대 중반으로 보이는 몇 사람이 옆자리에 앉으면서 한 말이다. 내 자신이 글쟁이여서인지 귀가 솔깃해진다. 그들은 벽 중간 책꽂이에 있는 10여 권의 책 중에 하나를 내려놓고 호기심 가득한 눈길로 책장을 뒤적인다.

"에이, 이게 뭐야!"
여기저기를 펼치더니 이내 탁자 구석으로 휙 던져놓는다. 다들 실망스러운 눈치다. 공연히 시간만 낭비했다는 듯이 툴툴거리며 시시껄렁한 얘기를 나눈다. 무슨 책이기에 그러나? 이번에는 내가 궁금해진다. 한동안 왁자지껄 수다를 떨던 이들이 나가고 나서 슬그머니 옆 탁자 위의 책을 집으니 《신동엽 전집》이다.

갑자기 맥이 탁 풀린다. 그들이 보인 극단의 반응이 무엇을 의미하는지가 너무나 분명하기에 쓴웃음이 떠나지 않는다. 만약 일상적인 농담 따먹기를 하던 와중에 신동엽이라는 이름이 나왔으면 개그맨을 떠올리는 게 크게 이상하지 않다. 하지만 책에서, 그것도 '전집'이라는 묵직한 글자 앞에 놓인 신동엽이라면 사정이 전혀 다르다.

시인 신동엽申東曄은 강렬한 민중의 저항의식을 시로 표현하였다. 4·19혁명의 정신을 되새기며 인간 본연의 삶을 찾기를 희망한 시 〈껍데기는 가라〉를 《52인 시집》에 간행했다. 1969년 4월 간암으로 사망하기 전까지 20여 편의 시를 발표했다. 1975년 유작을 모은 《신동엽전집》이 나왔다.

　　누가 우리의 마음에서 시인을 빼앗아갔는가? 수많은 사회적·문화적 요인이 작용하겠지만 다 늘어놓고 싶은 마음은 없다. 어차피 방송 스타와 비교되면서 생긴 에피소드이니 대중매체와 관련해서만 고민 한 자락 던져놓자. 이제 TV는 거실 한구석에만 있는 게 아니다. 스마트폰과 함께 지하철이나 카페, 심지어 길에서도 우리의 의식 안으로 파고든다. 가장 심각한 문제는 프로그램 내용이 어떠하냐와 상관없이 각종 대중매체가 우리가 혼자 있을 시간을 앗아가버린다는 점이다. 도무지 외롭거나 고독할 틈을 주지 않는다. 시각과 청각을 사로잡는 영상의 자극성은 의존을 넘어 중독 상태에 빠트린다. 오죽했으면 최대의 벌이 스마트폰 없이 지내게 하는 일이라는, 우습지 않은 우스갯소리가 생겨났겠는가.

하루 일을 마친 밤 시간, 자기만의 공간으로 들어가도 집요하게 발목을 잡는다. 더 이상 혼자 있는 시간이 아니다. 경쟁과 복잡한 인간관계로 뒤얽힌 낮의 세계를 대신하는 도구가 여전히 우리를 밖에 묶어놓는다. 그래서 자연에서의 대안적 삶 모색으로 유명한 니어링 부부●는 텔레비전은 "문명이 만들어낸 공포스러운 물건"으로, 전화는 "어느 때든 부르면 모습을 보여야 하는 하인처럼 사람을 불러대는 방해물이자 훼방꾼"으로 규정한다.


고독하지 않으니 사색이나 시적 감흥이 끼어들 자리도 없다. 단편적 정보 조각의 집합이 곧 지식이나 지혜라고 착각하며 검색하는 손놀림이 갈수록 빨라진다.

신동엽은 산문 〈서둘고 싶지 않다〉에서 "오늘 인류의 외피는 너무나 극성을 부리고 있다. 키 겨룸, 속도 겨룸, 양 겨룸에 거의 모든 행복을 소모시키고 있다. 헛것을 본 것"이라고 한다. 이 글이 세상에 나온 지 50년도 더 흘렀으니 그가 느끼던 겨룸, 즉 경쟁의 속도감은 현

---

● **스코트 니어링**Scott Nearing(1883~1983), **헬렌 니어링**Helen Nearing(1904~1995)
스코트 니어링은 미국 출신의 경제학자이자 평화주의자이다. 산업자본주의가 인간의 삶을 공허하게 만들며 이를 극복하고 삶의 활력을 되찾기 위해서는 단순한 생활이 필요하다고 생각했다. 버몬트 주의 한적한 시골마을에 홀로 정착하여 자연과 어우러지는 삶을 살기로 했는데 이때 그를 찾아온 헬렌과 결혼하였다. 그들은 먹고사는 데 있어 절반 이상 자급자족하는 것과 돈을 모으지 않는 것, 동물을 키우지 않으며 고기를 먹지 않는 것을 원칙으로 한 '조화로운 삶'을 평생 실천하여 전 세계적으로 귀농과 채식 붐을 일으켰다.

대인의 감각으로 볼 때 걸음마 수준에 불과할 것이다. 하지만 우리는 미친 듯이 정신과 육체를 뒤흔들어대는 그 헛것을 세상에서 가장 친근한 벗으로 느낀다. 오히려 언제 뒤처지거나 탈락할지 모른다는 두려움에서 벗어나는 가장 유력한 수단으로 대중매체의 유혹에 기꺼이 온몸을 맡긴다. 진정 자기 인생의 주인이고자 한다면 고독해져야 한다. 내 안에서 시인의 감성을 만나고자 한다면 외로워져야 한다.

초상화와 풍속화에 뛰어난 능력을 발휘한 네덜란드 화가 프란스 할스Frans Hals의 〈책 읽는 소년〉의 모습이 일상에서 낯선 모습이 된 지 오래다. 책 읽는 사람을 묘사한 그림은 많지만 대부분 우아한 자세로 책을 '들고' 있는 여인이다. '읽고' 있는 경우는 좀처럼 만나기 어렵다. 그런 면에서 〈책 읽는 소년〉은 색다르다. 시선을 글에 고정한 채 푹 빠져 있다. 입도 살짝 벌어져 있어서 인상적인 구절을 입으로 곱씹으며 읽는 중인 듯하다.

주변에 잡다한 배경이나 가구가 없어서 적어도 이 순간만은 이 세상에 소년과 책만 있다. 할스 특유의 생생함이 잘 묻어난다. 당시 화가들의 초상화를 보면 고정된 포즈로 한참 서 있었을 것이라는 예상을 하게 된다. 그는 가볍고 대담한 붓질로 순간을 스냅사진처럼 포착하고 캔버스에 담아낸 느낌이다. 눈초리나 입모양을 보면 우리 앞에 소년이 앉아 있는 착각이 들 정도다. 생생함과 자연스러움 때문에 인상주의 화가들에게 많은 영향을 주었다.

하긴 책을 장식 용도라도 사용하면 그나마 나은 경우다. 집 안에

할스, 〈책 읽는 소년〉, 17세기 중반

책이 가득한 책장을 두고, 과시를 위해 자주 들고 있으면 어쩌다 읽기라도 할 테니 말이다. 대부분 그보다도 못하니 문제다. 독서 현실은 더 한숨이 나온다. 유엔이 발표한 청소년 연간 독서량을 보면 미국·프랑스·일본 등 주요 국가들은 5~6권, 한국은 0.8권이다. 경제 규모는 세계 10위를 자랑하지만 191개국 중 166위로 사실상 꼴찌다. 청소년이 이 정도니 성인은 더할 것이다. 연평균 도서관 이용률도 33%여서 주요 국가의 반 정도밖에 안 된다. 그조차 도서 열람이 아니라 입시나 취직 공부가 목적이다. 청소년의 경우 입시 때문이라고 변명하기도 어렵다. 한국만큼이나 입시지옥에 시달리는 일본에 비해 7분의 1 수준이니 말이다.

다행히 독서의 길에 들어서도 문제는 여전하다. 한국인에게 가장 인기 있는 분야는 소설이다. 거의 로맨스 소설에 가까운 경우가 많다. 에리히 프롬Erich Fromm은 《소유냐 존재냐》에서 다음과 같이 충고한다. "예술성이 없는 값싼 소설은 백일몽이어서 생산적 반응을 가져올 수 없다. 문장을 TV 쇼처럼, 아니면 TV를 보며 먹는 감자칩처럼 습관적으로 삼킬 뿐이다." 드라마 시청이 그러하듯 호기심에 의지하여 주인공의 생사나 유혹 여부에 관심을 기울인다. 저자와의 대화를 통한 내적 참여는 기대할 수 없다. 인물에 대한 이해나 인간성에 대한 통찰을 심화시킬 수도 없다. 그저 드라마를 보듯이 독서를 소비할 뿐이다.

간혹 철학과 관련된 독서를 하더라도 왜곡되어 있는 경우가 많다. "교육수준의 차이는 획득한 문화적 재산의 양에 있으며 … 여러 철학자의 말을 암기하려 한다. 전문적 지식을 가진 박물관 안내인과 비슷하다." 입시 위주의 교육이 그러하듯이 그저 철학자의 주요 사상을 암기한다. 저자에게 질문하고 그들과 말하는 법을 배우지 못한다. 당연히 특정 지식을 초월하거나 해당 철학자를 넘어설 수 있는 방법은 배우지 못한다.

시간의 주인이 되기 위해서는 우선 자기만의 시간을 가져야 한다. 사회나 타인이 만들어놓은 시간에 매일 떠밀려 다니는 삶을 살면서 주체를 자임할 수는 없다. 타인은 물론이고 이를 대신하는 대중매체의 어떠한 방해도 없이 자신의 내면을 마주하고 응시하는 기회를 일상적으로 만들어야 한다. 철학은 바로 그 시간에 슬그머니 찾아온다. 진정한 의미의 독서, 장식이 아닌 독서, 암기가 아닌 통찰이 가능해진다. 저자와 대화를 나누고 자신의 내면을 정면으로 응시하는 경험이 다가온다.

철학이 독서를 통해서만 만날 수 있는 것은 아니다. 예술을 통한 감흥은 물론이고 일상생활에서의 경험을 분석하고 반성적으로 접근하는 과정에서도 철학과 친구가 된다. 무엇이든 상관없다. 자기만의 시간을 만들고 철학적 고민을 벗으로 삼을 때 내적인 변화가 시작된다. 지금까지 당연하다고 여겼던 스스로의 사고와 행위가 한없이 부끄러워진다. 반대로 거리를 두어야만 한다고 배워왔던 수많은 사고와 행위에서 새로운 가치를 발견한다.

자기만의 시간에서 주인이 됨으로써 사회적인 시간에서도 자신의 자리를 찾는다. 온전히 자신의 시간을 가질 때 나머지 시간에 대해서도 아무런 문제의식 없이 휩쓸리지 않고 객관적으로 성찰할 가능성이 열린다. 원래 정신없이 회전하는 물체라 하더라도 거대한 규모일 때는 현기증을 느끼지 못한다. 심지어 그 물체가 돌고 있다는 느낌조차 받지 못한다. 가공할 만한 속도로 자전과 공전을 하고 있는 지구 위에 살고 있지만 미동조차 느끼지 못하는 우리처럼 말이다.

회전하는 물체에서 내려와 한 발짝 떨어져 객관적인 시각으로 바라볼 때 사태를 제대로 인식할 수 있다. 마찬가지로 우리를 에워싸고 있는 사회의 시간을 관찰해야 원심력에 빨려 들어가지 않고, 그 미친 듯한 속도를 절감한다. 사회가 요구하는 시간에서 현기증과 위기감을 느껴야 관성적 사고와 생활에서 벗어나려는 계기가 마련된다. 다시 말해 철학을 통해 시간의 주인이 되고, 이를 통해 나의 변화, 전혀 다른 나를 만난다.

나의 변화과정이 규칙적·순차적인 시간을 통해서만 나타나는 것도 아니다. 생각의 힘이 자라나는 과정은 조금씩 누적되는 방식으로 이루어지지 않는다. 기존의 지식에 새로운 지식이 차곡차곡 덧쌓이면서 조금씩 진전되는, 둔각으로 이어지는 일직선이 아니다. 상당히 불규칙한 모양을 가진, 긴 둔각에 순간적으로 예각이 교차되는 곡선이 더 적합하다. 전혀 발전하지 않는 것처럼 보이거나, 혹은 지루할 정도로 천천히 누적되는 느낌이 들다가 어느 순간 예상치 못한 비약이 찾아온다. 생각의 힘을 키우는 노력은 어떻게 하면 비약의 계기를 만들어내느냐에 상당 부분 좌우된다. 저절로 비약이 찾아오지는 않는다. 스스로 만들 때만 기회가 온다. 풀리지 않는 문제에 잠을 설치고 씨름하는 마음으로 달라붙어야 한다. 끙끙대며 싸우는 경험을 반복할 때 어느 순간 부쩍 생각의 힘이 솟구치듯 성장하는 자신을 발견한다.

사고능력 차원과는 별도로 내용적인 차원에서는 화두를 붙잡고 몰입하는 방식으로 접근하면서 경험하는 직관이 큰 역할을 한다. 순차적으로 단계를 밟아 한 걸음씩 걸어 올라가는 생각의 탑이 아니라 직관적으로 문제의식의 실마리를 붙잡고 문제의 본질에 순간적으로 도달하기도 한다.

삶과 일상생활에서 나타나는 나의 변화도 규칙적·순차적인 틀 안에 갇히지 않는다. 흔히 사람은 변하지 않는다는 말을 자주 듣는다. 만약 개인의 성격이라는 점에 국한해서 말한다면 어느 정도 설득력은 있다. 불가능까지는 아니라 하더라도 유아기부터 청소년기를 거쳐 오랜 기간 형성된 성격을 바꾸는 일은 참으로 어렵다. 하지만 모두에게 찾아오는 기회는 아니라 해도 종종 삶의 가치관 변화에 따라 삶의 방향과 태도, 현실의 생활방식이 순식간에 변하는 경우가 있다.

명품 브랜드나 개인의 화려한 생활에만 온통 관심이 쏠려 있던 어떤 연예인이 예상치 못한 경험을 하면서 가치관 변화가 찾아온 경우를 종종 본다. 타인과 사회문제에 관심을 갖고 기아에 시달리는 아이나 사회적 약자와 함께하는 삶에서 벅찬 기쁨을 느끼는 사례 말이다. 주변의 평범한 사람들 가운데서도 종종 발견할 수 있다. 우연한 기회에 작은 봉사활동에 참여하면서 과거에 한 번도 상상하지 않았던 새로운 행복을 찾곤 한다. 지금까지와는 전혀 다른 나로의 변화가 비약과 함께 나타난다.

# 철학의 힘을
# 한번 믿어본다면

전쟁화와 역사화를 주로 그린 프랑스 화가 에두아르 드타유<sup>Edouard Detaille</sup>의 〈꿈〉은 철학의 사회적 역할을 고민하게 해준다. 프랑스-프로이센 전쟁을 주제로 한 작품이 유명하다. 나폴레옹 1세와 그 군대를 묘사한 그림들도 잘 알려져 있다. 워낙 군복과 무기를 비롯하여 군대생활에 대해 사실적으로 묘사했기 때문에 19세기 말의 군대 역사 연구에 중요한 자료가 될 정도다.

　〈꿈〉은 전쟁터 병영의 한 장면을 보여준다. 한쪽에 줄지어 총을 세워두고 병사들이 잠을 자는 중이다. 각자 담요를 한 장씩 둘둘 말고 추위를 쫓으며 잔다. 멀리서 동이 트지만 몹시 피곤한 듯 아직 아무도 일어날 기색을 보이지 않는다. 이미 여러 차례 전투를 겪었고, 다음 전투를 앞두고 잠을 자는 듯하다. 제대로 된 천막도 없이 들판에서 잠을 자는 것으로 봐서 별로 시간의 여유가 없는 상태다. 전투와 전투의 간격이 불과 하루 이틀 정도에 불과하다는 점을 알 수 있다. 또한 머리에 붕대를 감고 있는 부상병도 적지 않다.

이래저래 승승장구하는 군대 모습은 아니다. 패잔병까지는 아니라 해도 앞으로 겪게 될 전투 양상이 그리 밝지만은 않은 분위기다. 담요를 끌어안고 잔뜩 웅크리고 자는 병사에게서 현실적인 불안의 그림자가 짙게 묻어난다. 하지만 꿈은 전혀 다르다. 하늘의 구름 위로 꿈이 펼쳐진다. 연전연승을 하며 무적의 행진을 하는 군대의 위세다.

드타유, 〈꿈〉, 1888년

깃발을 휘날리며 전속력으로 진격하는 병사들은 단 한 번도 패배를 생각해본 적이 없는 듯 자신감으로 똘똘 뭉쳐 있다. 당연히 전투는 물론 전쟁의 승리를 목전에 둔 분위기다.

하지만 초라한 모습으로 자고 있는 지상의 병사를 고려할 때, 자연스럽게 우러나오기보다는 만들어진 꿈이 아닐까 싶다. 국가 지도자와 전쟁 지휘부에 의해 병사들에게 주입된 꿈 말이다. 대부분 전쟁에 나서면서, 특히 침략을 하는 측에서는 국민과 병사들에게 반드시 승리할 것이라는 확신을 불어넣는다. 여러 객관적 조건과 주관적 준비상태 등을 고려할 때 오직 승리만이 기다리고 있다는 꿈을 심는 데 혈안이 된다. 승리로 얻게 되는 국가와 국민의 이익을 한껏 포장한다. 비록 개인은 희생될 수 있지만, 전쟁 승리를 통해 국가와 민족의 영광으로 보상받는다는 주문을 건다.

특히 대륙을 제패하여 제국을 건설하려는 야망을 가진 국가의 경우 헛된 꿈을 전면적으로 불어넣는다. 국가와 민족의 이름으로 포장된 전쟁 승리의 꿈은 역사적인 경험을 볼 때 극소수를 제외하고 다수 사회구성원에게 기가 막히게 잘 먹힌다. 국가가 주입한 헛된 꿈을 자신의 절실한 꿈으로 내면화한다. 그리하여 드타유의 〈꿈〉에서처럼 패배의 어두운 기운이 엄습하는 동안에도 만들어진 꿈만을 바라보며 자신의 나약함을 탓한다.

주체적인 가치관과 판단능력을 갖지 못하고 허구적인 전망에 휩싸일 때 그 결과가 개인은 물론 구성원 전체의 고통으로 귀결되었음을 숱한 역사적 경험이 보여준다. 드타유가 즐겨 그렸던 나폴레옹 전쟁도 마찬가지다. 나폴레옹은 1799년 쿠데타로 수석 집정관에 취임하면서 프랑스 병사들에게 다음과 같은 심상치 않은 포고문을 발표했다. "문제는 더 이상 제군들의 국토 방어가 아니라 적국의 침공이다."

프랑스대혁명을 계기로 근대 민족국가의 기반을 다진 프랑스는 전쟁을 통해 영향력을 확대해나갔다. 유럽 전역의 제후국은 분열된 제후국 체제의 허약함을 절감하고 프랑스가 그러했듯이 민족 단위를 매개로 거대한 근대국가 체제를 확립함으로써 강대한 힘을 지향하려는 욕구를 갖게 됐다. 당장은 나폴레옹 앞에 무릎을 꿇었지만 동일한 방식으로 대응하려는 경향이 확대됐다.


기본적으로 민족주의는 시민계급의 이익을 대변하기 위한 이데올로기적 성격을 지녔다. 자본주의와 민족주의가 서로를 강화하는 방향으로 나아갔다. 자본주의 발달 과정에서 형성된 부르주아 계급이 사회적·정치적 기반을 민족 단위에서 찾음으로써 민족주의를 부각시켰다면, 다른 한편으로 민족의식 고양은 자본주의 발달의 전제조건인 막대한 부의 축적을 가능케 하는 기반으로 작용했다.

자본주의 발달을 위해서는 폭력적 부의 축적과정이 필수적이었다. 이를 위해서는 넓고 안정된 국내시장이 필요했다. 민족주의 성립은 이윤확대의 절대적 조건인 거대한 국내시장, 즉 근대국가체제에 기초한 국내시장을 만들어내는 원동력이었다. 더 나아가서 대량생산된 상품을 무차별적으로 판매하기 위해 국내시장을 넘어서는 해외시장이 절실한데, 여기에는 민족 이익을 위한 식민지 개척이라는 명분이 제공되어야 했다.

식민지로부터의 대규모 자원 약탈과 강제 판매라는 폭력적 방식의 시장개척이 가능하려면 대대적 군비확대가 필수적이었다. 이를 위해서는 사회구성원 전체를 하나의 이해 아래 묶어낼 수 있는 강력한 이데올로기가 필요했다. 민족주의는 국민총동원 체제를 뒷받침하기에 더없이 훌륭한 무기를 제공했다. 그 결과 민족주의와 자본주의의 결합과 상호 강화는 점점 더 폭력적 방식으로 치달으면서 결국 제국주의라는 괴물을 만들어내는 방향으로 나아갔다.

1898년 1월 16일 〈르 프티 주르날(Le Petit Journal)〉에 실린 만화. 영국, 독일, 러시아, 프랑스, 일본이 모여 '중국' 파이를 조각내고 있는 장면이다.

결국 나폴레옹 전쟁을 비롯하여 이후 현대사회에 이르기까지 유럽 강대국들이 자국 사회구성원에게 주입한, 국가와 민족의 영광을 위한 전쟁 승리라는 꿈은 다른 국가나 종족을 침략하여 착취·수탈해서 자국 시민계급의 이익을 극대화하려는 이데올로기에 불과하다. 19세기를 기점으로 근대국가를 건설하는 과정에서 형성된 민족주의의 가장 추악한 본질을 보여준 경우가 독일 민족주의, 그중에서도 20세기에 접어들어 나치즘과 결합된 형태로 나타난 민족주의였다. 민족주의가 제국주의와 결합되면서 곧바로 민족국가의 배타적 이익을 실현하기 위해 어떠한 폭력도 정당화될 수 있다는 신념을 대중적으로 제공했다.

영국·프랑스 등 선발 자본주의 국가는 이미 전 세계의 식민지화를 통해 민족주의와 제국주의 결합을 실현했다. 세계 대부분의 지역이 이들의 식민지로 구획된 상황에서 후발 자본주의 국가인 독일로서는 경쟁하기 위해 더욱 극단적 형태의 민족주의와 제국주의의 결합으로 나아갈 수밖에 없었다. 식민지 쟁탈을 위해 대규모 전쟁이 불가피했고, 성공적으로 이행하기 위해서는 전 국가를 병영화하는 전시체제로 돌입해야 했다.

패전국 혹은 식민지국 민중은 전쟁 과정은 물론이고 이후 예속적 삶 과정에서 극도의 고통을 겪는다. 승전국 민중이라 해도 무작정 좋기만 한 것도 아니다. 일단 숱한 전쟁을 위한 대규모 병사 공급을 감당해야 한다. 또한 프랑스와 독일, 영국과 독일 등 강대국 사이의 식민지 쟁탈전이 벌어지기에 설사 전쟁에 승리한다 하더라도 상당한 파괴와 생명 희생을 감수해야 한다. 결국 국가주의와 민족제일주의를 받아들이게 될 때 다수 민중의 삶과 평화는 파괴된다. 철학은 사회와 대다수 구성원의 삶을 좌우한다.

프리다 칼로의 〈마르크스주의가 병을 낫게 하리라〉에서는 철학이 세상을 바꾸는 실천적 역할을 한다. 중앙의 칼로가 더 이상 필요 없다는 듯 목발을 던진다. 표정도 주목할 필요가 있다. 그녀의 다른 초상화에서는 주로 울고 있거나 고통에 시달리는 표정이 대부분이다. 하지만 여기에서는 상당히 밝고 건강하다. 입 주변을 보면 살짝 웃고 있는 느낌도 전달된다. 제목과 그림에 묘사된 상황을 통해 알 수 있듯이 마르크스가 그녀를 건강하게 한 것이다.

주술이나 종교에서 말하는 바처럼 병을 고치는 기적을 행한다는 의미는 아니다. 정신적인 활기이고 삶의 건강이다. 그녀는 마르크스주의 이상을 갖고 살았다. "나의 평생 소원은 단 세 가지, 디에고와 함께 사는 것, 그림을 계속 그리는 것, 혁명가가 되는 것이다."

마르크스주의는 그녀에게 생명과도 같은 미술 작업과 동일하다. 칼로 부부는 스탈린에게 쫓겨 망명한 러시아 마르크스주의 혁명가 트로츠키를 멕시코로 불렀고, 거처로 칼로의 친정집을 제공하기도 했다. 그만큼 마르크스주의는, 육체적·정신적으로 버티기 힘들었던 칼로에게 건강한 버팀목이 돼주었다.

칼로, 〈마르크스주의가 병을 낫게 하리라〉, 1954년

개인의 삶에 희망을 주었을 뿐만 아니라 사회적 실천에도 큰 영향을 주었다. 그림을 보면 그녀를 기준으로 오른편에 현실의 어두운 그림자가 묘사되어 있다. 독수리와 성조기 무늬 모자는 미국을 상징한다. 아래로 버섯 같은 모양은 미국이 일본 히로시마와 나가사키에 투하한 원자탄이다. 배경으로 보이는 강에는 핏빛 강물이 흐른다.

제2차 세계대전을 경계로 세계의 패자覇者로 등장한 미국에 의해 끊임없는 전쟁과 대규모 살상이 이어질 것임을 고발하는 내용이다. 이미 이 그림을 그릴 즈음 칼로가 살고 있는 멕시코는 물론이고 중남미에 대한 미국의 정치적·군사적 간섭과 지배 야욕이 노골적으로 드러나고 있었다. 이 그림을 제작한 해에 칼로는 세상을 떠났는데, 디에고와 함께 미국의 간섭을 반대하는 과테말라 집회에 참가했다가 폐렴이 재발하여 사망했다.

마르크스에게서 나온 손이 독수리의 목을 쥐고 있다. 이를 통해 그녀의 왼편으로 대안적 세상이 펼쳐진다. 지구 위로 평화를 상징하는 흰색 비둘기가 날아오른다. 그 아래로 생명을 머금은 푸른색 강물이 흐른다. 오른손에 들고 있는 붉은색 책은 마르크스 사상이 담긴 주요 저작을 의미한다. 그녀의 오른편을 둘러싸고 있는 손에 눈이 보인다. 즉 마르크스 사상을 통해 세상을 보는 새로운 눈을 갖게 되고, 그 시선이 세상을 바꾸는 실천적 힘으로 작용한다.

마르크스Marx는 '실천'의 역할을 중심으로 근대철학을 비롯한 기존 철학의 한계를 넘어서고자 했다. "철학자들은 세계를 단지 다양하게 해석해왔을 뿐이다. 그러나 중요한 것은 세계를 변화시키는 것이다." 그가 보기에 기존의 철학은 세계에 대한 해석에 머물러왔다는 점에서는 공통적이다. 관념론은 사변적인 사고방식에 매몰되면서 세계를 변화시키는 실천적 역할을 방기한다. 경험론을 비롯한 기존 유물론도 사물 파악에 한정된 경험에 기초한다는 점에서 마찬가지의 문제를 지닌다. 그러므로 이제 세계를 변화시키는 실천적 힘으로서의 철학이라는 새로운 지평을 열어야 한다고 강조한다.

마르크스의 철학은 세상을 바꾸는 실천적 철학의 일부일 뿐이다. 역사적으로 비판적 성격을 지니고 있는 많은 철학이 그러한 역할을 수행했다. 루소를 비롯한 근대 계몽철학은 오랜 기간 인류를 속박해온 신분제를 종식시킨, 프랑스대혁명을 비롯한 여러 시민혁명의 사상적 기반 역할을 했다. 20세기 현대철학 중에서도 어렵지 않게 발견할 수 있다. 사르트르의 철학은 사회 영역에 소극적이었던 실존주의에 정치적 실천의 중요성을 자극했다. 마르쿠제와 에리히 프롬 등 이른바 프랑크푸르트학파에 해당하는 사상가의 철학은 20세기 중후반에 현대 민주주의의 새로운 장을 연 '68혁명'과 긴밀한 관계를 가졌다. 또한 푸코와 들뢰즈는 후기 구조주의 철학을 통해 일상생활 영역에서의 실천이 세상을 바꾸는 데서 차지하는 중요성을 일깨웠다.

물론 세계 변화의 원동력은 현실에서 구체적으로 나타나는 물질적 힘, 즉 경제적·정치적인 힘이다. 철학은 내적인 정신에 속하기에 곧바로 외적으로 드러나는 물질적 힘은 아니다. 하지만 철학은 현실의 힘에 저항하는 정신적 무기로서 세계 변화에 상당한 영향을 미칠 수 있다는 점에서 물질적 힘으로 전화된다. 철학이 현실의 문제를 지양함으로써 자기를 실현하듯이 저항하는 사람들은 철학의 실현을 통해 자신의 억압 상태를 지양할 수 있다.

세계관과 이론의 지원을 받지 못하는 자연발생적이고 무계획적인 실천은 한계가 분명하다. 철학의 도움을 받은 이론의 힘과 함께 집단적 실천을 통한 힘을 지님으로써 세상의 변화는 가능하다. 진정 보다 자유롭고 평등하며 평화로운 세상을 만드는 일에 기여하고자 한다면 세상을 바꾸는 문제의식과 전망을 갖는 철학과 만나야 한다.

# 생각의 미술관

**초판 1쇄 발행** 2017년 4월 30일
**초판 7쇄 발행** 2020년 11월 10일

**지은이** 박홍순
**펴낸이** 권미경
**편 집** 이윤주
**마케팅** 심지훈, 강소연, 김재영
**디자인** [★]규
**펴낸곳** ㈜웨일북
**등록** 2015년 10월 12일 제2015-000316호
**주소** 서울시 서초구 강남대로95길 9-10, 201호
**전화** 02-322-7187 **팩스** 02-337-8187
**메일** sea@whalebook.co.kr **페이스북** facebook.com/whalebooks

ISBN 979-11-88248-01-8 03100

소중한 원고를 보내주세요.
좋은 저자에게서 좋은 책이 나온다는 믿음으로, 항상 진심을 다해 구하겠습니다.

이 도서의 국립중앙도서관 출판예정도서목록(CIP)은
서지정보유통지원시스템 홈페이지(http://seoji.nl.go.kr)와
국가자료공동목록시스템(http://www.nl.go.kr/kolisnet)에서 이용하실 수 있습니다.
(CIP제어번호: CIP2017009326)